Horst Leuwer

ANGST und LIEBE
TRAUER und FREUDE
VERZWEIFLUNG und HOFFNUNG

Nun erkenne, wer Du wirklich bist

Das neue Buch
zur Rückführungstherapie

Welt und Erde   Loogh 2011

ISBN 978-3-938078-08-7

Die Deutsche Bibliothek – CIP Einheitsaufnahme.
Ein Titelsatz für diese Publikation ist bei der Deutschen Bibliothek erhältlich (www.ddb.de)

Horst Leuwer:

ANGST und LIEBE, TRAUER und FREUDE, VERZWEIFLUNG und HOFFNUNG
Nun erkenne, wer Du wirklich bist.
Das neue Buch zur Rückführungstherapie

ISBN 978-3-938078-08-7

Redaktion:	Renate Leuwer, Brigitte Bettscheider
Einbandgestaltung:	Birgit Gehlen
Titelfoto: (Blätter der gelben Schwertlilie)	Werner Schön
Satz und Layout:	Birgit Gehlen
Herstellung:	schmitzdruck, Hillesheim
Vertrieb:	Welt und Erde Verlag Dr. Birgit Gehlen & Dr. Werner Schön An der Lay 4, D-54578 Kerpen-Loogh (Eifel) www.weltunderde.com Tel./Tél./Phone 0049 (0)6593 - 989642 Fax 0049 (0)6593 - 989643 email: weltunderde.verlag@t-online.de

© Copyright 2011 Welt und Erde Verlag, Kerpen-Loogh

Inhalt

I Vorwort 7

II Einleitung 8-13

III Wesentliche Aspekte der Rückführungstherapie 14-47

Erkenntnis 14

Seelenbestimmung 19

Sterben, die Zwischenebene 21

Besetzungen 22

Glaubenssätze 24

Seelenanteile 26

Seelenverträge 28

Karma 29

Krankheit und Behinderungen 31

Vergebung 33

Liebe 36

Geduld 37

Vertrauen 37

Alles ist ein Ganzes, Alles ist Eins 41

2012 43

IV Rückführungssitzungen mit Klienten ... 48-176

Beziehungen ... 48

Ängste ... 76

Entscheidung zum Leben ... 85

Rückführung mit Besetzung ... 98

Bewusstsein, Weisheit ... 101

Fehlendes Selbstvertrauen und Selbstsicherheit, Minderwertigkeitsgefühle 107

Lebensaufgaben ... 112

Erkenntnis ... 114

Krankheit, körperliche und seelische Beschwerden ... 119

Verlust, Traurigkeit, Einsamkeit, Tod und Trauer ... 126

Begegnung mit geistigen Helfern ... 137

Macht ... 145

Sinnsuche ... 149

Entscheidungen ... 159

Hass ... 161

Opfer, Täter, Karma ... 167

V Eigene Rückführungsthemen ... 177-197

VI Abschnitte zur eigenen Entwicklung und weitere Seminare ... 198-217

Einige Erfahrungen aus der Zeit „nach dem ersten Buch" ... 199

VII Energetisches Arbeiten **218-228**

Reiki 218

Geistige Wirbelsäulenbegradigung/Aufrichtungsenergie 219

AMA DEUS 220

Energietrennung 221

Fremdenergien/Besetzungen lösen 221

Heilchanneln 225

Arbeit an mir und der Inneren Familie 228

Die Gruppe 228

VIII Nachwort **229-231**

IX Kleines Glossar **232-237**

Literaturempfehlungen **238**

Kontakte **239**

Anmerkung

Wenn beide Geschlechter gemeint sind, wird in diesem Buch aus Gründen der Lesbarkeit meist die männliche Ausdrucksform verwendet.

I Vorwort

Während mein Erstlingswerk *Die verborgene Wahrheit – Rückführung als spiritueller Neubeginn* entstand, um mich selbst vor dem Vergessen zu bewahren, soll dieses Buch überwiegend andere Zwecke verfolgen.
Es soll:
- bereits Geschriebenes und Erfahrenes vertiefen;
- viele weitere Einblicke in die Reinkarnations- und Rückführungsarbeit geben;
- die ganzheitliche Betrachtungsweise verdeutlichen;
- dabei spirituelle Sichtweisen einbeziehen;
- persönliche Erläuterungen abbilden;
- die eigene Entwicklung beschreiben;
- Stellung zum vielfach zitierten Bewusstseinswandel beziehen.

Sehr gefreut hat mich die Mitteilung vieler Leser und Leserinnen, dass ihnen *Die verborgene Wahrheit* so zu sagen aus der Seele sprach, dass sie zutiefst berührt wurden. Einige schilderten ihre erlebten Emotionen, vergossene Tränen, aufgestiegene Bilder und vieles mehr.

Obwohl mir bei der Fertigstellung meines ersten Buches bereits klar war, dass ich weiterschreiben würde, haben mich die Rückmeldungen der Leser- schaft noch darin bestärkt, dies wirklich zu tun. Mehrfach wurde ich gebeten, bestimmte Begriffe und Sachverhalte genauer zu erläutern. Begriffe, angerissene Themen und nur angedeutete Aspekte werden deshalb in diesem Buch weiter ausgeführt. Viele Erfahrungen aus den Rückführungssitzungen fließen ebenso ein wie weitere persönliche Erfahrungen und Erkenntnisse.

Ich möchte voraus schicken, dass dieses Buch nichts für Menschen ist, die ein Problem mit spirituellen Erfahrungen und Begegnungen haben. Wer es also ablehnt, über die Existenz von Engeln und anderen geistigen Wesen nachzudenken, sollte seine Zeit anders verbringen als mit dem Lesen dieses Buches. Das Gleiche gilt für all jene, die glauben, dass die hier beschriebenen Dinge nicht Neues und Wichtiges enthalten. Ich schreibe für all' jene, die auf der Suche nach Antworten sind – auf der Suche nach ihren Wurzeln und sich selbst. Deshalb ist es mir wichtig, Dich, liebe Leserin, lieber Leser, dort abzuholen, wo Du heute stehst!

Ganz sicher wird man vieles als persönliche Empfindung oder Erfahrung bewerten und das stimmt ja auch. Letztlich muss jeder selbst auf die Suche nach den eigenen Erfahrungen, nach Fragen und Antworten gehen. Dennoch denke ich, dass Du, lieber Leser, liebe Leserin, einen großen Fundus an Anstößen und Anreizen vorfinden wirst, die Welt zwischen Himmel und Erde für Dich zu entdecken.

II Einleitung

Viele Menschen fragen sich heute: „Welchen Sinn hat das alles?" „Welchen Sinn hat mein Leben?" Auch in vielen Erfahrungen meiner Kollegen und mir selbst und vor allem mit meinen Klienten ging und geht es um diese zentrale Frage: WARUM?
Warum:
- ich?
- diese Familie, diese Eltern, Freunde und Partner, diese Beziehungen?
- diese Angst?
- diese schmerzhaften Erfahrungen?
- bin ich krank?
- habe ich keine Kinder?
- lässt Gott das zu?
- lerne ich meine Engel nicht kennen?
- fühle ich mich so einsam und alleine?
- habe ich das Gefühl, ich hätte besondere Gaben?
- habe ich meine Arbeit verloren?

Und... es gab und gibt immer eine oder viele Antworten.

Sehr bewusste Menschen, oder sagen wir besser Seelen, haben, was wohl eher selten vorkommt, direkten Einblick in die Erkenntnisse unseres Seins. Oft ist es so, dass wir diesen Einblick erst erhalten, wenn wir uns an den Ursprung unserer Erfahrungen führen lassen. Wenn wir auf der Spur unserer Ängste sind, wenn wir sie besiegen wollen, dann führt uns unser Unterbewusstsein dorthin – früher oder später.

Ich weiß, dass manche Therapeuten-Kollegen meine nachfolgenden Ausführungen nicht teilen werden. Andererseits halte ich es für sehr wichtig, dass es verschiedene Ansätze und Theorien in der Reinkarnationsarbeit oder Bewusstseinsarbeit gibt. Meiner Meinung nach haben nur die Theorien und Heilungsansätze eine Daseinsberechtigung, die den Klienten, den Menschen, oder – genauer – die Seele in den Mittelpunkt stellen. Mir ist die ganzheitliche Betrachtungsweise wichtig. Wesentlich ist die Sorge um die Seele des Menschen / Klienten, die umfassende Aufklärung, die Unvoreingenommenheit gegenüber dem Klienten, die Loyalität gegenüber den Kollegen und auch die angemessene Entlohnung. Andere sprechen hier vom Energieausgleich. Ebenfalls ist es mir wichtig, dass „man" sich nicht über andere Sparten des Gesundheitswesens erhebt, d.h. grundsätzliche Kritik an Ärzten und Therapeuten liegen nicht in meiner Absicht.

Ich beschreibe daher nachfolgend meine persönlichen Grundsätze der Reinkarnationsarbeit und der Bewusstseinsarbeit. Beides ist für mich untrennbar miteinander verbunden. Nach der Erfahrung vieler Sitzungen möchte ich die Art meiner Rückführungsarbeit mittlerweile als „spirituelle Rückführung" bezeichnen. Mir ist es wichtig, dass – wenn der Klient dies wünscht – geistige Helfer wie persönliche Schutzengel eingebunden werden. Auch wenn dies möglicherweise als Einflussnahme betrachtet und kritisiert werden mag, ist es zutiefst berührend, die Begleitung und die Kontaktaufnahme der Schutzengel und anderer Helfer mit uns zu erleben. Für viele Klienten ist dies ein Höhepunkt in der Sitzung und in ihrem gesamten Leben. „Ich spüre ihn immer noch", berichten Klienten nach Tagen, Wochen und Monaten. Natürlich gilt dies nicht für alle Klienten. Nicht jeder ist offen für diese Erfahrungen. Für einige Menschen spielen geistige Helfer wie Engel keine Rolle und auch das ist in Ordnung.

Selbst wenn Helfer wie Engel, Verstorbene und andere Wesen den Klienten ihre Themen und Hintergründe zeigen und erklären, ist es oft so, dass der Alltag die Menschen schnell einholt. Dieser Alltag führt uns immer wieder auf den Boden der Tatsachen zurück, bewusst oder unbewusst, gewollt oder ungewollt. Da wir so oft unsanft auf die Erde zurückgeführt werden, ist es wichtig, vergangene Dinge mit unserem Hier und Heute in verständliche Zusammenhänge zu führen. Unsere Vergangenheit wäre nämlich vollkommen nutzlos für unser jetziges Leben, wenn wir nicht durch die unendlichen Erfahrungen und Erinnerungen so tief in ihr verwurzelt wären.

Kein Baum lebt ohne seine Wurzeln, kein Baum kann ohne die Nahrung, die er durch seine Wurzeln bezieht, leben. Bäume, die auf schwachen Wurzeln leben, werden von jedem Windhauch gebeutelt und strapaziert. Sie versuchen krampfhaft mit ihren Wurzeln Fuß zu fassen, doch leben sie in ständiger Sorge den Halt zu verlieren. Sie konzentrieren sich nur darauf, spüren dabei jedoch nicht mehr die Großartigkeit ihres Seins. Ein Baum mit starken Wurzeln dagegen erlebt sich im Einklang mit der Erde, mit ihrer Energie. Beide, Baum und Erde, sind eins. Aus dieser Verbindung, aus dieser Energie heraus, gelingt es dem Baum, einen kräftigen Stamm und eine kräftige Krone aufzubauen. Ein solcher Baum ist mit Leben erfüllt. Tiere wie Vögel und Eichhörnchen sammeln sich in starken, energievollen Bäumen und genießen diese Ausstrahlung. Ja, selbst Menschen lassen sich ab und an von starken Bäumen in den Bann ziehen und scheinen deren Energie zu spüren.

Es ist lohnend, sich mit dem Bewusstsein eines Baumes oder der vielen anderen Daseinsformen unseres Universums zu befassen. Wenn mich Menschen nach besonderen Erfahrungen innerhalb der Rückführungen fragen, dann gehören diese Erlebnisse immer dazu. Es ist wunderbar zu spüren, wie sehr ein Baum mit der Schöpfung verbunden ist, wie er die Natur, die Verbundenheit mit Mutter Erde erlebt, wie er im Einklang mit Tieren und Pflanzen und allem, was ist, existiert. Doch auch die Wahrnehmung der vielen anderen Daseinsformen als Tier oder Pflanze, als Bestandteil der Erde, verändert das Bewusstsein erheblich. Es ist nicht so, dass wir uns anschließend klein fühlen in dieser großartigen Schöpfung zu existieren. Nein, es ist wundervoll zu realisieren, dass wir ein Teil dieses unglaublichen Gottes sind, ein Teil dessen, was er in jedem Moment erfährt und ins Ganze aufnimmt.

Es stimmt, das Universum wächst, so wie es von Wissenschaftlern vermutet wird, es wächst durch die vielen, vielen Erfahrungen, die die Schöpfung in jedem Moment ins Ganze einbringt – und jeder von uns trägt ein klein wenig dazu bei. Und genau deshalb ist es wichtig, seine Wurzeln zu kennen. Wir benötigen unsere Wurzeln, um Halt zu finden. Wenn ich mich niemals mit diesen Wurzeln beschäftige und immer nur das beachte, was an der Oberfläche ist, also das Hier und Heute, erfahre ich meine eigene Tiefe nie. Ich suche Halt, kämpfe mit den vielen Sinnfragen, habe nur vordergründige Antworten auf die vielen „Warums" und gebe mich dann oft mit unzulänglichen Antworten zufrieden. Die Leere, die die unbeantworteten Fragen hinterlassen, fülle ich auf mit Sehnsüchten, Unzufriedenheit, Schwermut, Traurigkeit, Ängsten, Misstrauen, unerfülltem Suchen und vielen anderen belastenden Dingen. Nicht selten führen diese Lebenserfahrungen, oder besser gesagt nicht beantwortete Lebensfragen, zu folgenden Mangelerscheinungen:

- Magersucht;
- vielfältige Ängste;
- Stress und Burn-Out;
- Lebenskrisen bis hin zum Suizid;
- unerfüllte Beziehungen und Unfähigkeiten sich zu binden;
- Einsamkeit und Traurigkeit;
- Anhäufung von Statussymbolen mit gleichzeitiger innerer Armut;
- Flucht in Alkohol und Drogenkonsum...

Das ist der Grund, warum die Suche nach unseren Wurzeln (oder sagen wir: nach unserem Sinn) elementarer Bestandteil unserer Entwicklung sein sollte. Nur wenn ich weiß, warum ich mich so entwickelt habe und warum mein Leben bisher so verlaufen ist, habe ich die Möglichkeit, etwas Grundlegendes zu verändern.

Ganz sicher gibt es verschiedene Wege an diese Erfahrungen, an die Wurzeln heranzukommen. Aufgrund der großen Spannweite des Erfahrungsschatzes und des Bewusstseins der Seelen sind die Möglichkeiten, den Zugang zu den Erkenntnissen unserer Seele zu finden, sehr unterschiedlich. Es gibt unter den Therapeuten-Kollegen einige, die die Meinung vertreten, die Menschen müssen nur in die Liebe gehen, dann gelingt praktisch alles andere von selbst. Sie müssen sich der Liebe Gottes und bestimmten Energien öffnen, dann läuft's quasi von alleine. Das stimmt, es stimmt für alle Menschen, die mit vielen Erkenntnissen gesegnet sind und den Zugang zu ihrer Seele gefunden haben, die also sozusagen „reif" sind. Doch was ist mit denen, die diese Tiefe noch nicht haben, die sich innerhalb der vielen Mangelerscheinungen bewegen? Meine Meinung dazu ist, dass alle Menschen dort abgeholt werden müssen, wo sie stehen. Eine Klientin, einen Klienten zu „versorgen" und in die Ungewissheit zu entlassen, trägt selten zur Veränderung oder Unterstützung bei. Zweifelsfrei beschleunigt die heutige Zeit unsere Entwicklung, dennoch bedarf es der fürsorglichen Hilfe und Führung durch „erfahrenere Seelen".

Ich gebe Kritikern dieser Fürsorge recht in der Feststellung, dass Bewusstseinsarbeit nur mit der Bejahung des Klienten, der Klientin möglich ist. Deshalb weise ich diese oft darauf hin, dass sie selbst „Ja" sagen müssen, „Ja, ich will".

Rückführungen, Reiki, Schamanische Arbeit und sonstige bewusstseinsverändernde Arbeiten können nur nachhaltige Wirkung haben, wenn der Klient, die Klientin bereit ist, zu finden und auf dieser „Findung" Heilung zu erlangen. Denn diese Heilung erfährt man durch seine eigenen Entscheidungen, seinen Willen zum geistigen Wachstum, zur heilen Seele und zum gesunden Körper.

Wenn ich einmal „Ja ich will" sage und dieses „Ja" auch wirklich so meine, wie ich es ausspreche, beginne ich einen Aufstieg gleich dem Emporsteigen einer Treppe. Manchmal ist dieser Aufstieg mühsam, denn die Treppe kann steil sein, manchmal stolpere ich, denn die Stufen sind sehr unterschiedlich in ihrer Höhe, manchmal dunkel, manchmal blendend hell und manchmal endlos lang oder überraschend kurz.

Ja, auch die Treppe ist ebenso ein Spiegelbild unserer Entwicklung wie der Baum. Der Baum macht mir bewusst, wie wundervoll es ist, zu erfahren, mit der Schöpfung eins zu sein, zu erkennen, dass ein Baum ein unglaubliches Bewusstsein haben kann. Gleichzeitig kann ich auch als Baum entscheiden, oberflächlich zu bleiben, nämlich riesige Wurzeln zu bilden, die jedoch an der Oberfläche bleiben. Oberflächlichkeit, die nur so lange gut ist, bis Halt und Tiefe gefordert sind.

Auf der Treppe ist es ähnlich. Ich steige die Treppe schnell, nehme mehrere Stufen gleichzeitig und erkenne die Tiefe dieser Stufen nicht. Prompt überschlage ich mich und stürze, trage vielleicht einige Blessuren davon.

Eventuell entscheide ich sogar, beeindruckt von meinen Verletzungen, wieder zurückzugehen. Enttäuscht, dass es nicht so einfach war wie gedacht, dass es kein Durchmarsch ist, dass nicht alles einfach auf mich wartet, sondern mit Anstrengung verbunden ist, lege ich eine Pause ein oder gebe vorerst auf.

Vielleicht sage ich aber auch: „Gerade jetzt!" So stehe ich auf, wische die Spuren weg, nehme vielleicht endlich die Hilfe in Anspruch, die ich an meiner Seite habe und starte aufs Neue. Die Treppe besitzt unendlich viele Ausgucklöcher, Facetten, die es spannend machen emporzusteigen, gleich einem Abenteuerspiel. Überall hängen Spiegel: Spiegel, in denen ich mich selbst betrachte und immer neue Dinge an mir entdecke; Spiegel, die mich in ihren Bann ziehen, die mich regelrecht eintauchen lassen in mich selbst, in meine Seele und mir Dinge zeigen, die mir sagen: „Das bin ja ich!" Wenn ich auf meiner Treppe so weit emporgestiegen bin, entdecke ich diese Spiegel, kann die Siegel lösen, die das Eintauchen bisher verhindert haben. Ich tausche die Angst, das fehlende Vertrauen gegen Mut und Selbstvertrauen und finde immer mehr von mir selbst. Das Faszinierende an dieser Suche ist, dass es mir meist gelingt, neue Facetten meines Selbst zu entdecken. Weiter unten auf der Treppe benötige ich die oben genannten reiferen Seelen, oder nennen wir sie einfach Helfer, die mich führen.

Wichtig ist, dass ich nicht nur krampfhaft nach meinen schmerzhaften Themen suche, dass ich nicht nur herausfinden möchte, warum ich so sehr eingeschränkt bin und leide, sondern auch, was für Qualitäten ich habe. Viele wundervolle Erfahrungen, viel Weisheit, viel Erkenntnis liegt in unserer Seele:
- großartige Beziehungen und liebevolle Verbindungen;
- das Eins-Sein mit der Natur;
- die Fähigkeit zu heilen;
- das Bewusstsein auch andere Daseinsformen gehabt zu haben;
- das Erfahren unserer geistigen Helfer, der geistigen Ebene und unsere Verbindung nach dort;
- die Erfahrung des Ursprungs in Gott und Gottes Liebe...

Dies alles kann erfahren und erlebt werden. Das macht besonders dann Sinn, wenn wir das Gefühl haben, immer nur im Mangel zu leben. Immer wenn ich Menschen diese Dinge näher bringe, denke ich an Stephanus. Als er den Menschen in Bedrangnis mitteilt, dass er den Christus zur Rechten Gottes sieht, wird er von der Menge gesteinigt und zu Tode gebracht.

Letztlich können wir alle diese Erfahrung machen. Wenn wir den Mut haben, können wir die gleiche Nähe zu Gott erfahren. Aber wir müssen uns bewusst sein, dass es schmerzhaft sein kann. Doch wie gesagt, in der heutigen Zeit ist es leichter, solche Erfahrungen und Entwicklungen zu machen als in der Vergangenheit.

Zentrale Bedeutung in diesem Buch werden die Begriffe Seelenbestimmung und Erkenntnis haben. Diese und andere Begriffe tauchen immer wieder auf, werden ausgiebig betrachtet, auseinandergenommen und in Verbindung gebracht mit den Erfahrungen aus den Rückführungssitzungen.

Zunächst werden solche zentralen Begriffe erläutert. Danach beschreibe ich für alle, die das erste Buch gelesen haben (und natürlich auch für alle anderen), einige Dinge, die ich in der Zeit „danach" erlebt habe. Ob und wie meine eigene Entwicklung fortgeschritten ist, Erfahrungen mit energetischer Arbeit und einiges mehr. Im letzten Teil des Buches folgen **100 Rückführungsprotokolle**. Begriffe, die im ersten Kapitel erläutert werden, tauchen hier häufig auf und sind durch die einführenden Erklärungen so diesmal leichter zu verstehen.

III Wesentliche Aspekte der Rückführungstherapie

Erkenntnis

Sie ist der Schlüssel zu allem!
Finde heraus und erkenne, wer du wirklich bist!

Letztlich muss man bei dem Begriff Erkenntnis ganz weit vorne anfangen, ja eigentlich dort, wo alles begann. Aber darüber wird später mehr berichtet.

Ich erinnere mich sehr gut, dass ich vor wenigen Jahren gute Freunde fragte: „Warum ist es so, wie es ist, wann und wie hat es begonnen und wie wird es enden?" „Das musst du selbst herausfinden", war ihre Antwort. Diese Aussage erschien mir damals etwas arrogant und brachte mich nicht weiter. Ich fragte mich auch, ob sie wirklich mehr wissen als ich. Heute fragen mich meine Klienten dasselbe und was antworte ich ihnen? Dasselbe, was meine Freunde mir sagten: „Du musst es selbst herausfinden."

Es ist mir ein großes Anliegen, die Menschen, die als Klienten oder Ratsuchende zu mir kommen, zu ihren Wurzeln zu führen, damit sie erkennen, wer sie wirklich sind.

Unsere Seelen sind unterwegs, um Erfahrungen, Erkenntnisse und Weisheit zu sammeln. Das ist sicher vielen Menschen bewusst. Die Bestandsaufnahme nach dem Leben auf der *Zwischenebene* zeigt der Seele, inwieweit sie in der vergangenen Inkarnation ihr überaus großes Spektrum an Erkenntnis weiterentwickelt hat. In der Vielzahl und Vielfalt der Inkarnationen haben wir endlos viele Erkenntnisse gesammelt. Natürlich fehlen uns noch Aspekte, ansonsten wären wir nicht mehr hier. Außerdem haben wir noch Muster, die es aufzuarbeiten gilt, oder auch Blockaden und Ängste, Seelenverträge und Karma zu „erkennen". Gar nicht so selten wählen wir auch neue Inkarnationen mit nur schönen, freudigen und glücklichen Erfahrungen.

Wenn wir in ein neues Leben starten, wählen wir selbst dessen grundlegende Regeln. Die Unwägbarkeiten der Mitspieler und Situationen, die auf uns warten, machen das „Erleben" dieses neuen Lebens interessant und aufregend. Die Seele schottet dabei die gehüteten Geheimnisse, unsere Erkenntnis, oder nennen wir es unser Bewusstsein, solange ab, bis es uns gelingt, auch Körper und Geist am Bewusstsein des „Ganzen" teilnehmen zu lassen. Körper und Geist melden sich mit zunehmendem Bewusstsein immer öfter zu Wort. Der Körper meldet sich, indem er unter der „Taubheit" leidet. Er zeigt Schmerzen, Erkrankungen, Unwohlsein. Der Geist zeigt das „Nichtverstehen", indem er den Menschen die Unzufriedenheit mit Gott und der Welt spüren lässt. Warum sind wir so unzufrieden mit der Entwicklung des Weltgeschehens, des Arbeitslebens, der Familie, der Kinder und so weiter? Warum geschehen immer wieder Dinge, die wir nicht verstehen? Warum begegnen uns so viele Dinge, die uns bekannt vorkommen, deren Sinn uns jedoch verborgen bleibt? Ganz einfach: Weil unsere Seele die Antworten auf alles bereits kennt, aber wir unsere Seele noch nicht „hören" (wollen)!

Wenn wir im aktuellen Leben alles abrufen könnten, was unsere Seele über Gott, die geistige und die feinstoffliche Welt weiß, würden wir an allem verzweifeln. Wir könnten die vorhandene, unglaublich vielfältige Erkenntnis und den Gegensatz, also das, was uns das Leben zeigt, nicht verarbeiten, wir würden „ver-rückt". Also legen wir nur Stück für Stück frei und das auch nur, wenn wir dazu bereit sind. Damit wir jedoch gesund an Körper, Geist und Seele werden und bleiben, müssen wir auf die Dinge hören, die uns unsere Seele an Hinweisen schickt, die uns der Körper an Warnsignalen zeigt und die uns unser Geist an Signalen gibt.

Louise L. Hay hat in ihren Büchern (z.B. „Heile deinen Körper") beschrieben, wie unsere Muster Krankheiten an Körper, Geist und Seele begünstigen. Als ich mir dieses Buch beschafft hatte, musste ich auf Dienstreise gehen. In diesen Tagen entwickelte ich mal wieder ein Gerstenkorn und ich fragte zuhause nach, was denn Louise L. Hay in ihrem Buch dazu schrieb. Als meine Frau vorlas, dass es auch etwas mit Wut zu tun habe, wehrte ich dies als unzutreffend ab. In einer nachfolgenden Meditation wurde ich jedoch sehr schnell an den Ursprung meiner Wut geführt. Nachdem ich es lösen konnte, verschwand das Gerstenkorn sehr schnell. Ein Hexenschuss teilte mir nach Ansicht der Autorin mit, dass ich mich zu sehr belaste und ein Wutthema habe. Auch hier konnte ich mich nicht einfach entziehen. So unbequem diese Hinweise auch sind, sie helfen uns dabei, uns neu zu entdecken und Dinge zu lösen.

Ohne schmerzhafte Eingeständnisse der eigenen Ängste und Schwächen geht es meist nicht, doch kann anschließend Heilung beginnen. Ich erinnere mich in diesem Zusammenhang an eine Klientin mit jahrelangen, heftigen Gelenkschmerzen. Sie erkannte in ihrer Sitzung, dass eine Bekannte aus dem heutigen Leben für diese Schmerzen mitverantwortlich ist. Dann musste sie aus der Sitzung aussteigen, weil die Angst zu groß war. Sie begann vehement auf die Bekannte zu schimpfen, sie habe immer geahnt, dass diese etwas damit zu tun habe. Von einer Heilung ist man in solchen Fällen oft weit entfernt. Ohne Gründe bei sich selbst zu suchen, in die Liebe zu gehen und die tiefe Erkenntnis zu erlangen, ist Heilung meist nicht möglich.

Deshalb können der Rückführer und der Energiearbeiter kaum ohne den aktiven Klienten helfen. Die Haltung: „Ich bin hier, mach du mich gesund", kann also nicht gelingen. Der Hinweis, dass durch diese Arbeit die Selbstheilung angeregt wird, zeigt letztlich auch, dass der Klient aktiv werden muss. Die manchmal gehörte Aussage von Kritikern: „Das hält nicht, das kommt eh wieder", trifft teilweise zu. Aber sie stimmt dann, wenn der Klient nichts gelernt, nichts erkannt hat.

Außerdem spielt auch – wie nachfolgend mehrfach beschrieben wird – die geistige Welt eine Rolle. Die Anstöße, die wir erhalten, wenn wir denn eigentlich bewusst sind, aber nicht hinhören oder hinsehen, sind manchmal schmerzlich. Der abgefahrene Spiegel am Auto, das Rammen des Türrahmens, das Stolpern über Stufen, die wir schon tausend Mal gegangen sind, können Hinweise sein, einmal genauer hinzuschauen.

Nimmt man solche Hinweise endlich wahr, öffnet man sich für solche Signale, geht man an das Bewusstmachen der Erkenntnis unserer Seele. Oftmals treten dabei wie zufällig Helfer ins Leben. Das können Ausbilder, Seminarleiter, Therapeuten oder auch einfach nur gute Freunde sein.

Und dann beginnt man eine Erkenntnis nach der anderen zu sammeln. Wie ein Pilzsammler, der versucht, seinen Korb mit schmackhaften Exemplaren zu füllen. Natürlich sind auch schon mal giftige Pilze, sprich fragwürdige und ungute Erkenntnisse dabei. Natürlich wandern wir auch über die eine oder andere Fläche, wo es keine Pilze gibt – wir suchen an der falschen Stelle. Manchmal sehen wir die Pilze im dunklen Wald nicht – wir sind verblendet und erkennen die Hilfe nicht, die direkt an unserer Seite steht. Doch wenn wir unseren Korb genauer ansehen und die Pilze selektieren, erkennen wir, dass wir schon einiges entdeckt haben. Vielleicht ist unsere Auswahl etwas einseitig, sodass wir uns auf den Weg machen, andere schmackhafte Sorten zu finden, also die Vielfältigkeit der Schöpfung anzunehmen. Manchmal muss man mutig sein, einmal eine unbekannte Sorte zu testen, sich also auf unbekanntes Terrain zu begeben. Das erhöht die Spannung und die Vielfalt.

Wir wissen, dass viele Pilze heilsame Helfer sind. Genauso können viele unterschiedliche Erkenntnisse auch Blockaden und Muster lösen. So ist es vielleicht besser zu verstehen, dass wir alle Informationen in uns haben. Ständig erhalten wir Signale, die uns auffordern hinzuhören, hineinzufühlen.

Alle Erkenntnisse haben bereits eine Geschichte. Erinnere Dich an Deine Déjà-Vu Erlebnisse und Deine vielfältigen Träume, die Dir zeigen, wie tief oder wie oberflächennah diese Erfahrungen liegen! Beginne Dich an diesen oder an den vielfältigen weiteren Hinweisen sozusagen wie an einem roten Faden entlang zu hangeln und es wird interessant!

III Wesentliche Aspekte der Rückführungstherapie

Nur sehr wenige der mir bekannten Menschen, die den roten Faden aufgenommen haben, verlieren dabei den Realitätssinn. Nein, fast alle, die den Faden aufgenommen haben, haben es deutlich einfacher, mit dem Leben umzugehen, vor allem mit Nachrichten von schweren Schicksalen oder tragischen Ereignissen.

Bei Themen dieses Kapitels sind viele Dinge beschrieben, die ohne die Erkenntnis, ohne Vergebung und Liebe nicht zu lösen sind. Wovon ist also hier die Rede? Der folgende Satz aus dem Korintherbrief drückt vieles klar und deutlich aus: *„Und wenn ich weissagen könnte und wüsste alle Geheimnisse und alle Erkenntnisse und hätte allen Glauben, so dass ich Berge versetzen könnte, und hätte die Liebe nicht, so wäre ich nichts".*

Ich, und nur ich, bin für mich und meine Seele verantwortlich! Ich, nur ich, kann Weichen stellen und für die notwendigen Entscheidungen sorgen. Das ist bereits eine erste und sehr wichtige Erkenntnis! Rückführungen zeigen deshalb oft eine zentrale Information: „Triff endlich eine Entscheidung!" Deshalb wird auch die Lebensaufgabe: „Ich wollte Entscheidungen treffen" oft genannt.

Die Erkenntnis, dass Gott nicht der harte Richter ist, ist für viele überraschend. Dass er die „Liebe an sich" ist, beeindruckt viele sehr tief. Dass wir aus dieser Liebe entstammen und ein Teil von ihr sind, ist eine Erkenntnis, die das Leben verändert. Nun sagen viele: „Natürlich glaube ich das." Ich sage dazu: „Spüre es, erfahre es, erkenne es."

Die Erkenntnis, dass dieses Leben eine riesige Entdeckungsreise ist, auf der unter Einsatz der Liebe und Vergebung viel, viel Heilung geschehen kann und wir auch dabei alles in unserer Hand haben, ist wichtig und aufregend. Die Erkenntnis, dass der Mensch im Gesetz der Polarität lebt, erklärt viele Zusammenhänge – in erster Linie warum uns so viele „menschliche" Dinge hemmen.

Eine liebe Kollegin erlebte in ihren Rückführungen immer wieder die Konfrontation mit „dem Dunklen, der dunklen Macht". Sie haderte lange mit diesem Schicksal, irgendwann spürte man, dass sie dazu eigentlich „keinen Bock" mehr hatte. In einer Rückführung erkannte sie, dass auch das Dunkle den Ursprung in Gott hat. Alles kommt aus Gott und da unsere Seele bewusst an all diesen Prozessen teilnimmt, gehört nun mal das Dunkle als Gegenpol zum Hellen, also zum Licht, zu uns. Wohlbefinden und Krankheit, Schmerz und Heilsein, Trauer und Freude, Glück und Unglück lassen sich endlos fortsetzen und sind notwendig in unserer Entwicklung. Diese Aspekte werden im Sinne des „Vollständig–Werdens", des „Rund–Machens" von unserer Seele gesucht und gesammelt. Deshalb ist es völlig normal, dass wir von Leid, Dunkel, Trauer, Gewalt und Verbrechen scheinbar unvorbereitet (letztlich bewusst gewählt) überrannt werden.

Was wir in diesen schweren Momenten unseres Lebens daraus machen, ist die Frage der Weisheit unserer Erkenntnis. Es klingt vielleicht absurd, doch wenn ich im Moment der schweren Trauer sagen kann: „Ich nehme es, wie Gott es mir zuteilt" oder „Es hat sicher seinen Sinn, dass es so kam" oder „Ich versuche das Beste daraus zu machen" oder „Ich will für mich die Erkenntnis daraus ziehen" oder ähnliches, bin ich reich an Erkenntnis. Wirklich Bewusste und Weise sind dazu in der Lage. Doch wer kann dies von sich behaupten?

Wenn ich in diesem Zusammenhang auf die Person Jesus Christus schaue, hat er uns diesbezüglich alle wichtigen Hinweise gegeben. In der Liebe liegt der Schlüssel, die Aspekte der Polarität annehmen zu können. In der Liebe sind wir bereit alles anzunehmen, den Feind zu lieben, Gott und den Nächsten und mich selbst gleichermaßen, ja sogar den anderen Menschen zu zeigen, dass der grausame Tod am Kreuz Hoffnung gibt. Denn das Leben geht weiter und alle Erfahrungen dienen nur dem Heilwerden unserer Seele.

Christus war sich der Bedeutung seiner Entscheidung, diesen Weg zu gehen, voll bewusst. Auf der einen Seite ist dabei die Entscheidung, die Erfahrung um der eigenen Erkenntnis willen machen zu wollen und zu müssen, bereits imponierend. Auf der anderen Seite bin ich davon überzeugt, dass er damit dem bewussten Menschen zeigen will, dass selbst schwierigste Erfahrungen wichtig und frei gewählt werden müssen. In diesem Leid sollen wir den göttlichen Plan und die Seelenentscheidungen sehen und erkennen.

Wir stehen vor dem Kreuz und suchen nach Erklärungen für ein solches Leid. „Wie kann Gott so etwas zulassen?" hören wir oft. Doch machen wir es uns mit der Erklärung, dass Christus für uns alles Leid der Welt als Opfer auf sich nahm, etwas zu einfach! Wenn wir diese Deutung der Kreuzigung annehmen, stimmt diese vielleicht ansatzweise, jedoch nicht absolut. Das eigentliche Opfer liegt darin, dass er frei entscheidet, diese grauenvolle Erfahrung zu machen. Und diese Entscheidung kann er nur machen, weil er Gott, sich selbst und die Menschen unermesslich liebt. Die Liebe als anzustrebenden Mittelpunkt unseres Seins zu betrachten, ist eine Erkenntnis, die alles andere übersteigt und gleichzeitig nur schwer erreichbar ist. Dass viele Menschen um Christus herum dieses Opfer nicht verstehen konnten, verwundert nicht. Zu akzeptieren, dass jemand eine solche Entscheidung für sich, aber auch für andere trifft, ist schwer. Das zeigt sich auch in der Schwierigkeit der Jünger mit diesem mehrfach angekündigten Ereignis umzugehen. Wie sollten sie es auch verstehen? Ein Mann mit offensichtlich außergewöhnlichen Erkenntnissen, mit Weisheit, Fähigkeiten und persönlichen Eigenschaften trifft die Entscheidung ein Opfer zu bringen, das scheinbar sinnlos ist, ohne sich zur Wehr zu setzen!

Als Rückführer stelle ich den Klienten innerhalb der Sitzung oft die zentrale Frage: „Warum ist das geschehen oder warum ist es so geendet?" Die Kernaussage der Klienten auf diese Frage ist immer: „Weil ich es so entschieden habe, weil ich es mir selbst gewählt habe, weil ich es so wollte".

Dies zu erkennen ist oft befreiend. Befreiend deshalb, weil ich erfahre, dass ich alles selbst in der Hand habe. Es ist meine eigene Entscheidung, alle Aspekte im Sinne des „Vollständig–Werdens", des „Rund–Machens" meiner Seele zu erfahren und zu erkennen.

Seelenbestimmung

Dieser Begriff ist schon oftmals beschrieben, erläutert und erklärt worden. Er taucht beispielsweise im Sprachgebrauch der verschiedenen Religionen, in der Numerologie, in der Astrologie, aber auch in der Esoterik auf. Ich möchte den bisherigen, vielfältigen Erklärungen meine eigenen hinzufügen.

Es hat innerhalb meiner Rückführungserfahrungen einige Zeit gedauert, bis ich erkannt habe, dass es mehr als die Lebens- und Lernaufgaben und die damit verbundene Bewusstwerdung geben muss. Alle Seelen haben spezielle „Themenschwerpunkte", die so genannten Seelenbestimmungen.

Am Anfang der Zeit, manche nennen es den Urknall, am Beginn unserer Seelenreise, begannen wir auf einer Ebene, die bei Gott war. Einige Klienten haben diesen Ort aufgesucht und erlebt, wie unbeschreiblich diese Erfahrungen sind. Ganz knapp zusammengefasst konnten alle feststellen, dass diesem Aufbruch zur Seelenreise eine freiwillige Entscheidung zugrunde lag. Doch warum macht sich eine unermesslich große Zahl an Seelen auf einen ungewissen Weg?

Ich las vor einiger Zeit die Geschichte der kleinen Seele von N. Walsh. Dort waren die Dinge kindlich-bildhaft dargestellt. Doch konnte ich in den verschiedenen Rückführungssituationen vieles aus dieser Geschichte bestätigt finden. Die Seelen in Walshs Geschichte tanzen regelrecht vor Freude und Wissbegier, sie wollen los, um alles an Erfahrungen zu sammeln, was möglich ist. Klar ist mir mittlerweile, dass die Seelen nicht nur für sich sammeln, denn alle Erfahrungen fließen gleichzeitig ins Große-Ganze in das „Alles in Allem", in Gott ein.

Das heißt, die Seele sammelt so lange, bis sie alle notwendigen Erfahrungen innehat, die sie benötigt, um sich „bewusst" zu nennen. Dann kann sie auf freien Wunsch einen Aufstieg erfahren, zum Lichtwesen werden und so weiter. Doch auch nach einem Aufstieg kann sie die Entscheidung treffen, weitere Erfahrungen zu sammeln. Sie gibt diese Erfahrungen nicht nur an Gott, an das allumfassende Ganze weiter, sondern auch an andere Lichtwesen, die diese Erfahrungen benötigen.

Während ich anfangs dachte, dass alle Seelen mit dem gleichen Auftrag und auf gleicher Basis loszogen, weiß ich nun, dass zu Beginn dieser Seelenreise Bestimmungen für die Seelen ausgewählt wurden. So wie „Walshs kleine Seele" einfach nur Licht in der Dunkelheit sein wollte, wählten die Seelen viele verschiedene Bestimmungen.
So kämpfte die bereits erwähnte Kollegin in vielen Leben mit der dunklen Macht. Immer und immer wieder steht sie heftige Kämpfe durch und hat scheinbar bisher nicht verstanden, dass alles von Gott, alles sozusagen „von der Einheit kommt". In einer Rückführung hat sie erkannt, dass sie keinen Kampf gegen die dunkle Macht führt, sondern sich mit dieser auseinandersetzen soll. Dies soll dazu dienen, zu verstehen, dass wir das Licht, dass wir das Gute, dass wir Gott nicht verstehen können, wenn wir das Dunkle nicht erkennen. Und dieses Dunkle gehört zu uns, genau wie das Helle, denn wir kommen aus Gott und wir gehen zu Gott, zum „Alles in Allem".

Ich selbst habe meine Seelenbestimmung innerhalb mehrerer Sitzungen erleben und verstehen dürfen. Ebenso wie einige meiner Klienten habe ich viele Leben erlebt, in denen die Menschheit eine Wandlungsphase durchgemacht hat. In Lemuria, Atlantis, Avalon, Ägypten, Israel im Jahre Null, im Mittelalter und sicher in einigen Leben mehr gab es diese Wandlungsphasen. Sie waren oft mit Schmerzen verbunden, vor allem dann, wenn man sich gegen diesen Wandel sträubte und wehrte. Heute sind wieder sehr viele Seelen mit genau dieser Bestimmung unterwegs. Viele wissen es, viele sind auf der Suche nach der Erkenntnis. Das genau ist es, was das Jahr 2012 mit sich bringen wird.
Andere Seelen haben in ihrer Bestimmung Themen wie das Helfen oder Heilen, Lichtbringen und so weiter. Es ist hilfreich festzustellen, welche Seelenbestimmung man hat, vor allem wenn man sich wundert, warum das eigene Leben in dieser Art verläuft.

Viele andere Dinge wollen und sollen die Seelen erlernen, um in der Dualität für Ausgleich zu sorgen. Doch ist eines sicher: Es geht letztlich alles nur mit der Liebe aus unserem Herzen. In der Kraft dieser Liebe ist ein Erkennen möglich. So lange ich in Hass, in Ärger, in Eifersucht, im Missverhältnis, also letztlich in der Trennung von Gott und dem Ganzen bin, so lange kann ich nicht bewusst werden und sein.

Um zur Erkenntnis zu erlangen, benötigt man weitere wichtige Aspekte unseres Seins wie beispielsweise Weisheit, Wissen, Geduld, Vertrauen, Hilfe und Helfer annehmen, Freude, Vergebung, Glück. Dies alles unterstützt uns auf unserer Reise der Erfahrungssammlung.

Doch sind diese wesentlichen Dinge oft verborgen, ummantelt und eingeschränkt und müssen befreit werden. Und dafür ist nun die Zeit gekommen.

Sterben, die Zwischenebene

Eine besondere Erfahrung, ja ein bahnbrechendes Erlebnis für viele Klienten, ist das Aufsuchen der Zwischenebene. Meist gelangt der Klient durch das Sterben in einer früheren Existenz dorthin. Man macht dort ähnliche Erfahrungen wie die wiederbelebten Patienten, also die Nahtoderfahrenen. Was geschieht in der Sterbephase?

Ich selbst habe in den vielen eigenen Rückführungen mein Sterben nach schönen Erfahrungen, in Krieg und Schlacht, in Streit und Auseinandersetzung, in Liebe und Hass erlebt. In den Erfahrungsberichten sind etliche sehr unterschiedliche Sterbephasen beschrieben. Die meisten haben eines gemeinsam, nämlich dass es nichts Friedlicheres und Befreienderes gibt als den Übergang, den Wandel vom Leben ins Sterben.

Wir sterben und erleben diesen Moment als Befreiung. Jegliche Angst hat uns verlassen, Schmerzen sind regelrecht abgefallen, Leid spielt keine Rolle mehr. Viele Klienten erleben, wie und wo die Seele den Körper verlässt. Sie sehen, dass ihre Engel, oft auch verstorbene Seelen, sie abholen und ins Licht führen. Sie sehen den Körper, den sie als Hülle abstreifen und zurücklassen, und die Hinterbliebenen und Trauernden. In dieser Phase, kurz vor dem Moment des Sterbens kann es zum Aussprechen der so genannten Glaubenssätze kommen. Doch dazu an anderer Stelle mehr. In der Zwischenebene angekommen, verspüren die Seelen erst einmal eine Zeit der Ruhe, des Ausruhens. Selten bringt man noch einen Rest Trauer, Sorge oder Leid mit, doch spätestens hier kann man diese freigeben.

Es folgt das, was in den Erfahrungsberichten vielfach beschrieben ist, das Reflektieren – heute würde man es wohl eher die Evaluation nennen. Und auch hier muss ich sehr deutlich herausstellen, dass vor allem wir selbst das bewerten, was wir in der vergangenen Inkarnation angestellt haben. Es kommt durchaus zur großen Enttäuschung: „Ich hatte nichts verstanden, das wollte ich nicht" und so weiter. Das, was wir als Christen das Strafgericht nennen, halten wir mit Unterstützung der geistigen Welt selbst ab. Meist sind wir selbst strenge, ja zu strenge Bewerter, so dass die Engel uns zurückhalten. Bei besonders kritischen Bewertungen kann es sein, dass wir uns Karma aufladen. Wir möchten dann beispielsweise mit Menschen, denen wir Leid zugefügt haben, einige weitere Leben führen, um die Gelegenheit zur „Wiedergutmachung" zu haben.

Manchmal verspürt die Seele in der Sterbephase Angst, Trauer, das Gefühl, vieles unerledigt zurückzulassen. Manchmal kann sie sich nicht lösen und sucht den Weg zum Licht nicht auf. Eine große Rolle spielt dabei der Umgang mit dem Thema Tod und Sterben während des Lebens, ebenso wie die Weltanschauung. Wer zeitlebens gehört hat, dass nach dem Sterben das Strafgericht Gottes folgt, der hat Angst davor, ins oft beschriebene Licht zu gehen. Ich selbst habe dazu einige Erfahrungen machen müssen oder besser dürfen. An anderer Stelle beschreibe ich, was mit den Seelen geschieht, die diesen Weg nicht gehen oder finden, die den Weg der Besetzung gehen.

Hier möchte ich auf etwas Besonderes hinweisen und dies in einigen Sätzen beschreiben. Nachdem ich selbst mehrfach die Bekanntschaft mit einem besonderen Lichtwesen machen durfte, erlebe ich derzeit viele Rückführungen mit Klienten, die Ähnliches erfahren. Die Rede ist hier vom Engel des Wandels. Im Sprachgebrauch wird er „Sensenmann", „Gevatter Tod" usw. genannt. Ausnahmslos alle beschreiben die Begegnung mit ihm als eine wertvolle Erfahrung, als etwas wirklich Besonderes. Eine unglaubliche Liebe und Wärme, Freundlichkeit und Vertrautheit wird beim Spüren seiner Nähe beschrieben. Interessant ist, dass einige Klienten, die in Pflegeberufen tätig sind, seine Nähe hier erstmals bewusst erleben durften, im selben Moment jedoch wussten, dass sie ihn schon oft bei der Arbeit gespürt haben. Sie erhielten innerhalb der Rückführungen in intensiven und vertrauten Gesprächen Hilfe, ja Aufträge für ihre Arbeit mit den Sterbenden. Insbesondere das Begleiten der Sterbenden, Angst nehmen, Licht bringen und anderes wurde ihnen ans Herz gelegt. Die Gespräche zwischen Klient und dem Engel des Wandels sind meist geprägt von tiefster Emotionalität und großer Klarheit (Beispiele folgen in den Protokollen).

Da diese Erfahrungen aus meiner Sicht sehr bedeutend für uns Menschen sind, könnte das Thema auch ein Buch füllen, mal sehen.

Besetzungen

Obwohl ich während meiner Ausbildung dachte, dass dieses Thema nicht mein Anliegen sein würde, verfolgt es mich, im positiven Sinne gesehen.

III Wesentliche Aspekte der Rückführungstherapie

Ich habe in den letzten zwei Jahren eine Vielzahl (sicher mehrere hundert) von solchen Besetzungen lösen dürfen. Besetzungen aus Räumen und Häusern, aus der Natur und vor allem bei Menschen.
Immer haben diese Energien, denn Besetzungen sind nichts anderes als Energien, Wirkungen. Diese Wirkungen können sehr vielfältiger Natur sein:
- viele Menschen und Tiere zeigen und erleben eine deutliche Unruhe;
- manchmal wird die Anwesenheit von etwas Fremdem empfunden;
- Angst und Panik kann bestehen;
- Schmerzen, Druckgefühle, Atemnot, Bauchbeschwerden usw. als körperliche Reaktion sind spürbar.

Ich selbst habe diese Auswirkungen lange Zeit zu ignorieren versucht. Doch habe ich lernen dürfen, dass diese Energien genauso zur Schöpfung gehören wie der inkarnierte Mensch, die Lichtwesen und die Natur. Jede erlöste, jede befreite Besetzung hat so viele positive „Spuren" hinterlassen, dass ich diese Erfahrungen nicht mehr missen möchte.

Und dabei muss betont werden, dass die Befreiung einer Besetzung in Liebe, Achtung und Anerkennung nichts mit dem Exorzismus der Amtskirche zu tun hat. Eine Besetzung, die sich auf liebevolle Weise ins Licht verabschiedet fühlt, hinterlässt oft so viel Dankbarkeit und Frieden, dass sich alle Beteiligten anhaltend daran erinnern.

Wie kommt es zur Besetzung? In den Protokollen und an weiteren Stellen werden einige Beispiele aufgeführt, deshalb folgt hier nur eine kurze Erklärung. Verstirbt beispielsweise ein Vater und hinterlässt eine intensiv trauernde Tochter, die ihrerseits immer wieder vergeblich Hilfe vor ihrem alkoholkranken Mann sucht, bleibt die Seele dieses Vaters möglicherweise als Helfer bei seiner Tochter. Er sucht Unterschlupf im Energiefeld der Tochter und zwar dort, wo er eine Lücke findet. Oft findet man Besetzungen in diesen Fällen in Kopf-, Schulter-, aber auch im Rückenbereich. Kopfschmerzen, Leere, aber auch Beschwerden am Bewegungsapparat oder in anderen Körperbereichen kommen vor. Natürlich verursachen diese Besetzungen die Beschwerden nicht immer absichtlich. Doch sind sie nichts anderes als Störfaktoren, Fremdkörper, die unser Energiefeld an bestimmten Stellen blockieren. Manchmal werden die Beschwerden stärker, insbesondere dann, wenn die Besetzung gehen will. Zeigt sich eine Ausstiegsmöglichkeit aus der misslichen Lage, können die Beschwerden besonders stark werden. Oft scheint es so, dass die Besetzung den Wirt zum Therapeuten führt.

Es ist wichtig, dass der Therapeut in Liebe, Anerkennung und Achtung mit dem Klienten und der Besetzung umgeht. Aber auch der Klient muss diese

Grundsätze beachten. „Ich schmeiß dich hier raus" ist die falsche Taktik und kann sprichwörtlich in die Hose gehen. Selten muss ich einer Besetzung drohen.

Die Arbeit mit Besetzungen ist sehr anstrengend, aber wie beschrieben auch sehr erfüllend. Oftmals finden sich Besetzungen auch in Räumen, vor allem in alten Häusern. Oft bewachen sie diese Räume, weil sie der Meinung sind, es sei ihr Eigentum oder weil etwas Schlimmes geschehen ist. Auch hier ist eine Lösung möglich. Ausgesprochen negative Besetzungen erlebt man eher selten, hier sollten sehr erfahrene Therapeuten hinzugezogen werden, am besten mehrere.

Ein weiterer Hinweis zu den Besetzungen ist mir noch wichtig. Jede Besetzung ist gleichzeitig ein Spiegel für den Wirt, da sie ihn auf verschiedene Dinge hinweist. Sie zeigt beispielsweise Lücken im Energiefeld, die es zu schließen gilt, und Aufgaben, die zu erfüllen sind. Solche Aufgaben können sein:
- Vergebung lernen und umsetzen;
- den Umgang mit Trauer lernen;
- das Thema Loslassen erkennen;
- Karma und Seelenverträge entdecken;
- die Themen Sterben und Wandel in das Leben integrieren.

Deutlich ist, dass in der jetzigen Zeit viele Besetzungen in Richtung Licht wollen. Immer mehr Klienten melden sich genau wegen dieses Themas. Oft lassen sich Besetzungen von mir ohne Rückführung in einer Energiearbeit (zum Beispiel innerhalb einer Reikisitzung) lösen und befreien.

Ich rate jedoch, unbedingt erfahrene und gewissenhafte Therapeuten für diese Arbeit aufzusuchen. Zentraler Mittelpunkt muss der liebevolle, aber auch von Klarheit geprägte Umgang mit Besetzungen sein.

Wer der Meinung ist, dass dieses Thema ein neues, kaum behandeltes Thema sei, den verweise ich auf das Buch *Dreißig Jahre unter den Toten*. Es beruht auf Erfahrungen eines amerikanischen Psychiaters aus den ersten Jahrzehnten des letzten Jahrhunderts, der seine Arbeit an und mit Fremdenergien detailliert beschrieben hat. Auch zu diesem Thema sind später etliche Beispiele aufgeführt.

Glaubenssätze

Bei vielen anderen Autoren und Therapeuten liest man, dass Glaubenssätze erhebliche Auswirkungen haben können. Ich kann dies nur bestätigen. Aus eigenen Rückführungen weiß ich, dass ich nie wieder so trauern wollte, nie wieder solche Dramen durchleben wollte und auch niemals mehr unter der Liebe leiden wollte. Diese Glaubenssätze blockierten mich in nachfolgenden Inkarnationen, ja, sehr deutlich auch im heutigen Leben.

Auch die Berichte der Menschen mit Nahtoderfahrungen beinhalten oft Sequenzen des Rückblicks. Die „ins Leben Zurückgeholten" berichten dabei oft, dass das Leben als Film vor ihnen ablief, und sie wussten, was schief gelaufen war, was nicht dem entsprach, was sie sich vorgenommen hatten.

In den Rückführungen, in denen der Klient in ein früheres Leben schaut und Situationen erlebt und durchlebt, führe ich ihn auch immer in seine Sterbephase. Ich mache dies deshalb, weil die Erlebnisse im positiven Sinne beeindrucken. Alle Klienten sind anschließend frei von Ängsten in Bezug auf das Sterben. Die Einstellung zu Leben und Tod verändert sich.

In der Sterbephase fordere ich die Klienten auf, mir Dinge zu nennen, die sie nie wieder erleben wollen und solche, die sie immer wieder erleben wollen. Ganz spontan kommen dann Sätze heraus wie:
- Ich will nie wieder solche Schmerzen haben;
- Ich will nie wieder arm sein;
- Ich will nie wieder auf Liebe verzichten;
- Ich will immer Menschen um mich herum haben.

Einige Klienten sprachen den Glaubenssatz aus, dass sie nie wieder ein Kind haben wollen, da sie das Leid des Verlustes nicht nochmals erleben wollten.

Solche Glaubenssätze haben fast immer deutliche Auswirkungen auf die Freiheit im heutigen Leben. So werden folgende Lebensinhalte und Themen beispielsweise beeinflusst:
- intensive und tiefe Liebe;
- Kinderwunsch;
- Mangel und Fülle;
- körperliche Beschwerden;
- Schönheit und Behinderung;
- Trauer und Schmerz;
- Einsamkeit;
- Zusammenleben mit Anderen.

Bei den Auswirkungen der Glaubenssätze kann man eindeutig von Blockaden sprechen. Dass diese Blockaden uns behindern und einschränken, haben viele Klienten und auch ich selbst spätestens zu dem Zeitpunkt erlebt, als sie gelöst waren. Denn danach gibt es die Hemmnisse nicht mehr. Es kann sich zeigen, dass die Ursachen für Blockaden noch da sind, doch werden sie nicht mehr als problematisch betrachtet und empfunden. Dicke

Menschen können beispielsweise plötzlich ihren Körper akzeptieren und Behinderungen können angenommen werden.

Die Glaubenssätze werden zum Teil in der violetten Flamme, aber auch beim Besuch des Hüters aufgelöst. Der Klient erlebt echte Gefühle der Befreiung. Manche berichten, dass etwas Beklemmendes von ihnen abgefallen sei.

Seelenanteile

Dieser Aspekt der Rückführungsarbeit gehört möglicherweise nicht zum Repertoire aller Rückführer. Ich halte die Suche nach verlorenen Seelenanteilen (Eigenschaften, Stärken und Potentiale die für unser *Sein* entscheidend sind) jedoch für mindestens so wichtig wie das Lösen der Glaubenssätze. Auch hier kann ich aus meinen eigenen Erfahrungen heraus und durch die Arbeit mit etlichen Klienten nur betonen, dass die Rückholung von Seelenanteilen das Leben oft grundlegend verändert.

Der Verlust von Seelenanteilen geschieht durch traumatische Erlebnisse wie Missbrauch, Trennung, Gewalt und Verlust. Diese Seelenanteile werden regelrecht von uns getrennt und weichen beispielsweise der Leere, Sinnlosigkeit, Einsamkeit und Hoffnungslosigkeit. Die Seelenanteile ziehen sich sozusagen von unserem physischen Körper zurück.

Ich beschreibe anhand eines Berichts eines Klienten, wie es zum Verlust von Seelenanteilen kommt. Der Klient beschreibt, wie sehr er die Liebe der Mutter genießt, wie tief in seinem Herzen er diese Liebe spürt. Dann erlebt er, wie seine Mutter nach dauernden Streitereien die Familie verlässt. Er kann den Schmerz fast nicht ertragen und sucht nach Möglichkeiten, die Situation erträglich zu gestalten. Also gibt er die Seelenanteile ab, die den Schmerz so intensiv spürbar machen. Das können beispielsweise bei einem solchen Verlust die Anteile der Liebe, des Glücks und der Freude sein. Viele verlieren dabei auch die Fähigkeit, sich selbst und anderen Menschen zu vertrauen und Bindungen einzugehen. Wir verlieren aber oft auch einen großen Teil unserer Kraft, unseres Vertrauens und unserer Liebesfähigkeit.

Mit diesem Wissen ist es möglich, wahrzunehmen, dass Seelenanteile verloren gegangen sind. Noch wichtiger ist es natürlich, diese verlorenen Anteile zurückzuholen. Diese Art der Seelenarbeit finden wir auch bei Schamanen.

Ich mache dies in den Rückführungen immer dann, wenn die Klienten zum Hüter der Akasha Chronik gehen. Dies ist nicht in jeder Sitzung so, jedoch oft, wenn solche „Verluste zu beklagen sind".

Die Rückholung von Seelenanteilen ist fast immer eine beeindruckende und zutiefst emotionale Erfahrung. Ich erinnere mich an eigene Erfahrungen und die von Klienten, wo der Hüter auf eindrucksvolle Weise die Seelenanteile in die Seele zurückführte. Teilweise wurde die Öffnung des Brustkorbs erlebt und das Einfließen von wundervollen Energien intensiv genossen. Eine Klientin sagte: „Ich empfinde es wie eine vielfach vergrößerte linke Brusthälfte, wie beim Stillen, wenn eine Brust noch ungesäugt ist. Es ist wie aufgefüllt zu werden, zurückzuerhalten, was zu mir gehört".

Für mich als Rückführer ist es oft sehr emotional, wenn ich solche Momente erleben darf. Von diesem Moment an ist der Klient dann meist in der Lage, lange nicht mehr erfahrene Dinge zu erleben.

Die Auflösung von Seelenverträgen und karmischen Verstrickungen ist noch mehr als die vorher beschriebenen Aspekte von der Erkenntnis des Klienten abhängig. Das bedeutet, dass ich diese Dinge nicht wirkungsvoll auflösen kann, wenn ich nicht in die Erkenntnis komme.

Ich bin deshalb auch kritisch, wenn Menschen versprochen wird, auf die Schnelle oder als Fernarbeit mal einfach so ein Karma aufzulösen. Karmische Verstrickungen zu lösen gelingt nur, wenn ich verstanden habe, was mir fehlt, was mich belastet, was mir anhaftet.

Eine Klientin erzählte mir ganz stolz, dass sie mit ihrer Schwester ein Karma gelöst habe. In der nachfolgenden Sitzung gelang es uns ein Karma und Seelenverträge zu lösen. Dabei erhielt sie von ihrem Hüter der Akasha Chronik eine Art Bestandaufnahme ihres aktuellen Bewusstseinsstands: „Du hast bereits viele Dinge gelöst und bist nun auf einem guten Weg". Der Hüter war sichtlich beeindruckt, dass es der Klientin gelungen war, mit ihrer Schwester ein Karma zu lösen. Obwohl die beiden ein angespanntes Verhältnis hatten, schafften sie es, sich in einer gemeinsamen Urlaubswoche zu nähern, vieles zu klären und einander zu vergeben. Sie konnten in die Liebe gehen und spürten beide, dass sie durch diesen liebevollen Umgang etwas intensiv Beengendes gelöst hatten. Ich hatte es vor der Sitzung nicht ganz glauben können, dass dies gelungen war, nun war ich sehr beeindruckt.

Die Erkenntnis zeigt uns, wo unsere Blockaden und Defizite sind. Im nächsten Schritt folgt dann das Thema Vergebung. Ohne geht es nicht. Ich muss bereit sein mir und dem anderen zu vergeben. Und dies ist sehr oft das Schwierigste überhaupt. Dann folgt die Frage: „Hast du es auch wirklich verstanden?"

Seelenverträge

Zu den Seelenverträgen habe ich in meinem ersten Buch bereits einiges geschrieben. Ich habe mittlerweile viele Klienten erlebt, die durch diese Verträge erheblich geplagt waren. Es ist oft mit unserem Verstand nicht nachvollziehbar, warum jemand ein Leben lang gehemmt ist, nicht über seinen Schatten springen kann, nicht lieben kann, nicht aus dem dienenden Zustand kommt und im Mangel bleibt. Aber woher sollte der Mensch dieses wissen?

Betrachtet man die vielen schweren Lebenssituationen der Menschen, wird deutlich, wie problematisch die abgeschlossenen Seelenverträge sein können:

- Häufig wurde in den vergangenen Jahrhunderten gefoltert. Und diese Foltersituationen sind oft so schwer zu ertragen, dass die Seele nur den Ausweg aus der Situation sieht, indem sie alles verspricht, um erlöst zu werden. Oder sie macht das Gegenteil und verspricht Verfolgung auf alle Zeit. So kommt es entweder zur Unterwerfung in vielen weiteren Inkarnationen oder zu Verfolgung über weitere Leben. Hass und Zerstörung können dann Folge eines solchen Vertrags sein.
- In Liebe, Trauer und Verbundenheit abgeschlossene Seelenverträge wie: „Ich werde dich auf immer und ewig lieben" führen oft zum Klammern an einen bestimmten Menschen, an eine bestimmte Seele. Begegnet man diesem Menschen dann im Verlaufe des Lebens, wird der Schalter umgelegt und das alte Spiel beginnt aufs Neue. Häufig ist dies mit „Herzschmerz" verbunden. Auch hier folgen später viele weitere Beispiele.

Es ist innerhalb der Sitzungen nicht immer leicht, diese Seelenverträge zu entdecken. Manchmal gibt es sogar die Antwort „Nein" auf die Frage nach Seelenverträgen. Ich spüre dann dennoch oft sehr deutlich, dass ein solcher Vertrag vorliegt und hinterfrage die Antwort des Klienten nochmals. Erst der Hüter klärt dann auf. Groß ist dann das Erstaunen beim Erkennen des Vertrages und die Erleichterung bei der Auflösung. Beim Abschluss eines solchen Vertrags wäre Erkenntnis der Schlüssel dazu, eine solche „Fehlentscheidung" nicht zu treffen.

Ich vergleiche dies einmal mit dem Gelübde einer Ehe, auf gewisse Weise auch eine Art Seelenvertrag. Achten sich beide Partner auf einer gleichberechtigten Basis und betrachten sie diese Partnerschaft als gegenseitiges

Geschenk, aber auch als „Geschenk von oben", entsteht nichts Zwanghaftes. Erhebt sich diese Verbindung des Paares nicht über alles was ist, sondern erlebt sich eben als Teil des Ganzen, wird sie die füreinander empfundene Liebe auch für das Ganze, für die Schöpfung empfinden können. Es kommt nicht zu Aussprüchen wie: „Ich werde nie wieder eine andere lieben", weil man weiß, dass dies eine törichte Aussage in Anbetracht der Göttlichen Vielfalt ist.

Wie der göttliche Plan aussieht und was die eigene Seele bei der Entscheidung zur Inkarnation an Absichten hatte, erkennen wir oft sehr spät. Auch das liegt an den Scheuklappen, die uns starke Gefühle, Schmerzen und schwere Entscheidungen bringen. Das ist mehr als verständlich. Reife Seelen sind in der Lage zu lieben ohne schmerzhafte Verträge zu schließen, Partnerschaften in Liebe zu schließen ohne menschliche Verträge, und sie schaffen es dennoch, sich in Würde zu begegnen und zu achten.

Ich vertrete weiterhin die Meinung, dass Dogmen und auch die Regel des lebenslangen Ehevertrages nichts mit der Verpflichtung zur partnerschaftlichen Liebe durch Achtung voreinander zu tun hat. Auch seine Kinder als Eigentum zu betrachten und zu bebrüten wie eine Glucke, ohne sie loslassen zu können, hat eher Ähnlichkeit mit einem Vertrag als mit bedingungsloser Liebe. Es führt dazu, dass man das Loslassen nicht lernt.

Karma

Viele Dinge geschehen in unserem Leben, in unserer Gesellschaft, die mit rationalem Denken überhaupt nicht zu erklären sind. Zum einen sind es Dinge, die im Affekt und ohne jegliche Vorwarnung passieren, zum anderen gibt es Vorbehalte, die uns lähmen und einschränken, die aber nicht erklärbar sind. Dabei kann es sein, dass die Menschen, die mit solchen Dingen konfrontiert werden, im engen Kontakt als Familienangehörige oder Partner stehen oder aber scheinbar zufällig aufeinander treffen.

Nach vielen Sitzungen weiß ich mittlerweile, dass auch Verbrechen in früheren Leben der Klienten häufig scheinbar zufällig geschahen. Bei genauerem Prüfen wurde dann klar, dass es nicht das erste Zusammentreffen der Seelen war. Das neuerliche Zusammentreffen führte dann zur Zuspitzung, manchmal bis hin zum Gewaltausbruch. Wenn es in der Presse Berichte zu Gewalttaten, Amokläufen ohne scheinbar ersichtliche Gründe gibt, spüre ich nur allzu oft, dass hier mehr als nur das anscheinend zufällige Zusammentreffen zu betrachten ist. Es sei damit nichts entschuldigt. Auch ist es kein Freibrief für Gewalt, doch fordere ich auf, genauer hinzusehen und vorsichtig mit Verurteilungen zu sein.

Ebenfalls ist es wichtig, bei nicht erklärbaren Problemen Selbstdiagnostik zu betreiben. Versteckte Wut, Hemmungen, nicht erklärbare Streitereien ohne Anlass können Hinweise auf karmische Verstrickungen sein. Diese Dinge können sich hochschaukeln, bis es zur Entladung kommt. Sobald man jedoch diese karmischen Ursachen aufspürt, beginnt die Auflösung. Wie kann man solche gravierenden Dinge lösen?

Grundsätzlich ist die Rückführung ein Instrument karmische Dinge zu erkennen, Zusammenhänge zu verstehen und das Karma aufzulösen. Dies geht jedoch nicht ohne Erkenntnis. Vor allem muss Vergebung gesucht werden sowie die Bereitschaft zur Liebe vorhanden sein. Da ich schon erlebt habe, dass die geistige Welt eine Karmaauflösung ablehnt, sind die vorgenannten Punkte beachtenswert. Ich weiß mittlerweile, dass sehr bewusste Menschen in der Lage sind, Karma ohne Rückführung aufzulösen. Dies gelingt aber nur, wenn man intensiv in die Liebe gehen kann und wenn man zur Vergebung bereit ist.

Wodurch kommt es zum Karma? Nachfolgend sind lediglich ein paar Beispiele genannt, die Liste könnte endlos sein:
- Zufügen von körperlichen oder seelischen Schmerzen;
- Gewalttaten;
- Missbrauch;
- Betrug;
- Verachtung;
- Verrat...

Wie beschrieben, betrachtet die Seele auf der Zwischenebene das vergangene Leben und entscheidet selbst, ob die gesteckten Ziele erreicht wurden. Dabei kann es durchaus sein, dass gewisse Grausamkeiten ohne große Folgen bleiben und scheinbar weniger gravierende Dinge zu karmischen Ausgleichsleben führen.
Ich habe erlebt, dass eine Seele auf der Zwischenebene Hunderte von Ausgleichsleben nahm, obwohl die geistige Welt die Taten des vergangenen Lebens nicht verurteilte. Auch der Hinweis nochmals genauer hinzuschauen, ob nicht mehr Unrecht geschehen sei, als man sich selbst eingestehen will, kommt vor.

Doch wie mehrfach gesagt: Prinzipiell bewerten wir in erster Linie selbst und sind dabei oft sehr strenge „Selbstrichter". Viele Beispiele zu Karma folgen in den Rückführungsprotokollen.

Krankheit und Behinderungen

Weiter oben habe ich über die Bücher von Louise L. Hay berichtet, deshalb schreibe ich zu diesem Thema nur knapp und zusammengefasst meine „Sicht der Dinge".

Krankheiten und Behinderungen können viele verschiedene Ursachen und Bestimmungen haben. Ich meine damit nicht die physischen, sondern die oft zitierten seelischen Ursachen. Doch Störungen, die heute als Krankheit mit seelischer Ursache benannt werden, sind in diesem Zusammenhang eher psychische/psychiatrische Krankheitsbilder. Ich denke hier bei den seelischen Ursprüngen an Erkrankungen, deren Ursachen tatsächlich in unserem riesigen Informationsspeicher, der Seele, beziehungsweise dem Unterbewusstsein sozusagen unerlöst liegen. Innerhalb der Rückführungsberichte werden dazu viele Beispiele aufgeführt.

An anderer Stelle habe ich bereits die Meinung geäußert, dass keine Erkrankung, keine Behinderung und auch kein Unfall zufällig geschieht. Erkrankungen haben den Ursprung in nicht verarbeiteten Erfahrungen unserer Vergangenheit. Wir wissen heute, dass ein Kind, das viele traumatische Erlebnisse erfahren hat, sehr häufig im Erwachsenenalter erkrankt. Die auslösenden Faktoren können jedoch auch weit früher zu finden sein. Die Rückführungen zeigen Beispiele zu Erkrankungen des Bewegungsapparates, der Haut, der Organe und hier insbesondere des Herzens und der Zähne.

Viele Erkrankungen haben aber auch den Sinn eines Spiegels, der uns vorgehalten wird. Zum Teil liegt hier die Anregung zum Erkennen in unserem Unterbewusstsein, zum Teil aber auch bei unseren geistigen Helfern, die uns auf unserem Weg Hinweise geben.

Ich erinnere nochmals an unsere Seelenbestimmung. Ich liebe den Begriff „herum-eiern". „Eiern" wir also lange Zeit um unsere selbst gewählten Lernaufgaben und unsere eigentliche Bestimmung herum, werden wir mit zunehmenden Störungen zu tun haben. Stellen sich ständig irgendwelche körperliche Beschwerden ein, haben sie einen Sinn für mich und ich sollte endlich die Frage, was das zu bedeuten hat, stellen.

Hier einige mögliche Bedeutungen:
- Du belastest dich zu sehr;
- Schütze dich besser vor negativen Dingen;
- Achte mehr auf dich und lass dich nicht ständig fremdbestimmen;
- Verplempere nicht dauernd Zeit mit unwichtigen Dingen;
- Kümmere dich mehr um deine Lieben;
- Dein Weg ist neu zu bestimmen, orientiere dich neu;
- Achte darauf, was andere dir zu sagen haben;
- Schau genauer hin, höre genauer hin...

Beispiele dazu gibt es massenhaft, ganz sicher kennst Du welche aus Deinem Leben!

Wie reagiere ich denn in diesen Situationen? Auch hier gibt es viele Möglichkeiten. Die einfachste Variante ist, die körperlichen Symptome auszuschalten – Medikamente leisten hier einen hervorragenden Beitrag. Doch vergessen wir dann nachzuschauen, was uns die Krankheit sagen will. Auch viele weitere Behandlungsmethoden (die zum Teil sicher dringend erforderlich sind!) halten uns leicht davon ab, genauer hinzuschauen. Spätestens wenn wir auf dem Weg der Besserung sind, sollten wir uns fragen, was die Krankheit uns sagen wollte. Auch in der modernen Medizin weiß man mittlerweile, dass beispielsweise Krebserkrankungen oft einen tieferen Sinn haben. Hier findet man häufig unverarbeitete Traumata, Wut und nicht verarbeitete Aggressionen, Enttäuschungen, fehlende Liebe und Zuneigung. Genese ich also von meiner Krebserkrankung und schaue nicht, was sie mir sagen wollte, ist das Risiko des Rezidivs sehr hoch. Auch bei Erkrankungen des Bewegungsapparates ist es ähnlich. Viele Rückenpatienten erleben viele Behandlungen ohne wirkliche Heilung, da sie nicht nach den tieferen Ursachen schauen.

Natürlich können auch hier alte Dinge aus früheren Leben eine Rolle spielen. Ich erinnere an die Migränepatientin, die in einer Rückführung die Schläge auf den Schädel als Ursache erlebte. Dennoch ist es für sie sinnvoll auch im heutigen Leben zu schauen, ob es überlastende Einflüsse, die den „Kopf voll machen", gibt. Dies können beispielsweise Stress, Überforderung und Streit sein. Meist erhalten die Klienten innerhalb der Sitzungen deutliche Hinweise auf diese Zusammenhänge. Immer gibt es bei erlebten Erfahrungen in der Vergangenheit mit allen möglichen Symptomen wie Schmerzen und Ängste, Parallelen im heutigen Leben. Erlebe ich beispielsweise Magenbeschwerden bei Ängsten vor einer Schlacht, empfinde ich heute möglicherweise ebenfalls diese Beschwerden vor dem Vortrag, der Konferenz oder der Arbeitsgruppe. Louise L. Hay schreibt dazu, dass Magenbeschwerden etwas mit Angst und Angst vor Neuem zu tun haben.

Betrachtet man all' diese Erfahrungen genauer, stellt man fest, dass zwischen diesen Erkenntnissen erstaunlich viele Zusammenhänge bestehen. Meine Aussage an anderer Stelle, dass ich meine Beschwerden nur dauerhaft loswerde, wenn ich den Ursprung und die Folgen, die „runden Erkenntnisse" verstanden habe, bestärke ich erneut.

Hierzu nochmals mein Hinweis an alle, die Hilfe suchen und Hilfe anbieten: „Es geht nicht zum Nulltarif, also ohne die Zusammenhänge zu erkennen. Habt den Mut genauer hinzuschauen!"

Wie steht es mit Behinderungen?

Es ist nicht leicht, hier Erklärungen zu geben. Wir wissen, dass in vielen Kulturen die Behinderung als Makel gesehen wird, der etwas mit Ausgestoßen sein und mit Gottesstrafe zu tun hat.

Ich erinnere mich an die Sitzung mit einer Klientin, die wegen ihrer Taubheit als Besessene ausgestoßen wurde und später sogar auf dem Scheiterhaufen landete. Bürgerschaft und Kirche hatten diesen Makel entsprechend eingestuft und sie verurteilt. Hier ergab die Einschätzung auf der Zwischenebene, dass die Behinderte eine Prüfung – eine Aufgabe für ihr Umfeld, für die Gesellschaft darstellte. Sie sollten lernen, Behinderungen anzuerkennen und den Menschen zu achten. Heute ist es nicht anders. Schaffen wir es immer das „Anderssein", die Behinderung und das Abweichen von der Norm zu akzeptieren und diese Menschen(-seele) absolut gleich zu behandeln?

Ich erinnere mich dabei an zwei Klienten, die in ihrer Rückführung erkannt haben, dass die behinderten Familienmitglieder für sie besondere Aufgaben darstellen. Sie selbst sollen lernen, die vorhandenen Fähigkeiten des Menschen zu akzeptieren und zu fördern, ihnen zur Selbstständigkeit zu verhelfen, den behinderten Menschen zu stützen und dabei selbst zu wachsen. Für die Behinderten selbst ist es die selbst gewählte Aufgabe aus der eigenen Behinderung das Beste zu machen. Auch die Themen Hilfe annehmen, sich zu lieben, wie man ist und sich nicht selbst zu bemitleiden tauchen immer wieder auf. Alles in allem klingt manches hart, doch kann man auch hier wiederum sagen, dass wir uns alles selbst gewählt haben.

Patentrezepte und Aussagen zu den Gründen für Krankheiten kann und darf man nicht geben –, der Klient muss sie selbst herausfinden.

Vergebung

Zur Vergebung habe ich an anderen Stellen bereits Aussagen getroffen. Da es ein maßgebliches und wichtiges Thema ist, das in engem Zusammenhang mit der Erkenntnis steht, soll der Vergebung hier mehr Raum gegeben werden. Ganz sicher sind in gleichem Atemzug auch die Herzöffnung und die Liebe zu nennen. Wie bereits vorher beschrieben, ist ohne die Erkenntnis und die dazugehörige Aussage: „Ja, ich habe verstanden", verbunden mit Vergebung und Liebe, das Auflösen von Seelenverträgen und Karma kaum möglich.

Innerhalb der Rückführungen ist es interessant zu betrachten und zu spüren, wie heilsam Vergebung sein kann. Ebenso aufwühlend und krankmachend ist das Gegenteil, der Streit, die Provokation, der Hass und die Wut.

Ich erinnere mich an den umwerfenden und verändernden Besuch im Raum der Vergebung und die vielfältigen Situationen, in denen ich vergeben durfte. Ja, ich empfand es als Segen, endlich so viel Vergebung aussprechen zu dürfen und zu empfangen. Dieser Schritt war mehr als nur heilsam. Es gab dabei nicht nur Menschen und deren Seelen, die ich um Vergebung bat, sondern auch Elemente, Lichtwesen und Tiere. Es war ein unglaubliches Gefühl und eine Erfahrung, die ich nicht mehr missen möchte. Auch mit einigen Klienten durfte ich den Raum der Vergebung aufsuchen. Ich sage „durfte", weil wir erst dann zu bestimmten Dingen geführt werden, wenn wir dazu bereit sind. Es reicht nicht einfach nur Vergebung auszusprechen, ich muss es auch mit meinem Inneren, mit meinem Herzen wollen und tun.

Vor kurzem sprach ich mit einer Kollegin, die mich „zufällig" im Internet fand. Wir hatten einen sehr, sehr intensiven und interessanten Austausch. Wir sprachen über unsere Vorgehensweise bei den Rückführungen und waren sicher beide erstaunt, wie offen wir miteinander sprachen. Beide gehen wir mittlerweile andere Wege als die, die wir erlernt haben, vor allem lassen wir „Führung" zu. Auch sie sprach aus, dass Vergebung ein zentraler Bestandteil ihrer Rückführungsarbeit ist. Auflösungsrituale verbunden mit Vergebung sind ihr sehr wichtig.

Dazu fallen mir mehrere Sitzungen ein, in denen ich Klienten in verschiedenen Bewusstseinszuständen beziehungsweise auf verschiedenen Ebenen spirituellen Erlebens begleitet habe. Sie befanden sich an Punkten, an denen deutlich spürbar war, dass ein gravierender Schlüssel zur Heilung fehlte.

- Die Tochter, die mehrere Familienmitglieder in der Vergangenheit des jetzigen Lebens erlebte. Spannungen, Auseinandersetzungen und Verletzungen waren vielfältig erlebt worden. Eine deutliche Erleichterung war spürbar, die Erkenntnis ansatzweise vorhanden, doch irgendetwas fehlte. Also kam die Intuition: „Führe sie zusammen und kläre, inwieweit Vergebung möglich ist". Als allen klar wurde, wie sehr sie einander verletzt hatten, führte diese Erkenntnis zur Bereitschaft der Vergebung.
- Die beiden Töchter, die eigentlich wegen anderer Themen zur Rückführung kamen und nun ihre bereits verstorbenen Mütter vor sich stehen hatten. Obwohl sie von Angst und Traurigkeit geschüttelt wurden, konnten sie sich darauf einlassen, einen vorsichtigen Kontakt aufzunehmen. Die Vergebung geschah dann fast von selbst als sie offen genug waren, in den Austausch mit der jeweiligen Mutter zu gehen. Schnell wurde klar, dass sie gemein-

same Dinge für ihr Leben vereinbart hatten, unter anderem auch die Vergebung. „Wir wollten endlich einander vergeben." In diesem Moment brachen die Dämme, Tränen flossen und eine tiefe Vergebung war möglich. Nun stellte sich heraus, dass die eigentlichen Themen wie körperliche und seelische Beschwerden etwas mit der nicht ausgesprochenen Vergebung zu tun hatten.
- Die Klientinnen, die Abtreibungen erlebt hatten. Sowohl als Täter wie als Opfer war die Bereitschaft zur Vergebung der Schlüssel zur Befreiung. Beide Seelen waren jeweils anwesend und vergaben einander. Zum Teil fand die Verabredung für eine neue Inkarnation statt. Berührende Szenen!
- Die Tötung eines Säuglings wegen schrecklicher Rahmenbedingungen für die Mutter und das Kind war dramatisch im Erleben der Klientin. Auch hier konnten Mutter und Kind einander vergeben und sind im jetzigen Leben wieder zusammen, als unzertrennbare Familienmitglieder.
- Auch die Vergebung gegenüber der eigenen „Taten" ist sehr, sehr wichtig. Dabei sind die geistige Welt, der Schutzengel, der Hüter und andere Helfer immer hilfreich zugegen! Viele weitere Beispiele wären zu nennen, aber ich denke es wird klar, worum es geht.

Sicher ist es verständlich, dass Vergebung nicht ohne die entsprechende Offenheit geschehen kann. Das oberflächliche Reden von Entschuldigung und Vergebung wird nicht die Wirkung zeigen wie die liebevolle Vergebung aus ganzem Herzen auf Grundlage der Erkenntnis. „Ja, ich verstehe, ich habe gehasst und habe gelernt, was es heißt zu hassen. Ich habe gelernt, was Hass anrichten kann, deshalb ist es gut, dass ich verstanden habe. Nun kann ich auf Grund dieser Erkenntnis lieben, auch den lieben, der mich hasst. Denn ich war so wie er, er lernt ja nur um in die Liebe zu kommen. Also kann ich ihm vergeben, auch wenn es schlimm ist, was er tut."

So könnte ein Satz aus der Erkenntnis sein. Erinnert Dich das an etwas? Ja, genau, da war einer vor 2000 Jahren, der auch so merkwürdige Thesen aussprach. Schauen wir in die Menschheitsgeschichte, dann finden wir einige weitere solcher Seelen, Weise, Heilige und Meister, die ähnliche Erkenntnisse beschrieben haben und predigten.

Ich weiß, es ist schwer einen solchen Weg zu gehen, doch helfen Erkenntnisse aus Rückführungen in diese Richtung zu gehen. Und etliche Klienten sind auf diesem Weg sehr, sehr weit.

„Fang an, vergib jeden Tag ein Stückchen mehr."

Liebe

Bei allem, was es aufzulösen gilt, benötige ich die Liebe, die Liebe aus dem Herzen. Doch ist die Liebe aus ganzem Herzen ebenso schwierig wie die Vergebung aus ganzem Herzen.

Oftmals müssen viele Felder beackert werden, bis man endlich den Zugang zum eigenen Herzen und zur Liebe findet. Ist das Herz zum Beispiel in vielen Leben verletzt worden, dann ist weder Vergebung aus ganzem Herzen noch Liebe aus einem offenen Herzen möglich.

Auch dazu habe ich zahlreiche dramatische Situationen in Rückführungen erlebt. Ehrlich gesagt ist das, was wir Menschen uns täglich antun, nichts anderes als das, was der Klient in einer Rückführung erlebt. Mit der Ausnahme, dass der Klient spürt, wie sehr Kleinigkeiten verletzen:
- Lästern, das sich wie ein Stachel im Herz festsetzt;
- spitze Bemerkungen, die wie Pfeile auf ein Herz einschießen;
- der Mantel, den der Mensch um sein Herz legt, weil er nicht mehr verletzt werden will;
- die Betonschale, die man anlegt, weil man nur mit Ablehnung kämpft;
- die Eisschale, die aufgebaut wird, weil es mit einem frostigen Herz leichter in einer unbarmherzigen Gesellschaft ist;
- das verwundete Herz, das die Sticheleien der Mitschüler nicht mehr erträgt …

Ich sehe momentan eine Musikzusammenstellung von Peter Gabriel. Seine Musik ist geprägt von schmerzhaften Erfahrungen. So sind auch die entsprechenden Video Clips ähnlich traurig, lassen den Schmerz besonders intensiv spüren. Er visualisiert den Schmerz, der den Menschen auffrisst, das Herz bluten lässt. Dahinter lässt sich an einigen Stellen eine tiefe Liebe entdecken. Auch solche Eindrücke können uns helfen, über das Gefühl Dinge besser zu verstehen und in die Erkenntnis zu kommen.

Die Entwicklung der Menschheit ist maßgeblich davon abhängig, wie sehr der Einzelne, die Familie, Gruppen und Nationen und natürlich die Menschen in ihrer Gesamtheit in die Vergebung und in die Liebe gehen können. Ich bin davon überzeugt, dass die Menschheit diesen Weg finden kann. Der Weg dorthin kann nur bei der Suche nach den Wurzeln und der Erkenntnis beginnen. Vergebung und Liebe sind wichtige Schlüssel, bevor sich die Entwicklung und der Drang nach Wissen und Weisheit anschließt.

Hier stimme ich den Aussagen der christlichen Kirchen zu. Es gab und gibt die Vorbilder, die uns diesen Weg vorleben, es geht! Christus hat nichts anderes gepredigt, alles liegt in uns, wir sind selbst in der Lage diese Schlüssel zu finden und die Türen aufzuschließen.

Der erste Schritt ist zu sagen: „Ja, ich will". Und dann fängst du an. Einen Schritt nach dem anderen. Und merke dir: Du hast viel, viel Zeit, aber denke an die Worte Christi an den, der krampfhaft versuchte, für Sicherheit und Vermögen zu sorgen: „Du Narr, noch heute Nacht werde ich alles von Dir zurückfordern". Also anfangen, zielstrebig, aber mit Bedacht, mit Liebe und Geduld...

Manchem Leser fällt es möglicherweise auf die Nerven, immer wieder von biblischen Gestalten in diesen Zeilen zu lesen. Da viele Klienten Begegnungen mit diesen Helfern hatten, hier insbesondere mit Christus, und dabei viel, viel Heilung erfahren haben, sind diese Hinweise aber wichtig.

Geduld

Auch dieser Begriff taucht immer wieder in den Sitzungen auf. Hab Geduld mit dir, hab Geduld mit deinem Partner, Geduld mit deinem Körper! Ich bin mir sicher: „Die da oben" haben genau diese Geduld mit uns! Dies wird in vielen Sitzungen deutlich. Ganz selten hatte ich den Eindruck, dass gemeint war, es sei nun aber endlich Zeit zu verstehen.

Geduld ist eine Tugend, die man hat oder aber auch nicht, so könnte man denken. Genauso wie bei vielen anderen Dingen liegt auch hier der Schlüssel zum Teil in der Vergangenheit und in der Erkenntnis.

Hat man die Ursachen der Ungeduld gelöst, wird es leichter geduldig zu sein. Denn auch zur Geduld werden wir oft in den Rückführungen aufgerufen. Ich habe in den letzten zwei Jahren mehrfach die Erfahrungen gemacht, dass ich zu schnell weiterwollte und dann physisch und psychisch leiden musste. Das heißt, dass wir auch bei unserer spirituellen Bewusstseinsentwicklung Geduld brauchen. Wir müssen uns Zeit lassen und einfach hinhören und hinsehen, wann wir so weit sind, den nächsten Schritt zu machen. Auf der anderen Seite darf Zaudern und Zögern nicht dazu führen, dass wir nicht, so wie es für uns notwendig wäre, fortschreiten. Also gilt hier wie bei allem: „Das gesunde Maß machts!"

Vertrauen

Vertrauen ist ein schwieriges Thema für das Menschenkind.

Viele Klienten lernen in den Rückführungen geistige Helfer kennen und sind zum Teil völlig überrascht, dass es „die" tatsächlich gibt. Ich erinnere mich an die neunzehnjährige Klientin, die berichtete, das sie einen Engelanhänger im Auto hängen habe. „Aber na ja, dran glauben tu ich nicht wirklich". So geht es vielen, mir selbst auch manchmal. Ich habe in meinem ersten Buch meine erste Begegnung mit einem Engel beschrieben und auch welche Einstellung ich zu diesem Thema vorher hatte. Jeder, der mir erzählt hätte, dass er seinen Engel kennen gelernt hat, ihn als Begleitung spürt und auch bewusst anrufen kann, wäre von mir zumindest belächelt worden.

Wie gesagt, viele Klienten haben innerhalb der Sitzungen Engelerfahrungen und dennoch ist es nicht immer leicht, diese Erfahrungen in den Alltag zu integrieren. Ob es nun Engel sind, die wir als Helfer bitten und einschalten können, oder andere Helfer, unser höheres Selbst oder auch nur unser eigenes Selbstvertrauen spielt letztlich keine Rolle. Doch machen viele die Erfahrung, dass sie an einem schlechten Tag, in Stresssituationen, in Frust, Ärger und Auseinandersetzungen jeglichen Gedanken an die vielfältigen Möglichkeiten der Unterstützungen beiseite schieben.

Als ganzheitlicher Therapeut und Rückführer kenne ich das von mir selbst, ich weiß auch, dass es meinen Kollegen ähnlich geht, doch gelingt es mir immer häufiger, in solchen Situationen um Hilfe zu bitten und sie vor allem auch anzunehmen. Es gelingt mir meist, mich vor solchen Situationen zu schützen. Meine Grundstimmung hat sich verändert, da ich vertrauen kann, dass sich alles zum Guten entwickelt, zu dem, was meine Seele braucht.

Zahlreiche Menschen, die im spirituellen Bereich tätig sind, spüren in der jetzigen Zeit, dass sich vieles verändert und wandelt. Diese Zeit des Wandels wird zum Teil sehr schwierige Entwicklungen für die Menschen mit sich bringen. Klimawandel, Naturkatastrophen, menschliche Tragödien, Verlust der Orientierung sind deutlich spürbar und werden in erheblichem Maße zunehmen. Solche negativen Entwicklungen bestimmen zunehmend das Weltgeschehen, wie sie es schon mehrfach in der Erdgeschichte getan haben. Aus meiner Sicht ist dies völlig in Ordnung, denn der Wandel gehört auch zu unserem Leben. Als Klient habe ich solche Erfahrungen in früheren Leben einige Male durchlebt, als Rückführer habe ich sie bei Klienten miterlebt. Letztlich ist auch das Sterben eine Art Wandel von der Feststofflichkeit ins Feinstoffliche. Während der Mensch oftmals Angst vor dieser Veränderung, dem Sterben hat, erkennt der Klient während der Rückführung, dass es letztlich keine größere Befreiung für die Seele gibt, als nach dem Sterben „nach Hause" gehen zu können.

Ich sehe diese Zeit des Wandels als eine persönliche Chance, aber auch als Chance für die Menschheit. Aber auch dazu benötigt man das Vertrauen in die Notwendigkeit des Wandels, in die Notwendigkeit der Veränderung.

Vertrauen ist somit wichtig, um mit den großen Fragen des Menschseins klar zu kommen, aber auch mit den einfachen, den alltäglichen Dingen des Lebens. Es gibt Tausende von Büchern und somit auch Autoren, die uns sagen, dass wir uns selbst vertrauen müssen, dass unsere Gedanken die Kraft zur Veränderung haben. Wir alle kennen den Motivator mit seinem Spruch: „Du schaffst das, du kannst das, schaka". Er hat natürlich recht, doch spielen unsere Seelenerfahrungen, unsere Prägungen und Muster eine oft unüberwindbare Rolle. Ganz besonders in Bezug auf unsere Selbstsicherheit und unser Selbstvertrauen haben diese Prägungen erheblichen Einfluss und lassen uns nicht ins Vertrauen kommen. Ein vielleicht erschwerender Faktor ist, dass nahezu jeder Mensch das Thema Vertrauen als Lebensaufgabe mitgebracht hat.

In was soll ich/ sollen wir denn nun vertrauen?
- in mich und meine Fähigkeiten;
- in mein Gegenüber und meinen Nächsten;
- in die „höhere Ordnung", egal wie ich diese bezeichnen möchte;
- in die Kraft der Liebe;
- in die Helfer, die uns zur Verfügung stehen...

Die scheinbar einfachen Dinge im Leben, für die ich auf ein gesundes Vertrauen angewiesen bin, machen es uns oft schwer. Jedem Menschen fallen hierzu Beispiele ein: die Arbeit des Schülers, der Vortrag des Erwachsenen vor einer Gruppe, das Zusammentreffen mit einem Kollegen oder Vorgesetzten, die Begegnung mit einem Familienmitglied, das Date mit einem Wunschpartner ...

Wir sind aufgeregt, der Schweiß tritt aus allen Poren, wir sind angespannt, Angst steigt auf, Unruhe macht sich breit, wir zittern. Und da soll man Vertrauen entwickeln können? Der Aufruf: „Da musst du ins Vertrauen gehen" klingt wie Hohn angesichts der Reaktionen, die wir erleben.

Wie soll man ins Vertrauen gehen, wenn einem die Angst im Nacken sitzt? Das Einzige, was hier helfen kann ist, wach zu werden, um die gesamte Situation mit unseren offenen Sinnen aufmerksam zu betrachten. Ich trete beispielsweise dem Menschen, den ich bei der Heirat geliebt habe, gegenüber und empfinde Verachtung oder Zorn und reagiere so, wie es meinem Naturell möglicherweise gar nicht entspricht. Natürlich kann ich sagen: „Es ist halt so, wir haben uns auseinandergelebt, es passt nicht mehr, der andere hat sich verändert". Selbstverständlich kann das sein. Doch viele Menschen spüren in solchen Situationen, dass eine solche Erklärung nur die halbe Wahrheit ist. In vielen Fallbeispielen habe ich das Thema Beziehung dargelegt und oftmals bekam der Klient den Hinweis, dass er vertrauen soll.

Ich gebe zu, dass es bei Beziehungsthemen, insbesondere nach Verletzungen sehr schwer ist ins Vertrauen zu gehen. Doch was hat man für eine Alternative? Hierbei zu vertrauen, dass alles gut werden kann, ist sicher ein erster wichtiger Schritt. Daran und am Partner zu zweifeln, kann nicht zur Veränderung führen. Ich habe unter den Klienten ein Paar erlebt, das trotz erheblicher Verletzungen oder auch gerade deshalb den Mut hatte, nach tieferen Ursachen zu suchen. Und beide erlebten einerseits, dass es ähnliche Verletzungen in früheren Leben ebenfalls gab, andererseits bekamen beide viele Hinweise, was es zu verändern gilt. Das Thema Vertrauen spielte dabei eine sehr große Rolle. Vertrauen in sich selbst, Vertrauen in den Partner und Vertrauen, dass sich alles zum Guten entwickeln wird. Ob die beiden diese, meines Erachtens nach hoffnungsvolle, wenn auch nicht einfache Aufgabe schaffen, hängt von der Bereitschaft zur Offenheit, zur Vergebung und Liebe ab.

Eine andere Klientin erlebte in einem früheren Leben einen überaus gewalttätigen Vater. Alles, was sie für sich tun wollte, von der liebevollen Partnerschaft bis zum entspannten Familienleben, wurde durch diesen dominanten und gewalttätigen Vater gestört. Heute erlebt sie die gleichen Menschen wieder, doch ohne die damals erlebte Gewalt. Dennoch fehlen weiterhin die Selbstsicherheit und das Selbstvertrauen, die Liebe zu dem Menschen, der damals der Vater war. Dieses konnte ohne offensichtliche Gründe nicht entstehen.

Nun kann es sein, dass wir viele Dinge erlebt haben, die uns in ein festes Muster einpressen. Wir sind – wie vorher beschrieben – immer in bestimmten Situationen unsicher, werden panisch, kommen nicht in unser Selbstvertrauen und flüchten aus oder vor bestimmten Situationen oder Personen. Wir werden davon abgehalten, die Situation zu durchschreiten, weil wir uns ihr vorher entziehen. Die ungeliebte Arbeitsstelle zu verlassen, mich mit einem Menschen auszusprechen, einen sympathischen Menschen anzusprechen gelingt uns nicht, weil unsere Muster es nicht zulassen.

Das Bewusstmachen dieser Muster ist im ersten Schritt oft schwer. Zu sagen: „Ja, ich will" ist für viele scheinbar unmöglich, doch wird es einmal ausgesprochen, kann es losgehen. Die Ursachen, der Auslöser für die Blockaden und Probleme im Hier und Jetzt können nun entdeckt werden. Diese Auslöser zu befreien gehört zum nächsten Schritt, um anschließend Vertrauen zu finden.

Alle Schlüssel liegen in uns selbst, sie zu finden, um eine Türe nach der anderen zu öffnen, ist eine hoch spannende und auch oft schöne Aufgabe. Hab Vertrauen, Du kannst das!

Alles ist ein Ganzes, Alles ist Eins

Stimmt, irgendwie das klingt doch wieder sehr esoterisch und als Christ war es mir anfangs ein nur schwer verständlicher Gedanke. Doch je mehr ich mich mit mir selbst befasse, je mehr Erfahrungen ich mit meinen Klienten machen darf, je mehr Informationen ich im täglichen Leben wahrnehme, umso klarer wird es: „Ja, alles ist ein Ganzes". Ich zitiere hier nochmals aus *Gespräche mit Gott* die Aussage: *„Ich bin der Alles in Allem"*.
In den vielen erlebten Rückführungen haben die Rückgeführten häufig Menschen erlebt, die über viele Leben immer wieder auftauchen. Sie erleben zahlreiche geistige Wesen, die zum Leben dazu gehören, die irgendwie in unser Leben integriert sind. Aber auch wir sind natürlich irgendwie in ein System integriert.

Viele Rückgeführte berichten nach einiger Zeit, dass sich vieles in ihrem Leben zum Positiven verändert hat. Sie sind oft restlos erstaunt, dass sich auch andere Personen verändern. Diese Wahrnehmung wird nicht als Einzelfall, sondern häufig berichtet. Wenn man beachtet, dass letztlich alle Dinge energetisch verbunden sind, ist dies nicht verwunderlich. In der Wissenschaft, insbesondere in der Quantenphysik, werden solche Erkenntnisse heute beschrieben und bewiesen.

Rupert Sheldrake, ein britischer Biologe, beschreibt in seinen Theorien der morphogenetischen Felder die Existenz vom Zusammenhängen aller Dinge, die existieren. Lernt also ein Individuum bestimmt Dinge, profitiert ein anderes Individuum davon, ohne denselben Lernschritt zu machen. Ob dies so ist, kann ich nicht beurteilen, möchte ich auch nicht, da ich kein Wissenschaftler bin. Ich wehre mich auch dagegen, alles wissenschaftlich belegen zu müssen oder wissenschaftliche Erkenntnisse für die Unmöglichkeit meiner Erfahrungen akzeptieren zu sollen. Denn letztlich sind die Erkenntnisse meiner Selbst und meiner Klienten für mich Beweis genug.

Aus meiner eigenen Erfahrung weiß ich, dass ich durch das Auflösen vieler Dinge aus früheren Inkarnationen wie Hass, Selbstsucht, Unfrieden, Trauer und Traurigkeit, Selbstzweifel, Nichtangenommensein, Unzufriedenheit und Sucht mein Leben komplett verändert habe. Viele dieser Veränderungen haben auch Einfluss auf die Menschen in meiner Umgebung gehabt und dies oft, ohne dass ich es selbst bemerkt hätte. Dritte berichteten dann von ihrer Beobachtung, dass sich bestimmte Personen verändert hätten. Zum Teil ist es so, dass sich persönliche Beziehungen intensivieren, andere unwichtig werden und wiederum andere neu entstehen. Eine Entwicklung, die sehr aufregend ist.

Nun muss ich an dieser Stelle doch tiefer in die spirituellen Erfahrungen einsteigen. Ich habe in meinem ersten Buch in einigen Kapiteln über Erlebnisse auf der Zwischenebene, beim so genannten Hüter der Akasha-Chronik und im Urlicht berichtet. Mit vielen Klienten habe ich diese „Ebenen" mittlerweile erleben dürfen. Ich formuliere das bewusst so, weil es immer ein großes Geschenk für Klient und Rückführer ist. Die emotionalen Empfindungen sind zum Teil überwältigend, Tränen fließen, das Herz springt vor Freude und Glück, Klienten und Rückführer sind einfach erfüllt. Etwas Schöneres kann man sich eigentlich nicht vorstellen. Nicht alle Klienten erleben in ihren ersten Sitzungen diese Dinge, meist müssen einige andere Erfahrungen und Erkenntnisse gesammelt werden beziehungsweise Auflösungen erfolgen. Die Zwischenebene ist ein Bereich, der in den Erfahrungsberichten häufiger beschrieben worden ist. In vielen Berichten von Nahtoderfahrungen werden Dinge beschrieben, die meine Klienten in ähnlicher Form erleben. Zwar gibt es Abweichungen, doch auch viele Parallelen.

Alle Klienten, die den sterbenden Körper verlassen, beschreiben ein Gefühl der Befreiung, viele sprechen vom Gefühl der Heimkehr. Die Erfahrungen beim Hüter der Akasha-Chronik kann man schlecht beschreiben, man muss sie erleben. Deutlich wird vielen Klienten, dass sie schon oft hier waren, dass hier das Bewusstsein unseres Seins „lagert", dass dieses „Wesen" unser Bewusstsein in Form einer Art Chronik für uns hütet. Alles, was von uns durch Erkenntnis offen gelegt wird, kann befreit werden. „Ja, ich habe es verstanden", ist die Kernaussage, die dazu führt, dass eine belastende Information befreit und gelöst werden kann. Grundsätzlich geht dies nicht ohne Vergebung und Liebe. Wie bereits beschrieben, folgt in solchen Fällen manchmal der Hinweis: „Nein, es ist zu früh, dir fehlen weitere Erkenntnisse!"

Das Erleben des Urlichts ist für uns eine Erfahrung, die mit „Eins-Sein" beschrieben werden kann. Doch wer dieses „Eins-Sein" nicht erlebt hat, weiß nicht, was es für uns bedeuten kann. Es ist schade, dass man dieses Gefühl nicht festhalten kann. Alle, die es erleben durften, beschrieben es mit „Als ob ich Gott fühlen könnte". Ehrfurcht, Achtung, Erfüllung, Überwältigung sind spürbar, bis in unser tiefstes Inneres. „Hier hat alles begonnen, hier habe ich meinen Weg angefangen, hier war ich Licht, alles was ich bin, kommt von hier" wird in tiefster Ehrfurcht ausgesprochen. Ich habe mehrfach selbst Tränen vergossen bei den Schwingungen, die nicht nur die Klienten empfunden haben. Dass der göttliche Funke in uns wohnt, wird ja oft als esoterische Spinnerei bezeichnet, doch ist die empfundene Gottesnähe hier nicht nur als Nähe zu begreifen, nein, man spürt die Göttlichkeit, als sei man ein Teil davon und/oder sie ein Teil von uns. Und das ist einfach nur unglaublich schön.

Deshalb halte ich es für wichtig, dass ein Klient die Möglichkeiten wahrnimmt, über das Erkennen seiner Blockaden und Muster und deren Auflösung hinaus, auch den Weg der tieferen spirituellen Erfahrungen zu machen. Doch ist auch dies wie vieles andere die freie Entscheidung jedes Einzelnen.

Nun nochmals zur Aussage: „Alles ist ein Ganzes!" Die Gesamtheit der vorher beschriebenen Erkenntnisse bestärkt mich in der Auffassung, dass alles ein Ganzes ist. Jede Erfahrung, die wir sammeln, fließt nicht nur in unseren eigenen Erfahrungsschatz, sondern auch in Gottes unglaubliche Vielfalt ein. Wir haben die Möglichkeit aus dieser Vielfalt zu lernen und uns durch andere, die Bestandteil dieser Vielfalt sind, Unterstützung zu holen. Ebenso haben wir die Möglichkeit mit Wort, Gedanke und Tat die Entwicklung des Ganzen positiv zu beeinflussen. Nimm dabei bitte zur Kenntnis, dass alle unguten Worte, Taten und Gedanken ebenfalls ins Große Ganze einfließen.

Überlege deshalb mit dem Herzen, was du tust, denn alles hat Auswirkungen!

2012

Nach der *Verborgenen Wahrheit* haben mich viele gefragt, was es denn nun mit dem ominösen Datum 21.12.2012 auf sich habe. „Ich bin an diesem Tag zu einer Party eingeladen!" Spaß beiseite, es stimmt zwar, dass ich tatsächlich mit Kollegen an diesem Tag feiern werde, doch handelt es sich eher um eine Schnapsidee. Eine Idee, die zeigen soll, dass wir nicht zu den Schwarzmalern und Schwarzsehern gehören, die dieses Datum mit einem Weltuntergangsszenario verbinden.

In etlichen Sitzungen hat dieses Thema in irgendeiner Form eine Rolle gespielt. Auch gibt es einige Menschen in meinem Umfeld, die Visionen und Vorahnungen haben. Ich habe in einigen meiner eigenen Sitzungen immer wieder die Wandlungsphasen erlebt, die die Menschheit schon oft durchschritten hat. Dabei durfte ich fühlen, spüren, erleben, erfahren und erkennen, dass es Phasen in unserer Geschichte gab, in denen das Leben in der Polarität nicht so bestand, wie wir es heute erleben. In diesen Epochen war ein Bewusstsein vorhanden, das die Bewohner der Erde regelrecht schweben (im übertragenen Sinne) ließ. Die Leichtigkeit des Seins, das Bewusstsein war so ausgeprägt, dass es kaum Fragen der „negativen Aspekte" gab. Es wurde sich vielmehr mit der Entwicklung des Bewusstseins, der Wissenschaft und der Philosophie befasst. Erfahren durfte ich dies beispielsweise auf Lemuria, aber auch auf Atlantis, wobei hier bereits Veränderungen eintraten.

In anderen Zeiten der Wandlung erlebte die Menschheit die gravierende Schwingungsveränderung von diesem hohen Bewusstsein auf ein niedriges Schwingungsniveau. Ich habe diese Vorgänge an anderer Stelle beschrieben und möchte nochmals darauf hinweisen, dass diese teilweise sehr schmerzhaften Momente lediglich zum Wachstum der Seelen beigetragen haben. Auch wenn es hier um Raub, Verletzung, Schmerz, Dunkelheit und viele andere negative Aspekte der Bewusstseinsbildung ging, gehörten sie zweifelsohne zu den notwendigen Erfahrungen dazu.

In den letzten Monaten habe ich mehrfach an Gesprächen über die Frage nach dem entwickelten Bewusstsein der Seele teilgenommen. Immer wieder wird gefragt, ob der Mensch, die Pflanze, bestimmte Tiere oder der Außerirdische das höhere Bewusstsein haben. Vielleicht ist das eine interessante Frage, doch nicht die zentrale Frage der bewussten Seele. Denn hier geht es nicht um das Überflügeln des Anderen, um besser oder schlechter, sondern einfach nur darum: „Wer und was bin ich?" Um dies herauszufinden, gehe ich einen Schritt weiter und frage mich: „Wo komme ich her, wo gehe ich hin, was fehlt mir, wer unterstützt mich?"

Das nächste, das ich an dieser Stelle wiederholen möchte, ist, dass wir alle „Eins sind". Wir entstammen alle dem Göttlichen Bewusstsein und sind diesem niemals entflohen. Unsere Seele enthält den großen göttlichen Funken, den es gilt weiterzuentwickeln. Alle Aspekte der Weiterentwicklung fließen in das große Bewusstsein ein. Vielleicht macht diese Aussage deutlicher, dass wir Menschen, nein alle Wesen, niemals in Konkurrenz zueinander stehen, sondern jeder entsprechend seiner Entwicklung für das Große und Ganze wichtig ist. Und genau deshalb ist auch keine Zeitepoche für die lebenden Seelen negativ gewesen und wird es auch niemals sein. Wenn wir schmerzhafte Erfahrungen machen, dann sind diese für unser oder das Große Bewusstsein wichtig. Andererseits machen wir auch viele andere Erfahrungen und letztlich ist immer alles gut so, wie es ist!

Was geschieht nun 2012?

Es wird genau das geschehen, was die Seelen für die Entwicklung ihres Bewusstseins benötigen. Die eigenen Entscheidungen sind dabei maßgebend. Ebenso wie ein Mensch sagt: „Doktor, helfen Sie mir, möglichst ohne Schmerzen, ohne die Wahrheit und ohne dass Ich selbst etwas tun muss", ist es auch bei der Entwicklung der Seele. Der Klient in der Rückführung, der sich nicht traut, an den Ursprung der Blockade zu gehen, benötigt einfach etwas mehr Zeit des Wachstums, und das ist immer in Ordnung. Genau so ist es auch in den Zeitepochen des Wandels wie auch in unserer aktuellen Dekade.

Unzählig viele Seelen (siehe Bibel: zahlreich wie der Sand des Meeres) mit sehr unterschiedlichem Bewusstsein sind in unserem Kosmos unterwegs, so wie auch wir schon an vielen Stellen unseres Kosmos waren. So wie heute sehr bewusste Seelen diesen Wandel mitgestalten, haben andere dies bereits zu vielen anderen Phasen der Geschichte getan. Sie haben den Aufstieg in hohe Bewusstseinsstufen, beispielsweise zum Lichtwesen, lange vorher geschafft. Auch wenn ich hier einigen Autoren anderer Bücher und Schriften widerspreche, auch Lichtwesen gehen manchmal den Weg, weitere Erfahrungen zu sammeln. Sie tun dies insbesondere dann, wenn ihnen noch ein Aspekt der Erkenntnis fehlt oder sie bewusst in eine Entwicklung eingreifen wollen. Diese bewussten Eingriffe stehen ihnen als Lichtwesen nicht zu, sie sind dazu nur in der Lage, wenn Seelen es zulassen oder sie inkarnieren.

Nun sind wir also hier in der Wandlungsphase, die laut Majakalender am 21.12.2012 ihren Höhepunkt haben soll. Sicher ist, dass gravierende Veränderungen geschehen werden, doch werden sich diese Veränderungen entsprechend des Bewusstseinszustandes der Menschen vollziehen.

Veränderungen in anderen Wandlungsphasen konnte ich bewusst zulassen und akzeptieren, andere wiederum nicht. So wird es auch jetzt sein. Eine Kernaussage in den erlebten Sitzungen war immer: „Macht euch keine Sorgen!"

Nicht alle Menschen/Seelen werden den Aufstieg erfahren, einige werden ihn gehen, einige werden in der jetzigen Bewusstseinsstufe stehen bleiben, weitere werden sozusagen in eine andere Parallelbewusstseinsstufe übergehen. Sie werden hier Gelegenheit haben, sich weiter zu entwickeln.

Die Schwarzmalerei, dass die Menschheit durch Außerirdische vernichtet werde, alles durch Kriege zerstört wird, halte ich für Unsinn. Es wird Zerstörungen geben, wie wir sie immer erlebt haben, möglicherweise werden sie zunehmen. Es wird Untergang und andere umwälzende Ereignisse geben, doch brauchen wir keine Sorgen zu haben. Alles ist davon abhängig, wie weit wir bereit sind, offen und bewusst mit diesen Entwicklungen umzugehen und nach den Erkenntnissen darin zu suchen.

Der Vergleich dieses globalen Geschehens mit unseren eigenen körperlichen Erkrankungen drängt sich hier auf. Alles hat einen tieferen Sinn und eine Botschaft. Auch spielt es eine Rolle, wie sehr wir aktiv mitgestalten, wie sehr wir uns beispielsweise um unsere Erde kümmern. Heilung für die Erde ist ein zentraler Punkt, da die Erde dann ihrerseits in der Lage ist, Heilung für die Menschheit zu bringen. Es ist dramatisch, wie sehr die Menschheit seit Jahrhunderten damit beschäftigt ist, diesen Planeten auszubeuten, ihn zu zerstören. Viele Dinge, wie der Abbau von Bodenschätzen, die Zerstörung der Natur durch Roden von Wäldern, unbewusster Landwirtschaft, Einleitung von Giften und Atombombentests, bringen die Erde aus dem Gleichgewicht. Sie leidet, sie verändert ihre Oberfläche, bricht ein, wächst, verschiebt sich und bebt. Es kommt zu viel Zerstörung und Vernichtung. Die Ursachen der Zerstörung aufzuhalten ist wichtig, andererseits ist es ebenso wichtig, an der Heilung der Erde mitzuwirken.

Viele Menschen und Gruppen führen seit Jahren bereits Rituale zur Heilung der Natur und der Erde durch. Wer die Entwicklungen unserer Erde als Zufall oder als ganz normale Entwicklung betrachtet, erkennt nicht die ganze Wahrheit. Natürlich ist es richtig, dass das Verschieben der tektonischen Platten zu Erdbeben führt, andere Entwicklungen ebenso erdgeschichtlich nachweisbar sind, doch gibt es viele Veränderungen, deren Wahrheit viel tiefer ist. Außer den Reaktionen der Erde sehe ich die Auseinandersetzungen der Menschen mit der Veränderung der Schwingung.

Wie kann man sich dies vorstellen? Jeder hat schon erlebt, dass er Gebäude betreten hat, aus denen er am liebsten sofort flüchten möchte, ein Hotel bezogen hat, wo er sich nicht wohl fühlt, ein Land betreten, das sich schlecht anfühlt und so weiter. Andererseits erleben wir, dass wir uns ohne ersichtlichen Grund irgendwo vollkommen wohl fühlen. So ist es auch mit dem Erleben der Schwingungsveränderung. Während viele energetisch arbeitende Menschen die aktuelle Zeit als überaus spannend und gut empfinden, erleben immer mehr Menschen fehlende Sinnhaftigkeit, Schwermut und Depression, Stress und Burn-Out, fehlende Beziehungsfähigkeit, das Fehlen von anzustrebenden Zielen, einfach eine zunehmend dunkler werdende Gegenwart. Diese Entwicklung wird sich beschleunigen!

Während immer mehr Seelen wach werden und sich entwickeln, werden andere in Depressionen und körperlichen Erkrankungen (als Ursache für die seelische Depression) versinken. Wieder andere werden sich in kulturellen und religiösen Streitereien verlieren. Die Auseinandersetzungen der Religionsgemeinschaften werden zunehmen (auch in unseren westlich geprägten Ländern), weil man sich nicht auf das eigentliche „globale Bewusstsein" einlassen kann. Aber auch zu dieser Entwicklung kann man sagen, dass es in Ordnung ist, wenn Menschen (-seelen) für sich diesen Weg wählen. Zu jeder Zeit haben wir die Möglichkeit zu wählen, zu entscheiden. Das bedeutet, dass alle „Sucher und Finder" bewusst an diesen Dingen mitwirken sollten. Das Verpassen der entsprechenden Gelegenheit ist im Rückblick häufig traurig, aber irgendwie ebenfalls in Ordnung. Wir müssen uns an dieser Stelle bewusst machen, dass die materielle und erfolgsorientierte Prägung der Gesellschaft uns oft davon abhält, einen tiefgründigeren Weg zu gehen. Auch das entscheiden wir selbst.

Zusammenfassend möchte ich zum genannten Datum sagen, dass es für den bewussten Menschen keinen Grund der Sorge und Furcht gibt. Da uns

Sorge und Furcht von unserer Entwicklung abhalten, ist es wichtig diese, abzulegen und zu schauen, wo man weiteres Entwicklungspotential hat. Andererseits besteht auch nicht mehr viel Zeit des „Herumeierns" und Verharrens. Wer weiß, dass er etwas tun soll, der fange doch endlich damit an, wenn er wirklich will. „Bittet und so wird euch gegeben" bezieht sich auch auf Weisheit und Bewusstsein!

IV Rückführungssitzungen mit Klienten

Ich möchte keine große Einleitung in dieses Kapitel schreiben. An anderen Stellen in diesem Werk sowie in meinem ersten Buch ist vieles zur Rückführungs- und Reinkarnationstherapie beschrieben. Wer noch weitere Informationen dazu braucht, dem empfehle ich den Besuch meiner Homepage.

Dennoch möchte ich kurz darauf eingehen, warum ich mich selbst weiterhin rückführen lasse. Es erklärt vielleicht, warum ich mehr denn je überzeugter Rückführer bin. Mit der Erkenntnis, dass es keine Zufälle gibt, und dass alle Dinge, die mich berühren, einen Sinn haben, schaue ich mittlerweile nach der Botschaft hinter jeglichem Geschehen. Mittlerweile erschließen sich die Botschaften oft, ohne dass ich mich rückführen lasse. Dennoch komme ich dann und wann an den Punkt, an dem ich keine klare Antwort auf offensichtlich wichtige Informationen bekomme. Und das ist dann der Moment, an dem ich überlege, ob mich eine Rückführung weiterbringt. Wohin soll sie mich bringen? Anfangs ging es mir lediglich darum, mein Leben leichter zu gestalten, Ängste abzubauen, körperliche Beschwerden zu reduzieren und Beziehungen zu klären. Heute gehe ich eher auf die Suche nach den Sinnfragen, der Entwicklung des Bewusstseins, der Herzöffnung, der Heilung. Meine Klienten suchen ebenfalls – entsprechend ihres Bewusstseinsstandes – nach den eigenen Wurzeln und nach den Gründen für ihre Probleme.

Ich habe versucht, eine grobe Sortierung der Themen vorzunehmen, dabei aber festgestellt, dass dies sehr schwierig ist. 100 Sitzungsprotokolle sind nachfolgend aufgeführt. Jede einzelne zeigte einen individuellen Verlauf. Man betrachte deshalb die Überschriften nur als ungefähre Einordnung.

Beziehungen

Das Thema umfasst alle Arten von Beziehungen. Angefangen von partnerschaftlichen, über familiäre bis hin zu anderen personenbezogenen Beziehungen. Ein relativ großer Anteil der Klienten findet den Weg zur Rückführungstherapie um die Gründe für die problembehafteten Verbindungen zu Menschen in ihrem Umfeld zu entdecken. Die Lösungen, die dabei tatsächlich entdeckt werden, weichen oft erheblich von dem ab, was unser Verstand erwarten würde.

Ich habe in den Sitzungen zu dieser Thematik sehr viel gelernt. Vor allem habe ich gelernt, dass ich mich zukünftig noch mehr zurückhalte, wenn es um Einschätzungen wie gut und schlecht, richtig und falsch geht. Das, was oft hinter den partnerschaftlichen Problemen, dem Seitensprung, dem Unfrieden in der Familie und den vielen anderen Beispielen entdeckt wird, zeigt, dass es letztlich auch hier im „normalen Leben" um die Erkenntnis, um das Verstehen geht.

Während beispielsweise vordergründig eine Trennung vernünftig zu sein scheint, zeigt sich innerhalb der Rückführung, dass eine Wiederbelebung der Partnerschaft möglich ist. Aber auch umgekehrte Erfahrungen sind immer wieder Inhalt der Sitzungen. So kommt es oftmals zum Aufruf, endlich eine Entscheidung zu treffen, eine Entscheidung für die Liebe, für das Herz, für die Entwicklung der Seele, eine Entscheidung für einen neuen Weg.

Ich habe die große Bandbreite der Sitzungen zum Thema Beziehungen nicht weiter unterteilt. Jede Sitzung verläuft anders, deshalb tauchen einige gleichlautende Überschriften auf, deren Sitzungsinhalte jedoch selten ähnlich sind.

Familiäre Beziehungen, Eltern, Dominanz des Vaters

Hanna S. sucht mich auf. Sie hat sich bereits seit etwa einem halben Jahr angekündigt. „Ich habe eigentlich kein wirkliches Thema", meint sie. Das Vorgespräch zeigt Auseinandersetzungen mit sich selbst, den im Rausch streitsüchtigen und krakeelerischen Vater und die völlig emotionslose Mutter. Auch die schwierige Selbstfindung im beruflichen und privaten Bereich erwähnt sie. Sie weiß auch ob ihrer schwerwiegenden Bedeutung, überspielt aber deren Tragweite.

So steigen wir in die Sitzung ein und gelangen recht problemlos in mehrere Situationen in der Kindheit der Klientin. Hanna hatte vor der Sitzung beschrieben, dass sie eigentlich keine schöne Kindheit hatte, erkennt nun dennoch etliche sehr schöne und emotionale Situationen. Sie sieht sich spielend mit ihrem jüngeren Bruder und einem Nachbarskind und weiß, dass sie viele schöne gemeinsame Stunden verbracht haben. Sie sieht sich mit einem Kameraden, in den sie sich verliebt hat und um dessen Gunst sie sich mit einem gleichaltrigen Mädchen streiten muss. Sogar zu Handgreiflichkeiten kommt es.

Auch in der Familie gibt es viele glückliche Minuten, jedoch überwiegend im Beisammensein mit der Großmutter. Zu ihr gibt es eine eigenartige Nähe. Hanna sucht immer wieder ihre Nähe, beim Kochen, zum Erzählen und zum Schlafen, sie kriecht ins Bett der kranken Großmutter, sogar bis zu deren Tod.

Beziehungen 50

Die Mutter ist immer mit gehöriger Distanz spürbar, es gibt wenig Nähe, Emotionen sind hier nicht ansatzweise erkennbar. Außerdem ist die große Dominanz des Vaters spürbar, der, wenn er nüchtern ist, der ruhende Pol ist. Ist er jedoch betrunken, dann wird es laut und problematisch. Für Hanna sind dies Erinnerungen, die mit Angst und Unruhe verbunden sind. So erlebt sie mehrere Situationen, die durch Gefühllosigkeit, Ängste und Probleme nachhaltige Wirkungen auch im Hier und Heute haben. Sie geht mit diesen Problemen in die energetische Auflösung der violetten Flamme und erlebt diese wie viele andere auch als sehr wohltuend. Sichtlich beeindruckt und froh folgt noch ein längeres Nachgespräch.

Klar ist, dass es bei allen beschriebenen Problemen einiges aufzuarbeiten gibt. Die heutige Sitzung ist dabei sicher hilfreich und positiv, kann jedoch nur als Anfang der Aufarbeitung betrachtet werden.

Die Klientin berichtet Monate danach, dass die Sitzung ein spannendes Erlebnis war und einiges gelöst hat. Insbesondere für die Erziehung ihrer eigenen Kinder hat es ihr neue Erkenntnisse gebracht.

Das Mutterthema, Dominanz der Mutter

Max P. hatte bereits vor seiner Sitzung einige Male angerufen und mit seinen Fragen viele Ängste und Fragezeichen kundgetan. Er kündigt bereits Wochen vorher an, dass er nicht abschalten kann, Meditation sei sicher nicht möglich. Er sieht in erster Linie Bedarf nach der Ursachenforschung für Trennungen und Verluste. So „vergehen" alle Beziehungen und es versterben etliche ihm nahe stehenden Personen viel zu früh und oft auf merkwürdige Weise.

Mein Klient ist trotz seiner Bedenken so schnell in der Entspannung, dass ich eher befürchte, dass er einschläft. Später berichtet er, er habe das Gefühl gehabt zu schweben. Er ist sichtlich beeindruckt (ich spüre deutlich, dass er mir das nicht zugetraut hatte!).

Auch hier gelingt der Sprung in die Kindheit recht problemlos. Vieles dreht sich um eine Familienfeier. Er sieht sich als etwa Zehnjährigen bei einer Familienfeier, eigentlich ein schönes Fest für ihn. Doch wie immer verdirbt ihm seine Mutter jegliche Freude. Sie zeigt ihm sehr deutlich, dass sein Anzug nicht sitzt, woraufhin er in Hektik gerät und krampfhaft versucht alles zu richten. Max verschüttet auf dem Tisch ein Glas Limonade, was ihn selbst in Bedrängnis bringt, obwohl es alle anderen nicht stört.

Von diesen Situationen gibt es etliche. Natürlich haben sie erhebliche Auswirkungen auf den Jungen. Er fühlt sich zurückgesetzt, gekränkt, einsam und verletzt. Etliche Gründe, in der violetten Flamme Auflösung zu suchen.

Sichtlich überrascht und beeindruckt verlässt er mich. Seine Frage, wie lange er bis zum nächsten Mal warten muss, zeigt, dass er neugierig geworden ist. Max weiß, dass er selbst das Mutter-, das Verlust- und das Trennungsthema lösen kann.

Familie und die Leichtigkeit des Seins

Johanna W. sucht mich auf, weil sie vor vielem Angst hat. Vor fremden Menschen und Situationen, vor ihrer Zukunft und Vergangenheit und vielem mehr. Vor allem aber vor der eigenen Courage. Sie schildert kurz einen früher immer wieder aufgetretenen Albtraum, dessen Bedeutung sie gerne kennen würde.
  Johanna hat sich in den vergangenen Wochen viel mit dem beschäftigt, was sie möglicherweise heute erwarten könnte. Dementsprechend aufgeregt ist sie. Viele Bekannte haben Johanna verunsichert. Sie selber hat sich die unmöglichsten Dinge rund um die Sitzung ausgemalt.

Doch nun ist sie da und ich weiß, dass es sehr spannend werden wird. Ich habe seit mittags einen laut blubbernden Bauch, es ist mir fast unangenehm, so dass ich mir während der Sitzung ein Kissen auf den Bauch lege, damit die Klientin nicht gestört wird. Johanna läuft bereits vor der Sitzung dreimal zur Toilette und unterbricht die Sitzung ein Mal wegen eines Toilettengangs. Es überrascht deshalb nicht, dass ihr Bauch eine Hauptrolle in dieser Sitzung spielen wird. Meine Bauchbeschwerden sind mitten in der Sitzung von einer Sekunde zur nächsten weg. Wieder einmal eine neue und überraschende Erfahrung. Doch weitere werden in dieser Sitzung folgen.
  Ich gehe sehr behutsam vor und spüre ihre vorhandene Aufregung. Nach etwa 15 Minuten ist sie entspannt und ganz ruhig. Johanna fühlt sich auf ihrer Wiese wohl. Da ich bereits zu Beginn ihrer Sitzung ihren Engel wahrnehmen kann, spreche ich diesen bewusst an und biete der Klientin an, ihn mit auf die Reise zu nehmen. Ob sie dies tatsächlich macht, weiß ich nicht, doch ich weiß, dass er aktiv werden wird.
  Sie gelangt in der Kindheit in zwei wundervolle Situationen mit ihrer Mutter und einer Freundin. Sie erlebt Emotionen, Glücksgefühle und Erfahrungen mit der Freundin und den Eltern, die sie im heutigen Leben nicht für möglich gehalten hat. Doch in diesem Moment erinnert sie sich an das längst Vergangene und ist überrascht, dass Liebe, Ausgelassenheit und Glück mit diesen lieben Menschen in diesem Maße möglich sind und

waren. Alle haben sich seit der Kindheit so sehr verändert, dass das Zusammenleben heute dieses Glück nicht mehr erlebbar macht. Johanna ist so überwältigt, dass sie Freudentränen vergießt. Dann geht es weiter und sie landet in einer Situation ihrer Kindheit, in der sie sich von lieben Menschen verabschieden muss. Sie leidet sehr unter diesem Abschied und spürt zum ersten Mal sehr belastende Bauchbeschwerden. Bauchbeschwerden, die im Heute in vielen Situationen auftreten. Als ein Mitglied der Familie ihr diese Abschiedstrauer geradezu verbietet (sonst darf sie diesen Besuch niemals wieder empfangen), leidet sie noch mehr. Die Bauchbeschwerden werden noch mehr verstärkt; Wut baut sich gegen dieses Familienmitglied auf. Ich lasse Johanna die negativen Emotionen und Beschwerden intensiv durchleben, während sie in dieser Situation ein mögliches Geheimnis ihrer Familie entdeckt. Als Kind hatte sie etwas gefunden, was sie nicht finden sollte. Johanna interpretierte das Gefundene so, dass sie annahm ihre Mutter hätte eine Abtreibung vornehmen lassen und ihr damit ein Geschwisterchen vorenthalten. Sie ist in diesem Moment so schockiert, dass sie weint und die Fassung verliert. Nach einigen Momenten und weiteren Informationen spreche ich ihr Unterbewusstsein an und frage sie, ob ihre Vermutung richtig sei. Während Johanna vorher fest von der Richtigkeit dieser Vermutung ausging, antwortet sie nun spontan mit „Nein". Johanna ist augenblicklich ruhig, jegliche Angst verlässt sie schlagartig und sie gibt eine wohlige Wärme und Ruhe in ihrem Inneren an. Es geht ihr gut.

Ich schicke sie daraufhin in die Geburt, obwohl ich ahne, dass das nicht der Weg ist, den sie heute geht. Sie landet genau in der Dunkelheit, die sie in ihren Albträumen immer erlebt hat. Ich spüre dabei nichts Ungutes, nicht Beängstigendes. Deshalb beruhige ich sie und lasse sie selbst nach der Ursache für die Dunkelheit suchen. „Ich bin in einer Höhle". Ich führe sie nun durch die Höhle und in das Licht, das durch den Eingang dringt. Sie erkennt sich in der Folge als Krieger mit dunkler Hautfarbe auf einem südlichen Kontinent. Sie hat ein absolut glückliches Leben, sie erlebt Fröhlichkeit, Freude, Gemeinschaft in Familie und Dorf. Sie erlebt die Leichtigkeit des Seins (dieser ausgesprochene Satz überrascht mich bei dieser Klientin sehr). Ich lasse sie ganz bewusst alle Vorzüge dieses Daseins durchleben und in sich aufnehmen. Die nächste Situation zeigt bereits das Ende des Kriegers. Er hat einen Pfeil im Bauch, er wurde von drei fremden Kriegern überfallen und getroffen. Alle drei kennt die Klientin aus dem heutigen Leben und zumindest eine Person ruft immer wieder sehr ungute Gefühle in ihr hervor. Sie macht nochmals einen Rückblick auf ihr Leben als Krieger und ist fasziniert von diesem schönen Leben. Der gewaltsame Tod ist dabei eher unbedeutend. Besonders beeindruckt ist sie nun, dass sie von ihrem Engel abgeholt wird, und sie weiß, dass er bereits in der Höhle und in der unguten Situation mit ihrer Mutter für wohlige Wärme und Entspannung gesorgt hat. Sie wird in die Zwischenebene geführt und ist fasziniert von ihrem Engel. Zusammen mit ihm schaut sie sich ihre Lebensaufgaben im Heute und im Leben des Kriegers an und ist dabei überrascht, dass es „nur" um Freude, Glück, Fröhlichkeit und Leichtigkeit ging und geht.

Ihr wird klar gemacht, dass „es so einfach sein kann". Der Engel verrät ihr noch seinen Namen, streichelt sie zärtlich an der Wange und teilt ihr mit, dass es nun aber genug für heute sei. Das kann man wirklich sagen, es sind etwa vier Stunden vergangen. Die violette Flamme wird als so intensiv und erfüllend wahrgenommen, dass sich die Klientin ein paar Minuten mehr erbittet.

Eine glückliche Klientin verlässt mich, und ich bin mir sicher, dass sie die Leichtigkeit mitnimmt. Genau diese Feststellung beschreibt Johanna, als sie mich ein Jahr später wieder besucht.

Partnerschaft, Eltern, Besetzung

Mit Letizia S. hatte ich zwei gute Vorgespräche. Sie ist sehr geplagt, denn sie hat einige familiäre Probleme. Probleme in der Partnerschaft, innerhalb von Freundschaften, mit Eltern und Geschwistern und vor allem seit dem Tod des Vaters mit dessen Anwesenheit. Das heißt er ist als Besetzung bei ihr geblieben und macht sich oft bemerkbar, sowohl körperlich wie auch in Räumen und durch Geräusche. Seit den Vorgesprächen geht es Letizia etwas besser, denn sie kann seitdem mit der Anwesenheit des Vaters umgehen, auch wenn es sie immer noch ängstigt.

Es wird eine sehr aufregende Sitzung, die insgesamt gut fünf Stunden dauert. Letizia findet sich auf einer Burg wieder. Als schmächtiger Leibeigener Martin wird sie von einem harten Aufseher sehr gestriezt. Martin muss auf dieser Burg Steine schleppen und leidet unter starken Schmerzen an Kopf, Schulter und Nacken. Es sind die körperlichen Beschwerden, unter denen Letizia auch heute sehr leidet, insbesondere in verschiedenen Situationen der Auseinandersetzung sowie bei dem Zusammentreffen mit bestimmten Personen.
    Diese Situationen werden nun immer wieder durchlebt, sie kommt aus dem Thema erst heraus, als klar wird, dass Martin versucht hat, dieser Umklammerung zu entfliehen. Das bringt ihn in den Kerker, wo er durch den Machthaber, den Burgherren, zu Tode gebracht wird. Mit einer schweren Streitaxt wird Martin von hinten erschlagen (Schlag in den Nacken).

Einige der Personen aus dem früheren Leben sind ihr auch im Heute bekannt, vor allem die, mit denen das Zusammenleben schwer fällt. Martin wird in die Zwischenebene geführt. Hier darf die Klientin nun ihre Engel kennen lernen und hat einen intensiven Austausch mit ihrem Vater. Er teilt ihr mit, dass er dageblieben ist, um seiner Tochter in ihrer schweren Trauer zu helfen. Ausschlaggebend war auch, dass die beiden vor seinem Tod viele Dinge einfach nicht geklärt hatten. Sie hatten sich wegen Unstimmigkeiten lange nicht gesehen. In der Krankheitsphase war ihnen die Zeit einfach davongelaufen. Nun hatte er sich bei ihr eingenistet, war aber selbst mit dieser Situation nicht froh. So helfe ich ihm mit seiner Zustimmung beim Gang in die Lichtsäule. Auch den Weg zum Hüter darf Letizia nun gehen und erfährt vieles über bestehende Seelenverträge und Glaubenssätze. Der Hüter löscht diese und gibt ihr viele Ratschläge in Bezug auf den Tod des Vaters und „gratuliert" zur Lösung der Besetzung.

Es war eine sehr anstrengende, aber für die Klientin eine überaus befreiende Erfahrung. Letizia ist total gerührt und überrascht. Ich weiß, es wird ihr sehr gut tun!

Inneres Kind, Mutter- und Vaterthema, Heilen

Eine weitere Wahnsinnssitzung! Wahnsinn deshalb, weil sich auch hier wieder etliche spektakuläre Dinge zeigen, Dinge, die so nicht zu steuern sind.

Wir beginnen im Haus der Sinnsuche, da Rosa S. als Heilpraktikerin der alten Schule das Gefühl hat, dass sie hier neue Wege gehen soll und will. Bisher fehlte jedoch der richtige Zugang, der Impuls. Rosa findet zum Thema vier Türen vor, die ihr auch schnell einige Dinge zeigen, die offensichtlich Spannung versprechen. „Diese Türe nehme ich", sagt sie, als sie an einer etwas größeren und besonders farbenfrohen Tür ankommt. Dann schaut sie auf alle vier Türen und wird zu einer ganz anderen Türe geschoben. Rosa ist darüber ebenso erstaunt wie ich. Es geht in den Keller!

Hier angekommen, entdeckt sie ein kleines Mädchen zusammengekauert auf dem Boden sitzend. Sie ist tief traurig und wünscht sich, nicht hier sein zu müssen (offensichtlich möchte sie zurück in die Zwischenebene). Ich bitte sie zuzulassen, dass jemand sie hier unten aufsuchen darf. Nach einer längeren Bedenkzeit lässt sie dies zu und ihre Mutter erscheint. Diese reicht ihr vertrauensvoll ihre Hand, doch auch dabei muss meine Klientin lange überlegen, ob sie darauf eingeht. Sie nimmt die Hand und lässt sich in eine Situation ihrer Kindheit führen. Es folgt eine traurige Situation beim Abendessen. Während zuerst Entspannung angesagt ist und am Tisch geblödelt wird, erhält sie plötzlich und ohne große Vorwarnung einen heftigen Schlag auf den Hinterkopf. Ihr Vater hat sie so heftig geschlagen, dass sie mit dem Gesicht in den zerschellenden Teller knallt. Während die Lippe dabei aufplatzt, hört sie den Vater schimpfen: „Du solltest mal besser gehorchen".

Offensichtlich gibt es in der Kindheit viele solcher Situationen, die bei Rosa oft das Gefühl auslösen, doch lieber nicht hier zu sein. Sie erhält den Hinweis, dass sie hier genug gesehen hat, und nimmt nun die nächste Türe. Hier gelangt sie zuerst in einen freundlichen Raum, der sie nach draußen in die Natur führt. Ein strahlend grünes Licht erregt ihre Aufmerksamkeit und ich rege an, dass sie diesem Aufruf folgen soll. Sie wandert durch eine wunderschöne Wiesenlandschaft und genießt die entspannte und freudige Atmosphäre. Ich bitte sie, stehen zu bleiben und sich umzusehen. Sie entdeckt eine Bank, auf die sie sich nun setzt. Hinzu kommen nun auf der rechten Seite ihr Schutzengel und links ihre Mutter. Diese wird erst einmal außen vor gelassen. Es ist sehr deutlich, dass Rosa sich sehr unwohl fühlt, die Mutter neben sich zu haben.

Wir beginnen einen Austausch mit dem Schutzengel, mit dem sie bisher keinen wirklichen Kontakt hatte. Zuerst nimmt sie deshalb den Austausch auch nur sehr kritisch und zögerlich auf. Als sie spürt, dass der Engel über Wissen verfügt, dass er eigentlich nicht haben kann und dass er es offensichtlich gut mit ihr meint, öffnet sie sich.

Zuerst hinterfrage ich den gegangenen Weg. Hat dieser in Grün getauchte Weg etwas mit Heilung und Gesundheit zu tun? Ganz klar und deutlich wird dies bestätigt, die Klientin soll ihren Beruf als Heilpraktikerin mit den verschiedenen Heilmöglichkeiten der Engelenergien und der Natur vervollständigen.

Viele weitere Fragen darf Rosa mit ihrem Engel klären, bevor sie sich nun ihrer Mutter zuwendet. Ihre Mutter ist sehr traurig und weint. Ich frage nun zuerst die Mutter, was sie mit ihrer Tochter klären und besprechen möchte. Schnell wird klar, dass es zwischen den beiden viele Vergebungsthemen gibt und dass sie es, solange die Mutter lebte, versäumt hatten einander zu vergeben. Es dauert ein wenig, doch dann lassen beide die Vergebung zu und liegen sich in den Armen. Außerdem wird deutlich, dass andere Familienmitglieder ebenfalls Vergebung nötig haben, ja, letztlich haben alle Menschen die Aufgabe, das Vergebungsthema zu klären! Ohne diese Klärungen wird es Menschen kaum gelingen ihr Leben so zu meistern, wie es möglich wäre.

Jetzt fällt mir das Kind aus der Auftaktsituation wieder ein und ich bitte die Klientin, den Engel zu fragen, ob sie heute mit ihrem Inneren Kind Kontakt aufnehmen soll. Und tatsächlich steht nun ein verkümmertes, kleines blasses Mädchen vor ihr. Rosa schafft es nun recht schnell, dieses Kind lieb zu gewinnen, es in den Arm zu nehmen und zu liebkosen. Das Kind wächst und gedeiht und teilt klar und deutlich mit, was es zukünftig erhofft. Rosa ist sichtlich gerührt und kämpft mit ihren Tränen.

Da nun mehrfach violettes Licht erkennbar ist, bitte ich den aufgestiegenen Meister Saint Germain hinzu. Dieser teilt der Klientin mit, dass auch diese Energie zukünftig durch die Klientin eingesetzt werden kann. Zum Abschluss integrieren wir noch das Innere Kind in einer ebenfalls sehr emotionalen Situation.

Hologramm, Aura-Rückführung, Beziehungen

Ich habe heute eine weitere Sitzung mit Veronika L., die schon viele Themen auf ihren Rücken und ihren Ischias gepackt hat. Nachdem wir hier schon mehrere Blockaden, Muster, Besetzungen und anderes lösen durften, steht hier offensichtlich noch weiteres an. Diesmal werden wir einen neuen Weg beschreiten. Ich habe einiges Neue hinzugelernt und in den vergangenen Tagen so viele Dinge erlebt, die etwas mit dieser Sitzung zu tun haben könnten, dass mir ganz mulmig ist. Ich weiß, dass die heutige Sitzung etwas mit Beziehungen zu tun hat.

So steigen wir ein in das Haus der Energiekörper und besuchen eine der Auraschichten meiner Klientin. Es vergeht einige Zeit, bis sich Veronika hineinspüren kann. Sie erlebt viele Farben und sich selbst als Farbtropfen, eine intensive Schwere und Wärme. Die Farben beginnen nun ineinanderzufließen und werden in einer Art Zentrifuge vermischt. Im nächsten Schritt wird sie von einem sehr intensiven Licht aufgefüllt und spürt einen ebenso intensiven Heilungsprozess. Alles wird regelrecht aufgetankt. Dieser Prozess dauert einige Zeit an. Nun führe ich sie zu ihrem Hüter.

Er bestätigt ihr diesen Lichtheilungsprozess und zählt einige Dinge auf, die immer noch als Themen ihren Rücken belasteten. Ebenfalls bestätigt er meine Frage, ob es auch ein Thema der Beziehungen sei. Nun werden neun Personen aufgezählt, die aktuell eine Rolle spielen. Dazu gehören Geschwister, ein Kind und ein Enkel. Ich bitte die Hüter der acht weiteren Personen hinzu, ebenso das höhere Selbst dieser Personen. Und ich bin erstaunt, dass dies alles so gelingt. Alle sind da!

Veronika löst nun einiges, das belastend zwischen ihr und diesen Seelen steht. Insbesondere sind dies nie geklärte Vergebungsthemen. Alles wird in den jeweiligen Akasha-Chroniken gelöst.

Ihr werden viele, viele Fragen aus ihrem persönlichen Bereich beantwortet, dazu auch Informationen zu ihren Seelenteilen (aus ihrer Achterteilung), zu Lebensaufgaben, zu ihren Eltern und zu Zeitepochen, in denen sie lebte.

Wir schauen uns noch unsere Hologramme an und freuen uns, dass hier doch mittlerweile viel Müll gelandet ist!

Das war eine sehr, sehr heilsame Sitzung. Ich bin ebenso froh über den Verlauf wie Veronika.

Partnerschaft und Trennung

Nachdem bereits die erste Sitzung mit Letizia S. fünf Stunden gedauert hat, bin ich gespannt, wie es diesmal läuft. Es ist mir klar, dass es „heiß" wird.
Letizia berichtet nach der Sitzung, dass sie ja nun mittlerweile auch einen Engel hat, den sie befragt. Dieser hatte ihr eine heilsame und interessante Sitzung angekündigt.

Themen sind viele Erfahrungen aus ihrer Kindheit und Jugendzeit, die immer noch negative Folgen haben. Partnerschaftsprobleme, Treue, Ängste und anderes lassen einen vollen Zettel mit vielen Fragen vor mir auftauchen. Der als Besetzung befreite Vater würde als Helfer sehr begrüßt werden, wenn dies denn ginge. So steigen wir sicher und zielstrebig ein und suchen das Haus der Beziehungen auf. Einige Türen zu bekannten Personen im heutigen Leben sind erkennbar. Sofort wird deutlich, welche Türe zuerst zu öffnen ist – später werden auch die anderen Türen abgearbeitet.

Alle Türen haben mit Personen zu tun, mit denen eine Beziehung bestanden hat. Scheinbar ist die eine oder andere Person für die Klientin beim Auftauchen eine „Überraschung". Letizia erlebt, wie sie in einer Beziehung nach Strich und Faden ausgenutzt und fallen gelassen wird. Obwohl ihr Partner sie mehr als offensichtlich sehr gern hat, sorgt ein anderes Familienmitglied für die Trennung.

Etwas Ähnliches erlebt sie in der eigenen Familie. Letizia erlebt, wie die Mutter die Familie mit ihren Geschwistern verlässt, nachdem es eine Auseinandersetzung mit dem Vater gegeben hat. Große Trauer und Schmerz fangen sie dabei ebenso ein wie in der Situation zuvor. Die körperlichen Symptome kennt sie im Hier und Heute nur zu gut!

Doch ebenso wie diese sehr negativ beeindruckenden Situationen erlebt sie auch sehr Positives! Letizia spürt eine innige Liebe und Zuneigung zu ihrem Vater und umgekehrt. Auch das Zurückkommen der Mutter wird als schön empfunden. Sowohl die Beziehung mit dem Vater wie auch mit einigen anderen aus dem jetzigen Leben wurde bewusst gewählt und dient der Weiterentwicklung.

Mehrere weitere Situationen zeigen immer wieder schwierige Entwicklungen in Beziehungen, die für die Klientin kaum beeinflussbar scheinen. Sie zerrinnen ihr regelrecht unter den Händen. Etwas Festes und Inniges will ihr einfach nicht gelingen beziehungsweise steht immer in der Gefahr zu zerbrechen.

Ich führe Letizia jetzt in die direkt ursächliche Situation zurück. Dort angekommen, erkennt sie sich in vielen verschiedenen Sequenzen in ein und demselben Leben als Mann auf einer Burg. Henry hat ein Verhältnis mit der Frau seines Freundes, der dummerweise der Burgherr ist. Mehrere Auseinandersetzungen mit seinem Freund folgen, jedoch ohne dass es zum endgültigen Bruch der Freundschaft kommt. Diese Freundschaft leidet zwar sehr unter diesem Vertrauensmissbrauch, doch halten die zwei Männer zusammen. Stattdessen flüchtet sich die Frau aus dieser misslichen Situation in die Arme eines anderen Burgherren. Henry hält seinerseits die Trennung von seiner Angebeteten nicht aus und sucht sie auf der Burg des „Neuen" auf – eine folgenschwere Entscheidung. Er durchlebt jetzt zwei Situationen mit Handgreiflichkeiten, die sehr heftig sind und intensive körperliche Beschwerden nach sich ziehen (Alle Beteiligten sind Letizia im Hier und Heute bekannt). Er hat in diesen Auseinandersetzungen keine Chance, denn der Burgherr hat Unterstützung. In der nächsten Situation befindet er sich in einem Folterwerkzeug, das ihm langsam die Luft nimmt. Auch dabei treten körperliche Beschwerden auf, die ihr heute sehr bekannt sind.

Durch das Sterben wird die Klientin begleitet, auch wenn der Weg recht holprig ist. Mehrmals wird sie aufgefordert, nochmals nachzuschauen, weil sie etwas übersehen hat. Sie geht nun auf die Zwischenebene und durchleuchtet nochmals das Gesehene. Etliche Glaubenssätze hat sie ausgesprochen, mehrere Seelenverträge abgeschlossen und ein Karma mit vier Ausgleichsleben genommen, wovon sie drei gelebt hat.

Nahezu alle Personen aus diesem früheren Leben sind im heutigen Leben ebenfalls in „Schlüsselpositionen" und zwar genau da, wo es zu den geschilderten Themen passt. Auf der Zwischenebene hat sie einen klärenden Austausch mit ihrem Engel und der Seele des verstorbenen Vaters. Viele bislang nicht verständliche Situationen und Entwicklungen im heutigen Leben werden geklärt und dargelegt. Anschließend darf Letizia beim Hüter der Chronik die erlebten und erkannten Situationen und Erkenntnisse klären. Er erlässt das ausstehende Ausgleichsleben und löst das Karma sowie die Seelenverträge und die Glaubenssätze auf. Letizia verankert ein wunderschönes Gefühl und geht noch auf der Zwischenebene in die violette Flamme.

Eine mehr als geschaffte, aber glückliche Klientin steht nun vor mir. Viele nachvollziehbare Blockaden für heutige Beziehungsprobleme konnten geklärt und gelöst werden. Der Kontakt mit dem Engel und vor allem mit der

Seele des Vaters war sehr emotional und heilsam. Heilsam vor allem auch deshalb, weil die Ankündigung immer da zu sein, ihr eine spürbare Erleichterung bringt.

Einsamkeit, fehlender Partner, Karma

Auf Martha L. bin ich gespannt. Sie arbeitet selbst als Heilerin, Kartenlegerin und Seherin. An einige Dinge kommt sie jedoch nicht heran. Sie weiß aber anscheinend, dass sie es bei mir schafft. Ich fahre zu ihr, was auch eine Premiere ist, denn ich habe noch keinen Hausbesuch gemacht. Dabei habe ich aber keinerlei negative Empfindungen: „dass wird gut".

Nach einer herzlichen Begrüßung wird erst einmal eine Stunde über viele Dinge gesprochen, auch über Themen wie Besetzungen und so weiter. Prompt weiß ich, Martha hat keine Besetzungen. Ich bin überrascht, dass ich diesen Hinweis bekomme, ohne es abfragen zu müssen. Später pendele ich diese und andere Antworten aus und bekomme nur Bestätigungen.

Es gibt einige Themen, die überwiegend mit ihrer Arbeit und weiterer Erkenntnis zu tun haben. Also suchen wie das Haus der Sinnsuche und Erkenntnis auf. Doch was nun folgt, überrascht mich. Auch sie verlässt das Haus, geht durch eine Terrassentür und landet in einem Park. Sie nimmt ein Bad im Teich und sieht eine Hollywoodschaukel. Ich halte sie an, auf diese Hollywoodschaukel all jene zu rufen, die heute für sie wichtig sind. Prompt tauchen ihre verstorbenen Eltern und ihr Schutzengel auf. Ein langer Kontakt bringt viele Antworten auf offene Fragen.

Martha erhält einen deutlichen Hinweis auf Ängste und zu lösende Dinge in Bezug auf das Thema Liebe. Ich lasse sie direkt in eine Situation führen, in der sie im jetzigen Leben viel Ablehnung erfährt. Sie spürt intensive Schmerzen im Herzen und Kopf durch nicht erwiderte Liebe. Nach genauem Betrachten dieser Situation führe ich sie in ein vergangenes Leben, wo die gleichen Dinge verwurzelt sind. Doch diesmal ist die Konstellation anders. Sie führt als wunderschöne Frau viele Männer an der Nase herum: Sie nutzt diese aus und lässt sie fallen, wenn es ihr gefällt. Sie erkennt jedoch, dass diese Männer sehr leiden und den gleichen Schmerz fühlen wie sie im heutigen Leben. In ihrer Todessituation erkennt sie, dass sie unter der Einsamkeit leidet, sie stirbt alleine. Viele Glaubenssätze, in denen sie die nicht gelebte Liebe und die Einsamkeit bedauert, spricht sie aus.

Auf der Zwischenebene erkennt sie, dass sie sich als Karma drei Ausgleichsleben und zwei Seelenverträge aufgeladen hat. Auch hat sie Seelenanteile verloren. Sie darf nun zu ihrem Hüter gehen und bittet ihn Karma, Seelenverträge und Glaubenssätze aufzulösen. Nachdem er dies gemacht hat, gibt er der Klientin die Seelenanteile zurück, indem er mit ihr in eine Lichtsäule geht. Auch von ihrem Hüter erhält sie viele persönliche Hinweise und Erklärungen – auch in Bezug auf heutige Beschwerden und körperliche Leiden.

Alles hat die Klientin in der eigenen Hand, sie schafft das selbst. Martha wird bestärkt, so weiter zu machen, zu vertrauen und sich zu öffnen.

Beziehung, uneheliches Kind, Trennung, Schmerz

Mit Roberta R. hatte ich bereits ein langes Vorgespräch am Telefon und nochmals vor der Sitzung. Sie leidet sehr unter verschiedenen Dingen, die ich zum Teil selbst erlebt habe und deshalb gut nachvollziehen kann. Auch hier spielen wieder Beziehungsthemen, Spiritualität, Sinnsuche und weitere Dinge eine Rolle. Roberta ist sehr spirituell, dennoch hat sie noch keine echte Erfahrung mit dem Thema Rückführung.
Ihr Einstieg in die Sitzung gelingt so schnell und konkret wie selten bei „Neulingen". Roberta findet im Haus der Beziehungen etwa zehn relevante Türen und geht durch die Türe, die ich nicht unbedingt erwartet hätte.

Dort sieht sie eine Situation im 18. oder 19. Jahrhundert in einem wohlhabenden gutbürgerlichen Haus. Die Klientin kann viele Details dieser Zeit beschreiben, wie zum Beispiel die Kleidung, die Häuser, die Räume, deren Möblierung und die Eigenarten der Menschen. Sie beobachtet, wie ihr Vater an einem Instrument musiziert, seiner Tochter jedoch strikt das Musizieren verbietet. Das ist nichts für Mädchen. Auf den Protest seiner Tochter Zoe reagiert er mit einer heftigen Ohrfeige. Zoe ist enttäuscht, traurig und auch ein wenig zornig. Sie hat im Heute mit eben diesen Enttäuschungen ebenso zu kämpfen, insbesondere mit den körperlichen Auswirkungen. Dann erlebt sie, wie sie mit einem Mann, der im Haus seinem Studium nachgeht, eine intime Beziehung eingeht. Dieser Mann ist entfernt mit ihr verwandt, deshalb ist es „verboten" diese Beziehung zu leben. Sie liebt diesen Mann sehr und erlebt, dass sie wenig später ein Kind von ihm bekommt.

Der Vater findet diese Entwicklung natürlich überhaupt nicht positiv, insbesondere auch deshalb, weil er als Witwer diese Tochter alleine großziehen musste. Als Offizier eines Regimentes war dies für ihn eine besondere Anstrengung gewesen. Und nun verletzt seine geliebte Tochter die Etikette, sie beschmutzt regelrecht die Ehre der Familie. So etwas tut man nicht.

So wird die Dienstmagd Anni offiziell zur Mutter des Kindes erklärt. Da sie sich sehr gut um das Kind kümmert und Mutter und Kind deshalb auch im Haus bleiben können, ist es alles in allem gut für alle Beteiligten. Der

Vater des Kindes, der mittlerweile Arzt ist, distanziert sich immer mehr von seiner Geliebten und seinem Kind. Zoe ist über diese Entwicklung sehr traurig und verletzt. Dieser Mann ist auch heute eine wichtige Person in ihrem Leben. Sie erlebt noch einige weitere Situationen, die die Liebe zum Kind, die Liebe zu ihrem strengen Vater und die Liebe zu dem Arzt zeigen. Alle Personen, die sie im damaligen Leben erkennt, gibt es auch im Heute.

Sie erlebt anschließend ihr Sterben und die vielen Glaubenssätze, die sie nach den Verletzungen durch den Geliebten ausgesprochen hatte. Angst, Traurigkeit, Schmerz, sowohl im Körperlichen wie auch im Seelischen, belasteten sie sehr. Dennoch kann sie in Ruhe und Frieden sterben. Ihr Kind und die Familie begleiten und verabschieden sie.

Ihr Schutzengel und einige Verstorbene helfen ihr bei der Beantwortung vieler persönlicher Fragen. Auch ihr Hüter hilft ihr, indem er Ängste auflöst und sie in ihrer Entwicklung bestärkt. Sie hat alles in sich, um mit den heutigen Problemen in der Familie, in der Beziehung und im Beruf klar zu kommen.

Die Klientin ist glücklich, denn sie hat endlich viele Antworten auf ihre Fragen, die ihr bisher niemand beantworten konnte. Roberta macht in den kommenden Wochen viele weitere Erfahrungen, über die sie mich zeitnah informiert.

Partnerschaft und Trennung

Auch Andrea T. ist durch mein Buch hellhörig geworden, vieles hat sie an ihre eigene Geschichte erinnert. Auch sie hat in erster Linie Beziehungsprobleme und ist letztlich von mehreren schwierigen Liebeserfahrungen überrollt worden.

Andrea trifft sowohl in Jugendzeit, Kindheit und früherem Leben Menschen, die sie liebt, und erlebt freudige und schmerzliche Erfahrungen mit ihnen und dem Thema Liebe. Insbesondere die Liebe zu einem ersten Freund ist sehr tief und wird in einem früheren Leben ähnlich erlebt. Während im Heute die Mutter den ersten Freund verscheuchte, war es im damaligen Leben die Gebundenheit an die Heimat. Denn dem Wunsch des Freundes die Heimat zu verlassen, fortzugehen und mehrere Kinder zu haben, kann sie nicht nachkommen. Sie hängt zu sehr an dieser Heimat. Doch stellt sich in dieser Situation heraus, dass sie ihrem Geliebten im größten Trennungsschmerz einige ihrer Seelenanteile mitgegeben hat. Sehr leidvoll ist auch die Erkenntnis, dass immer sie selbst der Urheber der Trennung war. Sie hatte sich nicht entschieden, sich nicht zu Wort gemeldet und auch nicht geäußert. So wusste dieser Mann weder im früheren Leben noch im Heute, wie sie wirklich empfunden hatte.

    Möglicherweise hätte man weitere Dinge auf der Zwischenebene erfahren können, doch der Gang dorthin wird heute abgelehnt. Stattdessen taucht wie aus heiterem Himmel eine Besetzung auf. Ich weiß sofort, dass es die Großmutter der Klientin ist. Sie verursacht starke Schmerzen an Schulter und Nacken und zwar so heftig, dass sich die Klientin kaum auf der Matratze halten kann. Im kurzen Austausch mit der Oma wird klar, dass die bereits seit Monaten auftauchenden Schulterschmerzen ein Hinweis der Oma waren, nun endlich gehen zu dürfen. Sie war geblieben, weil Andrea so sehr an ihr hing. Nach einem weiteren kurzen Austausch kann sie ohne viele Probleme gehen. Der ebenfalls bei der Sitzung spürbare Schutzengel wie auch die Oma werden künftig starke Helfer für Andrea sein! Eine völlig beeindruckte Klientin ist noch tränengezeichnet, aber glücklich.

Andrea habe ich später weitere Besetzungen entfernen dürfen, seither ist sie befreiter und lebt wesentlich bewusster, auch Monate danach ist das spürbar.

Partnerschaft und Sinnsuche, Missbrauch und Verlust

Diese Sitzung mit einer lieben Kollegin, die mir vom ersten Moment der Begegnung an sehr sympathisch war, wird interessant. Marlene M. entschließt sich zu einer Rückführung und zwar nicht, wie ich dachte, zum Ausprobieren, sondern zum Finden. Sie hat einige körperliche Probleme, Probleme in der Partnerschaft und in ihrer Familie.

Der Einstieg gelingt sehr gut. Marlene geht in mehrere Situationen, springt dabei hin und her zwischen Kindheit und früheren Leben. Sie erlebt als Einstieg eine kurze Situation ihrer Kindheit, in der es ihr sehr gut geht und das Körperempfinden sehr positiv ist.

Dann landet Marlene in einer Situation des körperlichen Missbrauchs. Sie wird von einem Mitglied ihrer Familie missbraucht und erlebt dies intensiv mit allen denkbaren Emotionen. Vor allem das Klein machen, der Ekel und das schwindende Selbstwertgefühl sind prägend. Noch im Heute leidet sie an den Folgen dieser Situation.

    Doch Marlene schafft es in dieser Situation auf das Geschehen zu reagieren. Sie lässt sich nicht brechen, sondern lässt sich mit weißem, göttlichem Licht durchfluten. Ganz bewusst ist sie in der Lage, dieses Licht herbeizurufen um Stärke, Schutz und Kraft zu haben.

Aus dieser Situation springt sie in eine Situation, in der sie sich als weisen, uralten, hageren Mann auf einem Berg stehend sieht. Zu diesem Weisen kommen viele Menschen, um ihn zu sehen und zu hören. Sie sieht sich eingehüllt in weißes Licht, das sie von oben erhält. Außerdem arbeitet sie damit, denn es erscheint immer, wenn sie darum bittet. Sie betet für die Menschen, die zu ihr kommen, und heilt mit diesem weißen Licht. Doch fühlt dieser weise alte Mann auch Schweres und Bedrückendes. Er ist unglücklich darüber, dass die Menschen nur wegen der Heilung zu ihm kommen. Sind sie weg, haben sie nichts gelernt und machen so weiter wie vorher. Sie verstehen nicht, dass es nicht nur um die Heilung geht, sondern dass der Mensch sich verändern muss um „heil" zu werden. Außerdem bedrückt es ihn, dass es immer mehr Menschen sind, die zu ihm kommen und dass er nicht allen helfen kann. Irgendwann stirbt er total ausgezehrt und schwach. Er sieht sich nun mit seinen Engeln auf dem Weg zur Zwischenebene und erkennt, wie sehr die Menschen um ihn trauern und für ihn beten.

In einer weiteren Situation erlebt Marlene, dass sie ihrem sterbenden Kind in den Armen liegt. Mutter und Kind tauschen in dieser Situation alles in Gedanken aus, was noch gesagt werden muss. In der Zwischenebene kommt es zum intensiven Austausch mit dem verstorbenen Kind, mit den Engeln und geistigen Helfern. Alle Informationen zu den Lebensaufgaben, die viel mit dem Thema Heilung aber auch mit Hoffnung und Vertrauen zu tun haben, werden erläutert und auf ihre Erfüllung geprüft.

Nun geht es zum Hüter, denn es gilt Glaubenssätze und Seelenverträge aufzulösen. Mit ihm, einem alten grauen Mann, entwickelt sich ein gutes und aufklärendes Gespräch. Die Familienthemen, der Tod der Tochter, die heilenden Tätigkeiten und die Auflösung der Verträge und Glaubenssätze werden durch den Hüter „geklärt".

Eine erschöpfte, aber auch glückliche Kollegin sitzt vor mir.

Partnerschaft und Einsamkeit

Vor der Sitzung mit Lilli B. betrügt mich mein Gefühl mehr als deutlich. Ich habe Respekt vor dem, was kommt. Entweder klappt es nicht oder es wird besonders heftig. Oder eine dritte Variante tritt ein: die Klientin ist unzufrieden. Doch es kommt ganz anders.

Lilli ist durch „Zufall" an mein Buch gelangt und dann voller Spannung auf eine Rückführung zu mir gekommen. Etliche Dinge hat sie vorher bereits gemacht, einiges an Energiearbeit sowie Bewusstseinsarbeit. Ihre geschilderten

Themen sind Einsamkeit, der fehlende Partner, fehlende Erfüllung und einiges mehr.

Meine Klientin ist hochzufrieden mit dem Verlauf der Sitzung und der Auflösung, Lilli ist einfach froh und kündigt ein Wiedersehen an.

Suche nach Partnerschaft, Schmerz

Charlotte T. hatte mich bereits vor Wochen zum Vorgespräch aufgesucht. Fehlende Beziehungen, Familienthemen und einiges mehr zeigen sich an möglichen Schwerpunkten für die heutige Sitzung.

Charlotte steigt durch das Haus der Beziehung und Partnerschaft in einen Raum ein, der sich zuerst recht neutral zeigt. Sie blickt aus dem Fenster und erlebt zuerst die schöne Natur bevor sie in eine Situation einsteigt, in der sie ein bedrückendes Gefühl am Hals hat. Sehr schnell erlebt sie nun, woher dieser Druck kommt: Sie hat einen Strick um den Hals. Im Folgenden durchlebt sie sehr intensiv alle körperlichen Auswirkungen, Mängel, Emotionen und Zusammenhänge im Damals und Heute.

Es ist offensichtlich, dass sie einen Suizid begeht, weil sie einen Hilferuf loswerden will. Doch dieser wird nicht gehört. Sie sucht nach einer Beziehung, doch der Gesuchte weiß nichts von diesem Wunsch. So wird die Hoffnung vor der Vollstreckung gefunden zu werden, nicht erfüllt. Sie nimmt die Einsamkeit, die fehlende Liebe, den damit verbundenen Schmerz und alles andere mit in den Tod.

Doch statt in die Zwischenebene steigt sie in eine Situation ein, in der sie gefoltert wird. Diese Situation hatte sie in anderer Form bereits bei einer anderen Therapeutin erfahren. Die gelösten Schmerzen waren jedoch nicht dauerhaft weg.

Diesmal erlebt sie in einer Sequenz, wie sie von einem Mann gefoltert wird. Sie weiß, dass er sein Werk nur im Auftrag tut, gezwungenermaßen. Sie erlebt eine Vielzahl von Schmerzzuständen von Kopf bis Fuß, Beklemmung an verschiedenen Stellen wie Hals und Brust, Schwere am Körper, Einsamkeit, Traurigkeit, Leere, fehlende Liebe und eine Masse an anderen Dingen. Die Bedrückung ist greifbar. Für mich ist deutliche Hilfe spürbar, die die Klientin jedoch nicht wahrnimmt. Nach intensiven Erfahrungen und Hilfen gelingt ihr der Ausstieg aus dieser Erfahrung nicht, ohne auf die Ursachen gestoßen zu werden. Mehrfach wird sie zurück ins Geschehen geschickt, um Folgendes zu verstehen:

In beiden Situationen ging es um eine Vielzahl von Lernaufgaben, doch sie war so in ihr Schicksal (Einsamkeit, fehlende Liebe…) verschanzt, dass sie die Aufgaben übersah. Eine Seele, die es im heutigen Leben auch gibt (Mutter), war dazu da, ihr bei der Bewältigung ihrer Aufgaben zu helfen, und zwar als „Gegenpart": in der ersten Situation als möglicher Geliebter und in der zweiten als Folterer. Der Ruf: „Nun werde doch wach und verstehe es endlich", scheint laut zu schallen, doch sie hört es nicht.

Auch in dieser Situation braucht sie mehrere Anstöße, bis es klar wird. Die Beschwerden bleiben so lange, bis sie selbst erkennt, dass die Mutter als Spiegel diente. Außerdem wird sie deutlich aufmerksam gemacht, dass sie sich und der Mutter vergeben muss. Erst danach beginnen die Beschwerden endgültig zu verschwinden. Eine Fremdenergie wird noch „nebenbei" befreit.

Alles in allem ist Charlotte sechs Stunden bei mir, doch war es gut und heilsam. Ich weiß, dass sie diese Schmerzen an vielen Stellen des Körpers, die Beklemmungen und vieles mehr bereits seit Jahren mit sich trägt. Ich bin davon überzeugt, dass dieser Kampf sich gelohnt hat.

Auch das Nachgespräch ist interessant und dauert. Eine zuversichtlichere Klientin verlässt mich. Hoffnung für sie ist mehr als berechtigt.

Unglückliche Partnerschaft, Vergewaltigung, Vergebung, Karma

Maja J. hat ein so erfrischendes Wesen, dass ich mich nach den beiden Telefonaten besonders freue, sie kennen zu lernen. Der Grund ihres Kommens ist die schlecht funktionierende Partnerschaft. Ihr Ehemann war vor einigen Jahren nach einem längeren Leiden verstorben.

Charlotte findet sich nach dem Gang durch das Haus der Partnerschaft in der Zwischenebene wieder. Sie ist erfüllt von der Wärme, der Leichtigkeit und dem Gefühl der Gottesnähe. In diesem wundervollen Empfinden naht ihr Mann und es beginnt ein rührender Dialog. Er rügt sie regelrecht, dass sie sich auch nach längerer Zeit immer noch nicht von ihm gelöst hat. Er sagt wörtlich: „Lass doch diesen Scheiß hinter dir". Sie besprechen einige Dinge, wobei er ihr klar macht, dass sie die Vergangenheit loslassen soll, und dass er sich freut, wenn sie eine neue Partnerschaft eingeht. Ihre Partnerschaft, die mit Pflege und Umsorgung des Partners und damit viel Sorge einherging, war eine gemeinsame Vereinbarung und wichtig für ihre Lebensaufgabe.

Eine Vergewaltigung in der Jugendzeit gehörte ebenfalls zu ihrer Entwicklung dazu, hatte aber auch mit einer karmischen Verstrickung in einem früheren Leben zu tun. Ich bitte, dass der Mensch, der mit diesem Karma zu tun hatte, dazukommt. Und siehe da, es ist der Partner im heutigen Leben. Der zwischenzeitlich aufgesuchte Hüter der Akasha-Chronik betont, dass mit der Vergewaltigung das Karma aufgelöst war. Restliche Energien und Blockaden werden von ihm nun entfernt. Weiteres Karma gibt es momentan nicht zu lösen, Seelenanteile hat sie keine verloren. Maja wird aufgefordert mit ihrem Lebensgefährten Vergebung zu erleben, beide vergeben sich.

Mit dem ebenfalls hinzugekommenen Schutzengel, dem Hüter und dem verstorbenen Ehemann erfolgt ein weiterer Austausch zu den Lebensaufgaben und anderen wichtigen Dingen. Immer wieder laufen bei Maja vor Rührung die Tränen und auch für mich ist es eine sehr emotionale Sitzung.

Beziehung, Mutter, Partnerschaft, Verlust eines Kindes

Sofie A. kommt aus Düsseldorf und ist „zufällig" an mich geraten. Viele Themen hat sie auf einen Zettel niedergeschrieben – vieles dreht sich um Beziehungen und Ängste.

Sofie geht über das Haus der früheren Leben und Ängste direkt in ein Leben im Mittelalter. Sie erkennt die Dinge genau und kann alle Situationen, Gebäude, die Natur und die Menschen genau beschreiben. Das Ganze lebt regelrecht. Sofie startet in einer dunklen Hütte und spürt, dass sie dort auf jemanden wartet, der aber scheinbar nicht kommt. Sie spürt dabei auch ein etwas unwohles Gefühl, sodass ich sie in die ursprüngliche Situation führe.
    Sie erlebt sich als kleines Mädchen Sigrid an einem Bach. Sie hält einen Fisch in der Hand. Bei ihr ist ein Mann, eine Art Gaukler, der mit ihr spielt, ihr viele Dinge erzählt und erklärt. Sie weiß und spürt, dass dieser Gaukler sehr viel Weisheit besitzt und diese Weisheit auch kundgetan hat. Dieses offene Kundtun von Weisheit hat ihm jedoch keine Freunde gebracht. Man hat ihn von der Burg geworfen, auf der er wohl als Gaukler und Hofnarr tätig war. Sigrid ist eine dankbare Zuhörerin und Lernende. Ihr Bewusstsein ist vorhanden und wird gestärkt. Doch sie erkennt, dass der Gaukler seine echte Gestalt verborgen hält. Er ist nicht das, was er vorgibt zu sein: Er ist alt und hässlich. Sigrid läuft nach Hause in die Burg und bekommt von der Mutter, der Burgherrin, eine Standpauke gehalten, weil sie sich von der Burg entfernt und mit dem verbannten Gaukler gesprochen hat. Obwohl Sigrid noch klein ist, kommt es oft zu Auseinandersetzungen mit der Mutter, denn sie weiß, dass sie im Gegensatz zur Mutter viele Dinge versteht. Und sie weiß, dass die Erwachsenen vielen Irrtümern unterliegen. Mit diesem Bewusstsein kann die Mutter jedoch nicht umgehen, so dass sie Sigrid häu-

fig in einem Raum einsperrt. Der Vater, der Burgherr, ist zu schwach als dass er diesen Streitereien Einhalt gebieten könnte, zu schwach vor allem gegenüber seiner Frau.

Einige ähnliche Situationen werden angeschaut, bevor Sigrid sich in einer weiteren Auseinandersetzung mit der Mutter sieht. Als junge Frau möchte sie eine nicht standesgemäße Verbindung mit einem Bauern durchsetzen. Doch dies wird von der Mutter strengstens untersagt. Mehrere Situationen werden nun erlebt, in denen Sigrid sich mit dem Bauernjungen trifft und schmust, diskutiert und schließlich auch mit ihm schläft. Sie erlebt zum ersten Mal körperliche Gefühle und gespürte Zuneigung.

Anschließend sieht sie sich wieder in der dunklen Hütte, wartend. Es kommt zum Gespräch mit dem jungen Mann, der sich dann jedoch abwendet und davonrennt. Er flüchtet regelrecht vor ihr und der Verantwortung. In der folgenden Situation wird dann klar, warum er geflüchtet ist.

Sigrid verlässt das Haus ebenfalls und geht in den Wald. Dort legt sie sich tieftraurig und enttäuscht auf den Waldboden. Sie empfindet diese Enttäuschung sehr intensiv und spürt dabei, wie stärker werdende Bauchschmerzen auftreten. Sie blutet aus dem Unterleib und wird immer schwächer. Sterbend spricht sie etliche Glaubenssätze aus, die sich alle auf Beziehungen, die Eltern und ihre Ängste beziehen. Sie wird von ihren Engeln abgeholt, aber auch der junge Mann, der sie verlassen hatte, ist nun anwesend.

Auf der Zwischenebene findet eine sehr tiefgehende Reflexion des Erlebten statt. Sie schaut sich die Auseinandersetzungen mit der Mutter an und erkennt, dass auch das Zusammenleben mit der Mutter eine Aufgabe war, die sie nicht bewältigt hatte. Die Liebe zu dem jungen Mann spielte natürlich ebenso eine Rolle wie die Verluste eines Kindes im damaligen und im heutigen Leben. Sowohl der Mann wie auch die Kinder hatten sich zur Erfüllung der Lernaufgaben zur Verfügung gestellt. Seelenverträge und ein Karma wegen des engstirnigen Vorgehens hatte sie abgeschlossen und geht deshalb nun noch zum Hüter. Dieser ist ein sehr beeindruckendes, großes und offensichtlich weises Wesen, der den Engel der Klientin in seine Arbeit einbezieht. Die beiden holen aus riesigen Schränken mehrere Schriften und löschen das ausgelöste Karma auf. Die Glaubenssätze darf die Klientin selbst löschen. Nun erklärt der Hüter Sofie, dass sie einen Seeelenvertrag mit ihrer jetzigen Schwester selbstständig gelöscht hatte. Da beide es nach vielen Jahren endlich geschafft hatten, in die gemeinsame Liebe zu kommen, wurden die Verträge ohne fremde Hilfe gelöscht.

Auch Sofie nimmt viele Dinge mit in die violette Flamme und ist anschließend absolut froh und glücklich.

Beziehungen

Tod eines Kindes, Verlust, Schmerz

Melissa M. kenne ich schon seit einigen Jahren. Sie und ihr Mann haben vor zwei Jahren ihr Kind verloren. Ich habe schon lange gewünscht, dass sie sich durch eine Rückführung Hilfe holen würden. Dennoch bin ich überrascht, als sie nach einem Termin fragt.

Bisher hat sie noch nichts in dieser Richtung gemacht und dennoch steigt sie ohne Probleme in die Entspannung und weitere interessante Erfahrungen ein. Da Melissa jedoch nur wenige Bilder bekommt, hangeln wir uns nun durch die intensiven Emotionen sowie durch Licht und Farben. Ich spüre früh die Anwesenheit eines Engels und bin auch sicher, dass Verstorbene anwesend sind. Da ich nichts beeinflussen möchte, gebe ich der Klientin diese Info nicht weiter; sie muss es selbst herausfinden.

Melissa durchlebt etliche Situationen, in denen sie sich gefesselt fühlt, eine schwere Last liegt auf ihr. Nun tritt ihr Engel auf die Bühne. Er hilft Melissa sich von dieser Last zu befreien. Aber es kommen immer wieder traurige Phasen. Nun kommen das verstorbene Kind und eine weitere Seele zur Hilfe. Die Klientin ist sehr berührt von der Anwesenheit der beiden Seelen.

Es gibt einiges an Hinweisen und Informationen für Melissa und Hilfe weiter loslassen zu können. Melissa spürt einen intensiven Energiestrom in ihre Hände und in ihren Körper. Ich lasse sie diesen Energiefluss intensiv spüren und helfe ihr dabei, ihn zu lenken und anzuwenden.

Wieder jemand, der den Auftrag erhält, mit seinen Energien zu arbeiten.

Partnerschaft und Kinderwunsch, Suizid

Johanna W. hatte vor genau einem Jahr eine sehr spannende und auflösende Sitzung. Es geht ihr so gut, dass sie nach einem Jahr ein weiteres Thema angehen möchte. Sie hat Beziehungsprobleme und möchte gerne ein Kind, bisher jedoch ohne Erfolg. Traurigkeit, Schmerz und Einsamkeit belasten sie sehr.

Johanna steigt sehr schnell in die Zeitreise ein und landet im Jahre 1897 als neunzehnjährige Kim in einem Blockhaus in Kanada. Sie erlebt hier in einer längeren und sehr detailreichen Sequenz einige Situationen in tiefer Traurigkeit und Einsamkeit.

Zunächst beginnt es jedoch mit einer entspannten und mit Glück erfüllten Szene. Sie liegt mit ihrem Mann auf einer Wiese vor der Hütte und bestaunt mit ihm den Sternenhimmel. Die Partnerschaft scheint glücklich, dennoch besteht schon etwas Misstrauen. Ihr Mann teilt Kim mit, dass er sie verlassen muss, um Arbeit zu suchen. In der nächsten Situation verlässt er sie, worauf sie eine tiefe Traurigkeit erlebt, tiefen Schmerz in Bauch, Brust und vor allem im Herzen.

Alle körperlichen Beschwerden, die sie im heutigen Leben kennt, alles was sie im Zusammenleben in Familie und Partnerschaft erlebt, erlebt sie auch in diesen zurückliegenden Situationen. Sie ist entsetzlich einsam und unglücklich, alleingelassen von ihrem Mann und nur begleitet von ihrer Katze. Sie schlägt sich alleine in dieser wunderschönen Wildnis durch. In dieser Situation erkennt sie, dass sie heute besonders traurig ist, wenn sie Angst vor dem Verlust ihrer Eltern hat. Nun führe ich sie in die Situation, in der sie im damaligen Leben ihre Eltern verloren hatte. Sie erlebt einen sehr schmerzhaften Verlust, denn ihre Eltern werden bei einem Brand getötet. Sie kommen wie viele andere um als einige Häuser in Flammen stehen und niederbrennen. Als Vierzehnjährige wird sie danach von ihrer Tante großgezogen, bei der sie bleibt, bis sie ihren Mann kennen lernt.

Zurück in der Blockhütte spürt sie nun, dass sie schwanger ist. Doch auch dieses Bewusstsein findet sie nicht schön. In dieser Einsamkeit ein Kind bekommen? Vielleicht kommt ja auch möglicherweise ihr Mann (auch Mann im heutigen Leben) nicht mehr wieder? Nein, das will sie auf keinen Fall! Wenig später kommt der Postbote (eine gute Freundin im heutigen Leben) und bringt einen Brief von ihrem Mann. Er schickt ihr Geld und teilt ihr mit, wie gut es ihm geht und dass er Arbeit gefunden hat. Der Eindruck, dass er es sich gut gehen lässt, verstärkt ihre negativen Empfindungen weiter, nun kommen auch noch Wut und Ärger im Bauch hinzu. Obwohl das Kind in ihrem Bauch wächst, werden ihre Traurigkeit, die Angst, der Schmerz und die Einsamkeit, ja ihre Depression immer größer. Sie entscheidet sich dafür, Schluss zu machen. Sie erschrickt, als sie sieht, dass sie sich mit einem Messer die Pulsadern aufschneidet.

Etliche Glaubenssätze spricht sie aus, insbesondere dass sie nie wieder einsam sein will und dass sie nie wieder ein Kind bekommen möchte. Wohl ein folgenschwerer Satz. Auch will sie nie wieder von einem Mann allein gelassen und verletzt werden. Im Sterben erlebt sie eine wohltuende Wärme und wundervolles heilbringendes Licht. Ihre Mutter und ihr Engel holen sie ab und führen sie in die Zwischenebene. Dort führt sie nun mit vielen Seelen, die sie im damaligen Leben, aber auch im heutigen Leben um sich hat, einen intensiven Austausch mit folgenden Erkenntnissen:

- Nicht unerwartet hatte sie sich genau diese Themen im damaligen wie auch im heutigen Leben ausgesucht.
- Sie hätte andere Lösungen wählen können. Eine mögliche Entscheidung wäre gewesen, die einsame Hütte mit dem Postboten zu

verlassen, denn bei ihm hätte sie es gut gehabt. Selbst eine kinderreiche Familie wäre mit ihm möglich gewesen.
- Es ist für alle Anwesenden in Ordnung, dass sie sich für den Freitod entschieden hat, sogar für das ungeborene Kind. Doch muss sich eine Seele mit dieser Entscheidung abfinden. Sie hat sie ganz alleine und frei getroffen. Deutlich zu spüren ist jedoch, dass sie diese Entscheidung selbst als belastend empfindet und offenbar ihren Schutzengel mitverantwortlich macht.
- Mit dem Freitod und dem damit verbundenen Tod des Kindes hat sie ein Karma ausgelöst.
- Der Verlust der Eltern führt auch heute zu der großen Angst, die Eltern zu verlieren.
- Die Glaubenssätze blockieren heutige Beziehungen.
- Der Hüter löst alle Glaubenssätze und das Karma auf. Er teilt ihr mit, dass im jetzigen Leben eine Seele auf sie wartet.
- Sie erkennt, dass sie eine besondere Verbundenheit mit Maria hat, sie hilft ihr bei allen Dingen, wo sie Hilfebedarf hat.
- Ihr Schutzengel hält sich sehr zurück. Offensichtlich haben die beiden eine Art Blockade, denn sie lässt ihn nicht an sich heran. Eine Auflösung ist heute nicht endgültig möglich. Das fehlende Vertrauen zum Engel ist wohl insbesondere wegen des Freitods in der großen Einsamkeit entstanden.

Johanna ist beeindruckt vom Erlebten und von den vielen Hinweisen auf den Ursprung ihrer Themen. Alle Themen konnten angegangen werden, Auflösungen und Befreiungen sind erfolgt. Deutlich ist auch, dass hier noch ein Vergebungsthema besteht.

Aber es wurden schon viele Schritte unternommen, andere Dinge werden folgen!

Mutterthemen, Verlust, Besetzung

Kim B. hat heute ihre erste Sitzung, doch auch sie hat vorher schon einige Dinge gemacht. Sie hat bereits etliche Erkrankungen mit verschiedenen Schmerzsyndromen hinter sich, Erklärungen gab es dazu jedoch selten.

So steige ich mit Kim den Fortgeschrittenenweg ein. Sie landet in etlichen Situationen in einem früheren Leben. Ähnlich wie im heutigen Leben erlebt sie angespannte Familienstrukturen; Liebe erlebt sie nicht wirklich. Sie erlebt eine Situation, in der sie als Jugendliche einen Bauern bestiehlt. Als dieser sie auf frischer Tat ertappt, wird sie mit einem Stock verprügelt.

Auch von der Mutter gibt es immer wieder Schläge und Prügel. Als die Mutter erlebt, dass das Mädchen eine glückliche Zeit bei ihrer Tante erfährt, ist sie so eifersüchtig, dass sie die Tochter schlägt. Alle Schläge treffen genau die Stellen, die im heutigen Leben von Schmerzsyndromen gezeichnet sind, Rücken, Rippen, Nacken und Kopf. Da die Klientin in all diesen Situationen begleitende Bauchschmerzen hatte – auch schon am Morgen vor der Sitzung –, vor allem aber immer, wenn es um Familie ging, habe ich hier bereits Vorahnungen.

Nun erlebt sie, dass ihre Mutter sie in den Arm nimmt und drückt. Merkwürdig nach diesen Erfahrungen. Ich führe sie zum Grund dieses Geschehens. Beide stehen neben dem soeben verstorbenen Bruder. Während die Klientin dies eher neutral betrachtet, trauert die Mutter doch sehr. Die Klientin wird von ihrem Engel getröstet und gehalten, gleichzeitig ist noch ein weiterer Engel bei dem Bruder, der Engel des Wandels. Ich bitte nun den Engel des Wandels, Kim zu sagen, ob sie Besetzungen hat. Er bestätigt meine Frage und zählt insgesamt sechs Besetzungen auf, unter anderem die Mutter der Klientin im heutigen Leben.

Nun gehen wir an die Arbeit, da der Engel des Wandels mitteilt, dass alle Besetzungen bereit sind ins Licht zu gehen. Dies nimmt einige Zeit in Anspruch und ist für Kim ein großer Schritt zur Hilfe und Erleichterung.

Nach der violetten Flamme sehe ich eine glückliche und sehr beeindruckte Klientin.

Mutterthema

Selina P. brauchte etwas Vorlaufzeit, traute sich erst nicht, kommt dann aber aus hundert Kilometer Entfernung zu mir, weil sie ihren Körper wegen Übergewicht nicht mehr mag, ebenso alle Dinge, die dadurch ausgelöst werden. Und wieder muss ich sagen: „Eine neue faszinierende Erfahrung!" Diese versuche ich kurz zusammenzufassen.

Selina geht mit dem oben genannten Ansatz auf die Spurensuche. Sie hat früh einen Begleiter und Helfer in der Sitzung. In einem virtuellen Raum gelandet, erkennt sie zuerst ein Bild ihres Vaters und stellt fest, dass dieser ihr Helfer ist. Nachdem er in den Raum hinzugerufen wird, beginnt ein Puzzlespiel, bei dem langsam ein Familienmitglied nach dem anderen hinzukommt. Alle werden gerufen und kommen freiwillig, bis auf eine Nichte, die aufgrund Zeitmangels nicht möchte. Zu guter Letzt fällt auf, dass die Mutter fehlt, doch wird diese nicht hinzugerufen, weil sie die Idylle stören würde. Mehrere Fragen bestätigen dies. Die Mutter wird von allen Mitgliedern abgelehnt, so muss sie also draußen bleiben. Das alles erinnert doch sehr an eine Familienaufstellung.

Nun gehen alle gemeinsam auf Spurensuche für Missempfindungen in der Familie. Vor allem stehen jedoch die vielen Machtaspekte im Vordergrund, die von der Mutter ausgehen. Versteckte Machtspiele, Versuche andere um den Finger zu wickeln und Abhängigkeiten werden sehr offensichtlich. Bis zum Schluss wird das Dazukommen der Mutter abgelehnt. Ein Aussöhnen ist nur teilweise möglich. So wird vereinbart, sich auf einer Wiese zu treffen und sich auszusprechen. Nachdem dieses Aussprechen vonstatten gegangen ist, habe ich die Intuition, dass eine Energietrennung erforderlich ist.

So kommt Selina noch in den Genuss, sich gänzlich von der Mutter zu trennen. Beiden tut dies offensichtlich gut, denn an vielen Körperstellen bestanden heftige Verbindungen.

Eine geschaffte, überraschte, aber frohe Klientin verlässt mich.

Trennung und Verlust

Maria G. überlegt bereits seit Monaten, wahrscheinlich seit Jahren, ob sie aktiv auf die Spurensuche gehen soll. Bisher hatte sie doch großen Respekt und sicher auch Angst, dass schmerzhafte Dinge zu Tage kommen könnten. Maria hat bei einer guten Freundin einiges an Energiearbeit kennen gelernt und durchgeführt.

So steigt Maria recht entspannt in die Sitzung ein und landet nach dem Aufsuchen des Hauses der Sinnsuche und Beziehungen in einem kleinen Einfamilienhaus. Als junge, einfach gekleidete Katharina geht sie in diesem kleinen, sehr einfach ausgestatteten Haus auf Entdeckungsreise. Sie spürt eine deutliche Traurigkeit und Verlustangst. Im Wohnraum gibt es eine Feuerstelle, über der ein Topf hängt. Ein paar Stühle und ein Tisch sowie ein Schrank sind alles, was sie vorfindet. Dann geht sie nach oben und sieht ein Doppelbett und weiß, dass sie auf ihren Mann wartet, möglicherweise vergebens. Tiefe Traurigkeit und das Gefühl des Verlustes fangen sie ein und erfüllen ihren Körper. Sie weint.

Im kleinen Nachbarraum liegt ihr Kind Margarete im Kinderbettchen. Sie liebt dieses Kind sehr, dennoch sind Schmerz und Traurigkeit groß. Ich gehe mit ihr in den Ursprung, in eine Situation mit ihrem Mann. Dieser Mann ist alles, was sie liebt, sie betrachtet ihn lange und schaut ihm in seine tiefblauen Augen. Sie hat in ihm den Partner, den sie nie mehr verlieren möchte, und weiß doch, er muss sie wegen seiner Arbeit immer wieder verlassen. Sie beschreibt detailliert das einfache Heim, ihren Garten, die paar umherlaufenden Hühner und anderes mehr.

In der nächsten Situation erlebt sie, wie ihr Mann sie mit einem Gespann verlässt. Viele Waren hat er auf dem Wagen, um sie an einem weit entfernten Ort zu verkaufen. Nach einer langen Reise kommt er wieder und bringt zahlreiche Dinge mit, die er mit dem Verkauf seiner Waren tauschen oder kaufen konnte. Das Wiedersehen ist sehr emotional, es herrscht große Freude und Liebe. Danach erkennt die Klientin, dass er nach einer dieser Verkaufsreisen nicht zurück kommt. Sie wartet den Rest ihres Lebens auf ihn und vergeht fast in Schmerz und Traurigkeit. Ihre Tochter bleibt bei ihr bis zu ihrem Lebensende.

Ein kurzer Situationswechsel zeigt ihr etliche Parallelen im heutigen Leben. Auch heute kennt und kannte Maria den Trennungsschmerz, die Sehnsucht in Phasen des Wartens und körperliche Beschwerden in allen Situationen der Traurigkeit.

Nachdem Maria in der violetten Flamme war, ist sie froh und zufrieden, aber auch sehr erschöpft. Sie ist überrascht, wie ähnlich die körperlichen und seelischen Belastungen des heutigen Lebens und die in der Vergangenheit sind.

Streitereien, Erbe, Schwierige Vaterrolle

Louise N. hat ihre erste Sitzung und darüber hinaus vorher noch nie etwas Energetisches oder Ähnliches gemacht. Sie ist nach vielen Jahren Ehe geschieden. Sie hatte eine unschöne Kindheit, da es Liebe und Zuneigung in der Familie nicht gab, und Streitereien und Auseinandersetzungen ums Erbe anscheinend zum täglichen Leben gehörten.

Ich führe Louise in das Haus ihrer Familie, wo es zwei relevante Türen gibt, eine, die heute nicht zu öffnen ist. Also geht es durch die andere Türe.

Dort erlebt sie mehrere Situationen ihrer Kindheit, in der sie viele heftige Streitereien betrachtet, vor allem den Streit ums Erbe der Großmutter. Die tiefen Verletzungen, die diese Streitereien in ihr und anderen Familienmitgliedern verursachen, machen sich sowohl körperlich als auch seelisch im Damals wie auch im Heute bemerkbar.

Dann geht Louise in die Türe, die vorher nicht zu öffnen war. Sie steigt in eine Situation in einer mittelalterlichen Burg ein. Sie sieht sich als junger Bub Jakob in einer Kinderrüstung nach Hause reiten. In einer Burg angekommen, wird er von seiner überaus liebevollen Mutter umsorgt und gehegt. Eine positive Mutter – Sohn Beziehung wird hier gelebt. Der heranwachsende Sohn freundet sich intensiv mit einem jungen Mann aus dem nahen Dorf an, eine nicht standesgemäße Freundschaft. Der Burgherr ist von dieser Freundschaft überhaupt nicht begeistert und lässt den jungen Mann ins Verlies der Burg einsperren. Während Jakob denkt, da passiert nichts und ständig zögert, etwas zu dagegen zu tun, entwickelt sich Unheilvolles. Der rabiate und überaus gehässige Vater zögert nicht. Er lässt den jungen Mann auf den Burghof bringen, ihm einen Sack über den Kopf stülpen und, ohne dass der Sohn die Gelegenheit hat, etwas zu unternehmen, wird der Mann enthauptet. Entsetzt von dieser schrecklichen Entwicklung, wendet sich Jakob von seinem Vater und seiner Abstammung ab. Mit seiner Mutter verlässt er die Burg.

Ich lasse ihn nun direkt in die Situation seines Sterbens gehen und Rückblick halten. Natürlich hadert er damit, dass er gezögert hatte, seinem Freund beizustehen. Er spricht etliche Glaubenssätze in dieser Hinsicht aus. Ich lasse ihn nun den Übergang zur Zwischenebene nehmen, bei dem er sehr deutlich erkennt, dass der junge Mann, dessen Tod er erlebt hatte, ihn abholen kommt. Außerdem kommt ein Schutzengel hinzu, der ihm zur Erkenntnis zu den gesehenen Situationen verhilft.

Deutlich wird, dass es intensive Zusammenhänge zwischen den Erlebnissen um den Tod des Freundes und den innerfamiliären Auseinandersetzungen im Heute gibt. Zum einen erlebt Louise dieses Zögern im Heute in ähnlicher Form innerhalb der Familie. Zum anderen erlebt sie die gleichen Personen im Heute, vor allem ihren Vater, mit denselben Eigenschaften: Egoismus, Verachtung und mangelhafte Sorge um die Familie. Alle negativen Dinge nehmen wir mit in die violette Flamme.

Auch diese Klientin ist glücklich und nun gewappnet, ihr Leben zielstrebiger anzugehen.

Mutterthema, Verlust, Heilen, Kirche

Evelyn B. kenne ich schon von zwei Begegnungen.

So steigen wir in die Sitzung ein und es geschieht wieder einmal etwas Neues. Wie bei dem einen oder anderen Klienten spreche ich auch bei ihr, wie vorher abgeklärt, die geistige Welt an. Bei der Meditation beginnt sie vor Rührung zu weinen, denn sie wird von hinten umschlungen und spürt die intensive Nähe ihres Engels.

Dann geht's über die Treppe „schwups" in die Kindheit auf die Couch mit ihrem Vater. Evelyn erlebt eine liebevolle Situation mit ihrem Vater und fühlt sich behütet und geliebt. Sie beschreibt ihre Kleidung als Sechsjährige (gepunkteter Schlafanzug), ihr Aussehen und vieles mehr. Zu ihrer ebenfalls in der Wohnung befindlichen Mutter besteht trotz des kindlichen Alters eine große Rivalität. Die stechenden Augen und die abwehrende Haltung treffen meine Klientin wie Messerstiche.

Dann springt Evelyn in mehrere Situationen des jetzigen Lebens, in denen die Auseinandersetzungen und die Distanz mit ihrer Mutter noch deutlicher werden. Der Tod des Vaters und das unglückliche Verhalten der Mutter und des Bruders verstärken diese Distanz noch mehr. Sehr groß ist die Trauer um den Vater, der offensichtlich mit seinen Energien bei ihr ist, jedoch nicht als Besetzung.

Daraufhin kommt Evelyn direkt in eine Situation in einem früheren Leben. Sie treibt als Almbäuerin mit zwei niedlichen kleinen Kindern Kühe und Ziegen von einer Almwiese zum Stall. Es ist eine rundum harmonische Situation, in der sie ein wundervolles und schönes Leben lebt.

Aus dieser Situation springt sie in eine weitere und findet sich in absoluter Dunkelheit, in der sie von finsteren Schatten bedroht wird. Diese Schatten sind Mönche, die sie (einen zwölfjährigen Jungen) daran hindern wollen zu fliehen. Der Junge ist schon seit Jahren in diesem Kloster und nur hier um zu arbeiten. Er muss seinen Lebensunterhalt verdienen, hat aber keine Rechte im Kloster. Trotz seines Alters kritisiert er die Art, wie die Mönche mit Religion und Glauben umgehen. Er darf die sakralen Räume und die Kirche nicht betreten. Als er dies dann doch versucht, wird er bestraft und erhält heftige Schläge auf den Rücken und auf die Hände.

Ich lasse meine Klientin nun schauen, wieso der Junge in diesem Kloster ist, woraufhin sie sieht, dass eine alte gebrechliche Frau mit einem Stock das kleine Kind im Kloster abgibt. Weiter zurückgeführt, erkennt sie sich in einem kleinen Häuschen als Baby auf dem Arm ihrer Mutter. Doch ihre Mutter ist tot, sie hat die Geburt nicht überlebt. Das Baby, aber auch meine Klientin erleben nun dieselbe Distanz zur Mutter wie im heutigen Leben. Sie spürt einen intensiven körperlichen Schmerz im Oberkörper, ausgelöst durch den Verlust der Mutter, und das Bewusstsein, sie nie wieder in den Arm nehmen zu können.

Dann geht es zurück in die Situation der Bestrafung im Kloster und der nachfolgenden Flucht. Der Junge gelangt in einem kleinen Dorf in eine Kapelle, wo er einen liebevollen Priester trifft, der ihn zur Pflege zu einer Kräuterfrau bringt. Diese hegt und pflegt den geschundenen Rücken des Jungen und nimmt ihn bei sich auf. Sie gibt ihre Heilkünste an ihn weiter und macht ihn zum Heiler. Viele Menschen kommen zu ihm und erhalten Hilfe auf vielfältige Weise. Auch sterbende und leidende Menschen werden von ihm betreut. Der Heiler gibt ihnen Tees, die helfen den Weg zum Sterben zu erleichtern.

Beziehungen; Ängste

Auch er selbst stirbt auf diese Weise, das heißt, er hilft nach, denn es macht keinen Sinn zu leiden. Er wird von einer Vielzahl von geistigen Helfern und von Seelen, die Hilfe von ihm erhalten haben, und von seinen Engeln empfangen und begleitet. Es ist eine beeindruckende Situation, die für mich ähnlich wie einige andere Dinge in der Sitzung sehr deutlich zu spüren ist.

Die Klientin gelangt so in die Zwischenebene und hat dort einen umfangreichen Austausch mit ihren Engeln und ihrem Vater. Auch ihren Hüter darf sie aufsuchen und erlangt einige Erkenntnisse in Bezug auf ihre Lebensaufgaben und den Grund für viele Schwierigkeiten im heutigen Leben. Ganz besonders wichtig ist für sie, dass sie erkennt, warum sie die schmerzhafte Distanz zu ihrer Mutter aufgebaut hat. Der Hüter, die Engel, aber auch ihr Vater helfen ihr, viele dieser Blockaden und Energien abzubauen und aufzulösen. Den Rest der Auflösung übernimmt anschließend die violette Flamme.

Es war mal wieder eine sehr lange und diesmal auch sehr anstrengende Sitzung. Eine so umfassende Reise mit der Bekanntschaft des Schutzengels, ein Ausflug in die Kindheit, die Jugend, das Sterben des Vaters, in ein rundum wunderschönes Leben, ein sehr belastendes Leben unter Mönchen, das Dasein als Heiler, den Tod der Mutter im früheren Leben und das eigene Sterben, den Übergang in die Zwischenebene und die Bekanntschaft mit der geistigen Welt und mit ihrem Hüter. Das darf nicht jeder erleben!

Ängste

In der ganzheitlichen Therapie stellt man irgendwann fest, dass sich hinter allen Themen die der hilfesuchende Mensch mitbringt, Ängste verstecken. Während vordergründig andere Probleme offensichtlich sind, steckt in der Tiefe die Angst vor dem Annehmen, dem Loslassen, der Trauer, dem Schmerz, dem Verlust, der Verletzung...

Ängste sind so vielfältig, dass es ein Buch füllen würde, die unterschiedlichen Facetten darzulegen. Nachfolgend sind nur einige Beispiele aufgeführt, aber letztlich findet man in jedem der hier gezeigten 100 Protokolle Aspekte der Angstbewältigung.

Angst vor dem Autofahren

Der Grund des Besuches von Klara P. ist vor allem, dass sie Angst vor und beim Autofahren hat. So steigen wir in eine extrem spannende Sitzung ein.

Klara durchschreitet eine schöne Situation in der Kindheit, bevor sie sich in einer kleinen Dorfkapelle wiederfindet. Dort erlebt sie als Zweijährige einen Gottesdienst mit einem Priester, den sie überhaupt nicht mag. Sie erkennt ihre Großmutter und ihre Tante. In der anderen Bankreihe sieht sie zwei völlig entstellte Hände. Ich lasse sie genau hinschauen und nach dem „Besitzer" der Hände suchen. Nach mehreren Minuten weiß sie, was ich direkt geahnt hatte, sie sieht den Tod.

Klara spricht spontan aus, dass sie weder im Heute noch damals ein Problem mit dem Tod hatte. Nach längerer Betrachtung der Situation weiß sie, dass der Tod zu ihrem Großvater kommt. Sie durchschreitet noch einige Situationen in der Kindheit, die auch mit dem Tod zu tun haben.

Dann sieht Klara eine Szene, die zu einem langen Thriller wird. Sie erkennt ein kleines, leuchtendes Kind, das in einer schwarzen Kutsche mit schwarzem Reiter und schwarzen Pferden durch eine dunkle Landschaft fährt. Die Kutsche rast ständig um Kurven, vorbei an tiefen dunklen Schluchten – eine gespenstige Situation. Es folgt ein Puzzlespiel, bei dem sich herausstellt, dass die Kutsche irgendwann abstürzt. Die Klientin erkennt, dass dieses leuchtende Kind ihr Schutzengel ist, von dem sie dachte, dass er tot sei. Klara hatte abgespeichert, dass der Engel sie verlassen hätte und sie nun schutzlos sei.

Den Sturz und das Erleben ihres eigenen Todes kann sie zunächst nicht akzeptieren. Doch dann weiß sie, der Engel lebt, aber sie selbst hat den Sturz nicht überlebt. Mit dem Engel zusammen sieht Klara, wie die Seele den Körper verlässt, und kann dann akzeptieren, dass sie mit ihm den Weg in die Zwischenebene geht.

Klara ist geschafft bei dieser geballten Masse an Aufregung und Erfahrungen. Ich bin gespannt, wie sich ihre Angst vor dem Fahren entwickelt.

Da ich diese Klientin regelmäßig treffe, weiß ich, dass sich ihre Angst vor dem Autofahren erheblich reduziert hat und sie mittlerweile auch längere Autobahnstrecken fahren kann.

Angst vor Dunkelheit

Simon G. hatte ich im Telefonat als neugierig wahrgenommen. Und ich dachte mir – und da ist mein Zweifel wieder – ein Eifeler Mann in meinem Alter, er wird so schwerfällig einsteigen wie ich.
Bei seinem Eintreffen erlebe ich Simon anders als erwartet, er ist sehr interessiert und neugierig. Während ich dachte, er sei „unwissend", spüre ich, dass Simon schon sehr bewusst ist. Er zweifelt zwar, dass es beim ersten Mal klappt, doch habe ich im Gespräch ein sehr gutes Gefühl.

Ängste

Der Einstieg gelingt so unproblematisch, dass es schon überrascht. Und so unglaublich es ist, er ist der Dritte innerhalb von zehn Tagen, der zum Start inmitten eines hellen Lichts auftaucht.

Und es geht so weiter wie in den anderen Sitzungen der letzten Tage, wenn auch mit anderen Facetten als zuvor. Simon hat intensiven Kontakt zum violetten Licht und zum Christuslicht. Er weiß genau, dass er dieses Licht kennt, obwohl er es in diesem Leben noch nicht bewusst wahrgenommen hat.

Angst vor der Dunkelheit und vor einigen anderen Dingen sind seine Themen. Er lässt sich schnell in eine Situation seiner Kindheit führen, in der es um intensiv erlebte Angst geht. Wie es in den Sechzigern – zumindest in der Eifel – oft üblich war, findet er sich in einem stockfinsteren Keller wieder, in den er eingesperrt wurde. Er erlebt hier eine sehr tiefe Angst, die sich auf vielfältige Weise physisch (in Kopf, Hals, Brust, Herz und Bauch) und psychisch (Unruhe, Engegefühl, Kleinsein, Hass und Wut) auswirkt. In diesem Moment lasse ich Simon prüfen, ob er Anteile von sich und seiner Seele abgibt, um die Situation schadlos zu überstehen. Und er erkennt, dass er Seelenanteile zur Angst, sowie vieles, was mit Gefühlen zu tun hat, abgegeben hat.

Nun „drehe ich Simon auf dieser Treppe um" und er spürt ein sehr helles Licht, das ihm Entlastung, Ruhe und Sicherheit gibt und er weiß, dass es die Christusenergie ist. Ich führe ihn in einen intensiven Austausch mit dieser Energie, was ihm sehr viele positive Erfahrungen gibt. Er fühlt sich wundervoll.

Dann bitte ich Christus, den Klienten zum Hüter der Akasha-Chronik zu führen. Sofort ist er da und spürt einen sehr wohl gesonnenen, weisen großen Herrn vor sich. Dieser teilt ihm sehr deutlich mit, dass es mehr als überfällig war, endlich bei ihm aufzukreuzen.

Der Hüter hilft ihm mit der Beantwortung einiger Fragen weiter, führt die verlorenen Anteile seiner Seele wieder zu und löscht einige Dinge aus. Die Wiederaufnahme der Seelenanteile ist für Simon sehr emotional und wunderschön, so dass ich ihn diese Gefühle verankern lasse. Zum Abschluss führe ich ihn noch in die violette Flamme, die ihm ebenfalls sehr gut tut.

Ein absolut glücklicher und froher Klient verabschiedet sich und kündigt ein Wiedersehen an.

Angst vor Brücken und großen Wassern

Alexander S. kenne ich durch ein soziales Netzwerk. Der Kontakt besteht seit einigen Monaten. Der Klient wohnt über zwei Stunden entfernt, möchte aber unbedingt zu mir. Er erzählt mir viel von seinem Leben, Berufliches und Persönliches, aber auch Spirituelles. Wir sind uns sicher sehr ähnlich und es ist für uns beide ein sehr befruchtendes Gespräch. Aber deshalb ist er nicht hier.

Klar ist mir, dass es eine interessante und für ihn sehr fruchtbare Sitzung werden wird. Damit ich nicht selbst zu sehr beeinflusst bin, frage ich vorher nicht mehr ab.

Er hat nur ein echtes Thema: Seine Angst vor „großen" Wassern, Brücken und Schleusen. Seine Beziehungs- und Sinnsuchthemen spielen mit Sicherheit ebenfalls eine Rolle. Deshalb suchen wir das Haus der Sinnsuche und Beziehung auf, wie so oft in den letzten Wochen.

Alexander hat mehrere relevante Türen und steigt sofort in eine Situation ein. Diese dauert eine Weile, da das Erleben der Ängste und Emotionen für ihn wichtig ist und dies Zeit in Anspruch nimmt. Zusammengefasst sieht er sich als älterer Mann, der ganz ruhig auf einem See angelnd in einem roten Motorboot treibt. Er bemerkt nicht, dass er ganz langsam immer näher in Richtung Staumauer und Strudel driftet. Er erkennt es zu spät und wird in die Turbinen hineingezogen und stirbt. Er spürt, dass er die letzten Sekunden ruhig und ohne Schmerzen durchlebt. Er erlebt gleichzeitig das ganze Geschehen auch in einer Außenansicht und hier empfindet er eine sehr starke und tiefe Angst. Etliche körperliche Reaktionen werden geschildert, allesamt Dinge, die ihn heute negativ beeinflussen. Alexander hat heute Angst über Brücken und Staumauern zu fahren, ja selbst die Fahrt Richtung Nordsee löst Beklemmungen aus.

Nun geht's eingehüllt in einem wunderbaren Licht ab in die Zwischenebene. Er erlebt hier einen sehr erkenntnisreichen Austausch mit seinem verstorbenen Bruder und seinem Schutzengel, der erst nach einer klaren Bitte auf Kontakt sichtbar wird. Alexander erhält eine Vielzahl an Hinweisen zu seinen Seelenverwandten, zu Partnerschaft, Kindern, seiner spirituellen Entwicklung, Karma und Seelenverträgen sowie zu seinen Lebensaufgaben. Etliche Hinweise auf Dinge, die für seine Zukunft wichtig sind, folgen, bevor der Klient mit seinem Engel in die violette Flamme geht.

Alexander ist sehr fasziniert von der Klarheit seiner Erfahrungen und sieht sich bestätigt in den Dingen, die ihm immer wichtiger werden.

Ängste

Angst, Schmerz, Erkenntnis, Weisheit, Lebensaufgabe, Heilen

Pia C. hat bereits ein paar Erfahrungen gesammelt. Familienaufstellung und Energiearbeit sind ihr bekannt. Sie hat dabei nicht nur Positives erlebt, deshalb bringt sie eine gesunde Skepsis mit.

Eigentlich hat Pia kein echtes Thema, sagt sie. In der Familie ist einiges nicht so, wie es sein könnte, mit ihrem Körper ist sie nicht ganz zufrieden und Ängste kennt sie ebenso wie die Frage nach den Lebensaufgaben. Kein Thema?

Also führe ich Pia ins Haus der Lebensaufgaben, obwohl ich weiß, dass es eigentlich ein anderes Thema gibt, das im Vordergrund steht, die Angst. Wir sind noch nicht im Haus der Lebensaufgaben angekommen, als bei mir die Angst aufsteigt und deutlich in der Brust spürbar ist. Pia sieht mehrere Türen, die offensichtlich sehr unterschiedliche Themen beherbergen. Doch meine Klientin weiß, dass die einzige dunkle, ja nahezu schwarze Türe die Tür für heute ist. Pia geht hindurch und steht in einem Flur, der vier weitere Türen zeigt. Diese Türen verursachen Panik in ihr, sodass ich ihr einen anderen Weg anbiete.

Pia steigt direkt in eine Foltersituation ein. Ganz langsam entwickeln sich die Empfindungen, Beschwerden und Erkenntnisse, die ich hier nur zusammenfasse. Mehrere Personen sind beteiligt. Einige schauen nur unbeteiligt zu, nein, sie trauern eher über das Geschehen. Wenige direkt Beteiligte feuern einen Folterknecht an, der die junge Frau Celina auf einer Folterbank im Freien arg massakriert. Die Beine werden verätzt, Rücken und Beine geschunden, der Kopf eingespannt und das Augenlicht zerstört.

Nun führe ich Celina in eine weitere Situation in diesem zurückliegenden Leben. Sie arbeitet als Heilerin und verrichtet diese Arbeit in einem Dorf, jedoch eher im Verborgenen. Sie hat starke Heilkräfte in den Händen und hellseherische Fähigkeiten. Celina behandelt eine Frau, die eine schwerwiegende Erkrankung hat, der sie nicht heilend helfen kann. Sie kann ihr lediglich lindernd beistehen. Doch Celina erkennt schnell, dass diese Frau zu ihr kam, um sie herauszufordern. Als Neiderin sucht sie nach Gründen, die Heilerin zu denunzieren und findet auch Personen, die mit Falschaussagen die Frau verraten.

Zurück auf der Folterbank erkennt sie, dass alle Beteiligten und einige der Unbeteiligten Familienmitglieder und Bekannte aus dem heutigen Leben sind. Sie ist sichtlich überrascht über diese Zusammenhänge. Das Foltern geht weiter und es zeigt sich, dass mehrere Geistliche an dem Urteil beteiligt waren. Heute hat sie beim Betreten einer Kirche heftige Beschwerden in den Beinen, die gleichen wie beim Verätzen der Beine. Die empfundene Angst ist die gleiche wie im heutigen Leben, ebenso die Schmerzen in Nacken und Kopf. Auch verschiedene andere Beschwerden sind ihr aus dem Heute bekannt. Viele weitere Empfindungen werden detailliert beschrieben und es ist klar, dass sie zum Befreien dieser Dinge alles noch einmal durchleben muss.

Die Klientin spürt, dass sie von verstorbenen Seelen und Engeln abgeholt wird. Eine bereits verstorbene Schwester gesellt sich zu ihr, ebenso der verstorbene Großvater. Viele Erkenntnisse erhält sie von den beiden, insbesondere zu ihren damaligen Lebensthemen und den heutigen Aufgaben. Sie darf den Hüter der Akasha-Chronik besuchen und erhält tiefe Einblicke in ihre Seelenbestimmungen.

Wie so oft wird auch hier eindeutig mitgeteilt, dass alle Beteiligten im früheren Leben geholfen haben, die notwendigen Erkenntnisse zu sammeln. Aber diesmal kommt eine weitere Erkenntnis, denn auch sie ist Hilfe für alle anderen. Unbeteiligte und Beteiligte begehen zusammen Unrecht und lernen, wie es ist dieses zu tun und zuzulassen. Celina hatte sich nie mit dem zur Wehr gesetzt, was sie zur Verfügung hatte. Ihre Heilkräfte, ihr Wissen und ihre Weisheit hat sie immer unter den Scheffel gestellt und sich für schwach und unfähig gehalten. Wertschätzung und Selbstliebe kennt sie kaum und so lässt sie alles wehrlos über sich ergehen. Ihre Widersacherin wird die Siegerin sein, sie die Unterlegene.

Der Hüter löst ihre Glaubenssätze auf, ebenso drei Seelenverträge, die eindeutig Auswirkungen im heutigen Leben haben. Sie hat zum Beispiel einen Vertrag mit allen Beteiligten, ihnen allen zu helfen und sie zu heilen. Auch Themen wie Angst und Unterwürfigkeit spielen in den Verträgen eine Rolle.

Der Hüter gibt ihr viele Seelenanteile (Selbstliebe, Vertrauen) zurück, die sie unter der Folter abgegeben hatte. Die Klientin ist spürbar gerührt von allem Geschehen, insbesondere vom Vervollständigen der Seelenanteile. Sie bekommt viel Zuspruch nun diesen Weg weiterzugehen und die Bestätigung, dass sie es schafft. Ihre Engel und Begleiter, mittlerweile auch Christus und El Moraya (ein aufgestiegener Meister) geben ihr viele weitere Hinweise.

Auch hier wird deutlich, dass es die Erkenntnis, das Lernen und Verstehen, die Weisheit und vor allem die Liebe zu allem ist, auf die es ankommt.

Nicht die Rache, die Auseinandersetzung oder das Verurteilen, sondern das Verzeihen und das Vergeben und Lieben des Umfeldes, selbst der Feinde und Peiniger sollen Mittelpunkt unseres Handelns sein. Die vielen Erlebnisse, Informationen, Blockaden und Beschwerden werden noch in die violette Flamme getragen.

Nach deutlich mehr als fünf Stunden teilt mir Pia berührt mit, dass sie trotz der heftigen Erlebnisse nun total glücklich sei. Sie wisse nun, worum es gehe, wer sie begleite und welchen Weg sie zu gehen habe.

Angst in vielerlei Facetten, Angst, es nicht allen recht zu machen

Julia D. kommt mit dem Thema Angst, Angst in vielen, vielen verschiedenen Facetten. Uns ist beiden klar, dass möglicherweise Anstrengendes vor uns liegt. Ich habe großen Respekt vor dieser Sitzung.

Julia hatte bereits zwei Rückführungen bei einem Kollegen und damit auch ein Familienthema erfolgreich bearbeitet und in den Griff bekommen. Sie steigt mehr oder weniger unkompliziert in die Sitzung ein. Es dauert zwar recht lange, bis sich die erste Situation entwickelt, doch zeigt diese Situation bereits ein mögliches Angstthema. Ihre Wahrnehmung beginnt mit unklaren Schmerzen in Fuß und Knie, dann folgen Schmerzen im kompletten Bein. Im Knie fühlt es sich an, als bohre ein Fremdkörper in ihre Kniekehle. Schnell wird klar, dass sie – Katharina – gestreckt wird. Auf grausame Art und Weise wird sie gefoltert. Dieses Erleben und Erkennen der Folter, der Folterknechte und der Umgebung dauert recht lange. Ganz langsam erkennt sie, dass sie den Herrscher sehr gut kennt und dass dieser verantwortlich für die Folteraktion ist. Dieser Herrscher und eine weitere Person sind ihr im heutigen Leben wohl bekannt.

Die Folteraktion zieht sich ewig hin und endet letztlich in einer Schwäche, die anzeigt, dass es nun bald zum Ende geht. Viele Glaubenssätze werden benannt, deren Inhalte sich natürlich auf Schmerzen, Sorge um andere und das Ausgeliefertsein beziehen.

Doch es ist noch nicht zu Ende. Mich wundert schon die ganze Zeit, dass das Thema Angst bisher überhaupt nicht aufgetaucht ist. Dafür kommt es nun umso heftiger. Die Klientin erlebt nun Angst pur, vor allem ausgelöst durch das Wissen des absoluten Ausgeliefertseins. Alle körperlichen Beschwerden, die sie auch im Heute in der Angst verspürt wie Bauchschmerzen, Atemdepression, Übelkeit und Kopfschmerzen treten auf. Katharina bekommt den klaren Hinweis, dass sie die unterschiedlichen Empfindungen der Angst durchschreiten muss. Heftige Hitzewallungen durchziehen ihren Körper, es wird allmählich unerträglich. Ganz langsam verlässt Katharina die Kraft und sie geht nun durch den Tod hindurch und wird von mir zurück an den Ursprung der Rückführung geführt. Dort hat sie mit ihrem Engel einen intensiven Austausch und hält mit ihm von diesem Platz aus Rückblick. Ursachen und Zusammenhänge der Angst werden ihr erläutert. Julia erkennt, dass die Angst nichts anderes als ein weiteres Lernthema ist und dass sie es sich selbst ausgesucht hat. Dass die Teilnehmer in den Situationen nur „Helfer" waren, überrascht sie auf heilsame Weise.

Julia hatte im gesehenen Leben als Katharina ständig versucht, die Menschen davon zu überzeugen, dass diese sich nicht immer weiter der Macht beugen müssen und dass sie aufbegehren sollen. Dieser Kampf hatte sie in die Situation geführt, denn der Machthaber machte dieses Wirken nicht lange mit. Julia erkennt, dass die Menschen trotz der Unterdrückung keine Lust hatten, aufzubegehren. Sie fanden es zwar nicht schlecht, dass endlich jemand seine Meinung sagte, und stimmten auch zu, doch sie wurde nicht unterstützt. Als es hart auf hart kam, stand Katharina ganz alleine da. Auch heute setzt Julia sich ein, will immer das Optimale, auch wenn alle Beteiligten daran kein Interesse haben. Sie hat ständig das Gefühl, zu wenig zu tun – genau wie damals.

Der Engel legt ihr diese Dinge ganz deutlich dar und macht ihr klar, dass sie selbst mit Hilfe ihrer Engel das Thema Angst besiegen wird. Die violette Energie transformiert nun viele der erlebten Blockaden, Erfahrungen, Ängste und Schmerzen.

Eine sehr kräftezehrende Sitzung ist zu Ende. Doch trotz dieser Strapaze steht nun eine frohe Klientin vor mir.

Angst vor Verlust, Bindung und Einsamkeit

Annika T. hat bereits einige Versuche unternommen an Beziehungsthemen, Ängste und Sinnsuche heranzukommen.

Innerhalb der Sitzung geht es über das Haus der Ängste durch einige Räume und mehrere Angstthemen direkt in die erste Situation! Insgesamt wird die Klientin in fünf verschiedene Situationen gehen. Eine Vielzahl von Empfindungen und körperlichen Reaktionen werden erlebt, immer wieder in den unterschiedlichsten Facetten.

Situation eins zeigt ein Leben in Afrika. Hier ist sie als junge Frau mit einem Gefäß auf dem Kopf unterwegs. Auf dem Weg zum Wasserfassen fällt sie in eine sehr tiefe Traurigkeit und beginnt zu weinen. Sie empfindet tiefe Trauer und weiß, dass sie ihre beiden Kinder verloren hat. Da ihre Tochter nicht an einen anderen Mann verkuppelt werden wollte, ist sie geflohen und wurde von ihrem Bruder begleitet. Unter diesem Verlust leidet die junge Frau sehr.

Situation zwei zeigt ein Leben in einem orientalischen Palast. Hier erlebt sie, wie sie als Frau von etwa fünfzehn Männern verurteilt wird, nur weil sie versuchte, sich den engen Regeln zu entziehen und anders als die anderen Frauen zu sein. Dieser Regelverstoß wird mit einer sehr schweren Strafe geahndet. Sehr, sehr intensiv sind dabei die körperlichen Reaktionen.

Situation drei zeigt eine verborgene Leidenschaft mit einem Mann. Wie in den anderen Situationen wird hier besonders deutlich, dass Liebe ein zentrales Thema ist.

Situation vier ist besonders intensiv. Sie erlebt als junger Mann ihre Kreuzigung und sieht vor sich vier Personen stehen, die besonders stark um sie trauern. Schmerzen verspürt sie keine, jedoch sind auch hier die emotionalen Empfindungen stark. Und besonders drängend erscheint die Frage: Warum?

Mit Situation fünf geht die Sitzung langsam zu Ende. Annika sitzt am Strand und empfindet Ruhe, Gelassenheit und fühlt sich gut. Mit ihrem Engel Elvira geht sie in die violette Flamme. Sie tut sich noch etwas schwer, doch er klopft an ihre linke Hand und ist als sehr starke Energie deutlich spürbar.

Dass es keine deutliche Erkenntnis am Ende der Sitzung gibt, stört mich ein wenig. Doch gab es sehr viele Informationen. Es ist erst der Anfang für die Klientin, obwohl sie sicher schon weit gekommen ist.

Angst in und vor Beziehungen

Antonia H. war schon einmal bei mir. Sie hatte einige Situationen mit dem Thema Angst, doch einen guten und wirklichen Abschluss gab es nicht. Diesmal wird es ähnlich laufen.
Sie springt durch mehrere Situationen, die allesamt etwas mit Beziehungen und Angst zu tun haben. Es liegt klar auf der Hand, dass sie in die Situationen gehen möchte, doch flieht sie immer, bevor es an den Ursprung des Themas geht.

Antonia beschreibt die Ankunft an einem indischen Palast. Mit einigen Elefanten gelangt sie mit mehreren Schwestern in den Palast und trifft dort den Herrscher, den sie offensichtlich heiraten soll. Doch auch hier überkommt sie die Angst und sie flieht aus der Situation.

Darauf steigt sie in ein Leben als Fisch ein. Ein Fisch, der nach einem schönen Leben neugierig in die dunkle Tiefe schwimmt. Dort gelangt er an eine hellere Stelle und begegnet einem Lichtwesen, seinem Schutzengel. Der Fisch hatte anscheinend sein Leben ausgehaucht und wurde vom Schutzengel aufgefangen. Nun wird es spannend. Dieser Schutzengel wird aktiv und legt sich auf Antonias Brust. Sie wird förmlich überrannt von dieser Energie. Die Rührung ist ihr deutlich anzumerken. Sie kann kaum antworten und ist total überrascht. Tränen fließen.

Ich führe Antonia zurück an ihren Strand, den Start der Reise. Dort angekommen spüre ich, dass die Möglichkeit bestehen könnte, den Hüter der Akasha-Chronik der Klientin zu rufen. Etwas überrascht bin ich schon, dass dies gelingt. Er entspricht meiner Bitte, der Klientin die verlorenen Seelenanteile zurückzugeben, Seelenanteile der Liebe und der Kraft. Die Seelenanteile gingen verloren, weil sie auf diese Weise die Angst besser ertragen konnte. Währenddessen fühlt Antonia einen aufgefüllten Brustkorb, ihr Herz fühlt sich an wie aufgeblasen. Der Schutzengel ist deutlich im Bereich des Oberkörpers wahrzunehmen.

Meine Klientin ist doch sichtlich verunsichert, sie sitzt auf der Behandlungsliege und ist perplex. So viele Emotionen hatte sie lange nicht gespürt: „Ein Engel, der mich berührt, der mich spüren lässt?"

Ich bin gespannt, wie es weiter geht, und freue mich, dass bei ihr eine erste Schale aufgeklopft wurde!

Entscheidung zum Leben

Ich dachte vor einem Jahr, dass dieses Thema der Schwerpunkt meines nächsten Buches sein würde. Aber was nicht ist, kann ja noch werden. Vielfältige Erfahrungen rund um die Entscheidung der Seele zu inkarnieren haben meine eigene Sichtweise zum Leben verändert.

Es beruht alles auf der „freien" Entscheidung der Seele. Die Rahmenbedingungen zu dieser Entscheidung sind von vielen Faktoren abhängig (Bewusstsein, Lebensaufgaben, Karma, Seelenverträge). Besonders spannend war es zu erleben, dass Klienten mit Seelen Kontakt haben durften, die ihnen irgendwann einmal als Kind begegnen werden. Eine wichtige Erkenntnis möchte ich an dieser Stelle unbedingt weitergeben: Wir müssen uns davon verabschieden, dass das winzige Wesen, das wir als Baby in unseren Armen halten, am Anfang seiner Entwicklung steht und vieles noch nicht erfassen kann. Das Gegenteil ist der Fall: Vom Zeitpunkt der Befruchtung an nimmt dieses Geschöpf mit den unermesslichen Erfahrungen seiner Seele alles wahr. Alles!

Geht deshalb sehr bewusst mit euren Kindern um!

Entscheidung zum Leben

Schwangerschaft und bewusste Auswahl der Lebensaufgaben

Vanessa L. machte bereits am Telefon einen sehr ängstlichen Eindruck. Nun steht sie mit ihrer Mutter vor der Türe. Vanessas Frage: „Darf meine Mutter mit in die Sitzung"? beantwortete ich mit: „Ich wüsste nicht, was dem entgegen spricht".

Niemals hätte ich diesem Wunsch im Normalfall so einfach zugestimmt. Jedem hätte ich vermutlich geraten, dass nicht zu tun. Deshalb bin ich sehr überrascht über meine Entscheidung. Es ist mir klar, dass ich sie nicht alleine getroffen habe.

Der Einstieg dieser sehr ängstlichen Klientin gelingt sehr gut und problemlos. Sie erlebt etliche ausnahmslos schöne und emotionsreiche Kindheitserlebnisse. Viele harmonische Situationen, familiäre Erfahrungen und vieles mehr beeindrucken nicht nur sie, sondern auch die spürbar bewegte Mutter. Ihre Anwesenheit ist überhaupt kein Problem, im Gegenteil, zwischen den Beiden steht eine regelrechte Schutzmauer, die jegliche Störung ausschließt.

Eine Erfahrung in der Schulzeit zeigt in sehr deutlicher und umfassender Weise viele Emotionen, die sie heute bei Prüfungen, Vorträgen und Begegnungen mit einer bestimmten Bekannten ebenfalls immer wieder hat. Diese Erfahrungen werden wir später in der Flamme auflösen.

Geburt und Schwangerschaft erfährt sie in etlichen Erlebnissen, allesamt glücklich und froh.

Relativ früh beginne ich (was ich sonst nicht immer mache und wenn, dann nur einmal pro Sitzung) in jeder Situation zu fragen, ob sie die Entscheidung unter genau diesen Umständen zu leben, bewusst getroffen hat. Bevor ich die immer anders formulierte Frage beendet habe, kommt bereits die zustimmende Antwort. Insbesondere die Fragen nach der Auswahl der „Mitspieler" sind immer dann spannend, wenn die Mutter ins Spiel kommt. Die Beiden haben eine sehr klare Entscheidung für ein harmonisches, gemeinsames Leben getroffen.

Ich führe Vanessa aus der Schwangerschaft ein zweites Mal durch die Geburt und nochmals in die Kindheit. Sie hatte vorher drei für sie wichtige Themen angegeben, wovon sie jedoch nur eines aufgearbeitet hat. Es wird klar, dass die beiden anderen Themen in früheren Leben ihre Ursachen haben. Auf die Frage, ob sie heute weitere Themen und Situationen angehen soll, kommt ein klares Nein.

Vanessa und vor allem die Mutter sind sehr, sehr überrascht und beeindruckt. Alle Beteiligten, Klientin, Mutter, aber auch ich sind besonders durch die deutlichen und klaren Empfindungen und Entscheidungen des Fötus gerührt. Dass der Fötus in jedem Moment vom Beginn der Existenz (Zeugung) an, die Außenwelt erkennen und sogar Personen differenziert wahrnehmen kann, hatte ich ja bereits mehrfach erleben dürfen. Hier war es noch intensiver spürbar als in den meisten Sitzungen zuvor. Wenn das nur alle wüssten!

Die bewusste Entscheidung „es" zu tun

Zur nächsten Sitzung kommt eine weitere Klientin, deren Seele spürbar weit entwickelt ist. Amelie G. ist wissend, doch sie sucht Bestätigung.

Sie springt regelrecht durch die Schwere und die Meditation hindurch und gelangt schneller durch Kindheit und Schwangerschaft als die meisten vor ihr. Amelie kommt gleich in der ersten Sitzung in den Genuss, in die Zwischenebene zu gelangen.

Ihre Zeitreise ist geprägt von klaren und eindeutigen Entscheidungen für das Leben. Amelie erlebt frohe und glückliche Kindheitstage und eine entspannte Schwangerschaft. In der Zwischenebene trifft sie viele bekannte Seelen, von denen ihr jedoch im heutigen Leben nur wenige bekannt sind. Sie weiß, dass in der Zwischenebene Zeit zum Ausruhen ist, da sie ein anstrengendes Leben hinter sich hat. Auch andere Seelen ruhen sich hier aus, während wieder andere sich bereits auf das nächste Leben vorbereiten. Es ist sehr deutlich, dass es hier mehrere Phasen gibt. Eine Zeit des Ankommens, des Ausruhens, des Lernens, der Entscheidung und des Gehens. Ebenso deutlich ist, dass diese Entscheidungen von anderen Seelen und vor allem von den Engeln begleitet sind. Die Engel sind deutlich wahrnehmbar (mein Behandlungsraum ist voll mit ihnen) und begleiten die Seele auf ihrem Weg.

Amelie entscheidet sich also bewusst für ihr nächstes Leben und steigt mit Freude ein. Noch in der Schwangerschaft hat sie die Erinnerung daran, danach schwindet diese langsam. Dennoch gehört sie zu den wenigen, die sich ansatzweise erinnern.

Sie hatte mir vor der Sitzung von einem Deja-Vu-Erlebnis bei einem Indianerstamm erzählt. Nachdem diese Sequenz nicht gezeigt wurde, frage ich auf der Zwischenebene nach. „Natürlich", ist die Aussage, „du warst häufiger als Indianer unterwegs, dort hast du Harmonie, Naturverbundenheit und Spiritualität erlebt". Amelie verlässt mich und ich weiß, dass sie weiß!

Auch sie treffe ich etwa ein Jahr später wieder. Es geht ihr gut und sie ist deutlich erkennbar noch immer auf einem sehr bewussten Weg!

Die Begegnung mit einem verstorbenen Zwilling

Franziska T. gelangt ebenso wenig durch Zufall zu mir wie alle anderen. Sie ist eine „sehr weit entwickelte Seele", das ist deutlich. Wir haben ein intensives Vorgespräch, sie hat etliche Punkte, die sie in die Suche einschließen möchte. Vieles hat mit Personen und Erkrankungen sowie Beziehungen zu tun.

Sie erlebt in der Kindheit einige sehr schöne Situationen im Sommerurlaub am Meer. Auch die Geburt und das erste Laufen erlebt sie detailgenau und mit vielen Emotionen. Viele Ängste, aber auch Traurigkeit, Zwänge, Distanz zur Mutter und Schmerz spürt Franziska. Diese negativen Erfahrungen und Gefühle erlebt sie auch im Heute und weiß genau, welche Folgen diese im aktuellen Geschehen haben.

Nun gehen wir direkt in die Schwangerschaft und durchschreiten diese in Monatsetappen. Sie erlebt jeden Monat mit vielen unterschiedlichen Erfahrungen und Emotionen. Vor allem erlebt Franziska die fehlende Nähe zur Mutter und die eindeutige Ablehnung, weil sie kein Junge ist. Aber auch die Liebe des Vaters und viele positive Emotionen ihm gegenüber empfindet sie. Sie berichtet über heftige Atemnot und Beschwerden am Hals durch Druck von Bein und Kopf.

Alle Beschwerden und Informationen sind im Heute in anderen Facetten, jedoch mit deutlichen Folgen vorhanden. Nach etwa drei Stunden weiß ich, dass jemand auf sie wartet, und ich führe Franziska nochmals in den dritten Monat zurück. Dabei erkennt sie dann, dass sie nicht alleine ist. Franziska hat einen Zwillingsbruder, der jedoch nicht mehr lebt. Sie weiß, dass er die Entscheidung zu gehen, freiwillig gewählt hat. Sie ist die Stärkere und hat sich bewusst für das Leben entschieden. Franziska hat sowohl in der Kindheit wie auch in der Schwangerschaft erfahren, dass die Großeltern und die Mutter einen Jungen haben wollten. Sie selbst hat dies intensiv gespürt und zwischenzeitlich sehr gelitten. Doch nun weiß Franziska: Sie will leben, sie hat sich eindeutig entschieden und da muss und will sie durch.

Nun rufe ich ihren Bruder hinzu und wir führen ein sehr intensives Gespräch mit ihm. Der Bruder teilt mit, dass er Franziska immer begleitet, beschützt und gestärkt hat. Der Klientin fallen nun auf Anhieb einige Situationen ein, bei denen sie diese deutliche Begleitung gespürt hatte, nun weiß sie endlich durch wen! Beide führen noch einen intensiven Austausch und

klären, wie sie zukünftig in Kontakt treten können. Franziska ist glücklich nach diesen Erfahrungen und über die Bekanntschaft mit ihrem Bruder. Es war deutlich mehr, als sie erwartet hatte.
Eine glückliche Klientin verlässt mich, wir werden uns wiedersehen, das wissen wir beide.

Tatsächlich begegnen wir uns etwa ein Jahr später auf einer Gesundheitsmesse. Es geht der Klientin nach eigenen Angaben sehr gut, die Sitzung hatte ihr sehr gut getan. Ich spüre eine deutliche Nähe zu ihr.

Glaubenssatz kein Kind mehr zu haben

Einige Tage habe ich bereits über die Sitzung mit dieser Klientin nachgedacht. Ich kenne Karina H. aus früheren Leben und empfinde eine intensive Verbundenheit mit ihr. Später erfahre ich, dass wir aus einer Seelenteilung stammen (an anderer Stelle mehr dazu). Bei ihrem Eintreffen spüre ich die gegenseitige Nähe noch deutlicher. Ja, mit ihr hat es bereits intensive Verbindungen gegeben.

Nach einem kurzen Vorgespräch beginnen wir mit der Schwereübung. Trotz „gehörigem Respekt", der sich deutlich zu erkennen gibt, ist sie sehr schnell in der Schwere. Bereits nach Minuten spüre ich, dass wir nicht alleine sind. Der Raum ist so angefüllt mit geistigen Helfern und Energien, dass ein echtes Hochgefühl zu spüren ist. Ich bin tief in diese Energien und die Schwere meiner Klientin eingebunden. Mir ist klar, dass sie nicht den üblichen Weg geht, und prompt landet sie ohne Zwischenetappe in einem Dorf des Mittelalters.

Sie – Maria – muss als junge Frau ihre Mutter und beide Geschwister verlassen. Die allein erziehende Mutter kann keine drei Kinder durchbringen, deshalb fällt die Entscheidung, dass Maria gehen muss. Allen Beteiligten fällt diese Entscheidung sehr schwer, aber gibt keinen anderen Ausweg. Die Klientin erkennt eine Schwester als eine heutige Verwandte, die Mutter ist auch heute ihre Mutter. Die Trennung ist traumatisch und findet auch im heutigen Leben einige Parallelen.

Ihr Weg führt sie zu einem allein stehenden, mürrischen Bauern, der sie auf einen Markt schickt um dort seine Waren zu verkaufen. Sie fühlt sich insgesamt schlecht, da sie die Trennung von ihrer Familie sehr mitgenommen hat. Deshalb ist alles, was sie auf dem Markt erlebt, zunächst fremd und wenig vertrauenserweckend. Doch nach und nach lernt sie nette Menschen kennen und hält sich bei einigen Pferden auf. Währenddessen stiehlt ihr jemand eine Ziege, die sie verkaufen sollte. Maria irrt voller Angst und Hektik über den Markt und sucht krampfhaft nach der

Ziege. Währenddessen stiehlt ihr der Bub vom Nachbarstand aus Spaß auch noch ihre Hühner.

Maria hat Angst, dass der Bauer ihr heftige Vorwürfe machen und sie bestrafen wird. Doch wider Erwarten reagiert dieser sehr gelassen und verständnisvoll. Der weitere Verlauf zeigt, dass der deutlich ältere Bauer die Nähe zu seiner jungen Magd sucht und sie dabei schwängert. Ihr ist diese Entwicklung eher peinlich. Sie hatte sich eine Beziehung mit einem jungen Partner und auch Kinder gewünscht. Die anschließende Schwangerschaft zeigt einige weitere Tiefen und vor allem Einsamkeit. Ihr Mann lässt nicht zu, dass Maria Bekanntschaften hat, sodass sie ganz alleine und vereinsamt auf dem Hof lebt.

Später hat Maria eine Fehlgeburt, während ihr Mann sich auf dem Markt aufhält. Sie blutet stark und verliert schließlich ihr Leben. Maria spürt dabei die Anwesenheit ihrer Mutter, die den Tod ihrer Tochter nicht zulassen kann. Statt nun den Weg ins Licht zu wählen, bleibt Marias Seele bei ihrer Mutter und kann selbst nach deren Tod nicht ins Licht gehen.

Diese Situation ist für mich neu. Obwohl mein Verstand sehr überrascht und „suchend" ist, ist mein Innerstes absolut ruhig und souverän. Ich weiß, dass ihre Engel da sind, um ihr zu helfen und sie zu begleiten. „Werde größer und lass dich selbst lichtvoll werden". Dies setzt sie um und erkennt gleichzeitig direkt neben ihr ein Licht und am Ende eines „Schlauches" ein weiteres Licht. Ich fordere sie nun auf, mit ihrem Engel Kontakt aufzunehmen.

Dieser Engel ist das Licht direkt neben ihr und er hilft Marias Seele nun in die Zwischenebene. Dort kommt es zu einem langen, zutiefst beeindruckenden Dialog. Alle Fragen der Klientin werden beantwortet. Ihre Lebensaufgaben als Maria und im Heute werden dargelegt. Ihr Hüter und alles, was mit ihm zu tun hat, werden als sehr beeindruckend wahrgenommen. Auch hier kommt es zu einem sehr intensiven, wenn auch kurzen Dialog. Der Hüter löscht alle Glaubenssätze und weist auf die zu erledigende Lösung von Seelenverträgen und Karma hin. Als Maria hatte sie sterbend gesagt: „Nie wieder will ich ein Kind gebären". Auch dieser Satz mit allen Auswirkungen wird gelöscht.

Die Verbindungen zwischen Klientin und Therapeut wird thematisiert. Die gemeinsame Vergangenheit wird vom Hüter bestätigt. Er überreicht der Klientin ein Geschenk, das sie zu gegebener Zeit öffnen soll.

Dem positiv erlebten Weg durch die violette Flamme folgt ein langes Nachgespräch.

IV Rückführungssitzungen mit Klienten

Eigentlich wollte sie nicht, Angst, Unsicherheit

Wie hatte ich in der Ausbildung gelernt: „Immer ist der Klient auch eine Art Spiegel, ein Hinweis für den Therapeuten. Oft kennt man sich aus früheren Inkarnationen..."

So folgt eine weitere sehr, sehr intensive Begegnung, etwas ganz Besonderes. Ich habe ja bereits die ganz besondere Nähe zu einem Menschen, einer Seele gespürt. Und hier ist es sehr ähnlich, fast identisch. Nun geht's auf Sinnsuche und Spurensuche, aufregend!

Der Einstieg ist unspektakulär und unproblematisch. Mehrere Türen werden gezeigt, von denen meine Klientin die nimmt, die ich als weniger wahrscheinlich ansah. Die Türen Angst und Hoffnungslosigkeit zeigen mehrere Situationen in der Kindheit. Zuerst erlebt Fenja S. eine wundervolle Begegnung mit ihrem Großvater und spürt eine intensive Nähe und Verbindung. Andererseits merkt sie, dass es dem Großvater schlecht geht. Ich bitte nun wieder den Engel des Wandels hinzu und führe einen kurzen Dialog mit ihm, um zu klären, ob der Großvater „freiwillig" gehen wird.

Es tut dies nicht, da er seine Enkelin in ihrem schwierigen Leben nicht alleine lassen möchte. Die beiden hatten sich dieses Leben gemeinsam gewählt. Der Engel des Wandels erlaubt (!), dass der Großvater die Enkelin unterstützt, so dass der Opa als Besetzung bleibt. Genau dies zeigt das Betrachten der Sterbephase des Großvaters.

Verhältnismäßig schnell wird im Dialog mit dem Großvater geklärt, dass dieser jetzt bereit ist, ins Licht zu gehen. Fenja tut sich schwer, ihn ohne Wenn und Aber zu entlassen. Langsam kann sie sich verabschieden, sich bedanken und ihm seine Ehre aussprechen. Als der Großvater geht, versichert er ihr noch, dass er aus dem Jenseits Hilfe geben wird.

Weiter geht es in andere Situationen der Kindheit. Sie erlebt schwierige Phasen. Heftige Auseinandersetzungen der Eltern mit dramatischen Situationen zeigen körperliche und seelische Reaktionen der Klientin im Damals wie auch im Heute. Kopfbeschwerden, Bauchbeschwerden bis hin zu Herzschmerzen und Stichen.

Dann geht es in das Kinderzimmer nach der Geburt. Fenja sieht sich im Brutkasten und fühlt sich hier warm und geborgen. Fünf weitere Kinder sind hier. Um eins der Kinder ist eine deutliche Hektik spürbar. Das kleine Mädchen ist krank, schwach und bekommt keine Luft. Meine Klientin spürt, dass dieses Kind in einer sehr ernsten Lage ist. Drei Engel stehen um ihr Bettchen herum und sprechen ihr Mut und Ruhe zu.

Ich fordere Fenja auf, einmal hinzuschauen, wo denn ihr Engel ist. Verborgen hinter ihrem Bettchen stehend, macht der Schutzengel sich nun bemerkbar. Die Beiden nehmen zögerlich Kontakt auf. Nun bitte ich hier ebenfalls den Engel des Wandels hinzuzukommen, um diese Situation zu klären. Es stellt sich heraus, dass das kranke Kind gemeinsam mit meiner Klientin den Beschluss zum Leben getroffen hatte, jedoch nur um sie ins Leben zu führen. Nun hat sie ihren Auftrag erfüllt. Ich spüre jedoch, dass die beiden mehr verbindet. Diese Seele ist jetzt die Tochter der Klientin. Als sie dies erkennt, fließen viele Tränen. Es ist auch für mich eine sehr ergreifende Situation.

Das andere Mädchen stirbt, die Seele geht bewusst zurück in die Zwischenebene. Da die Sitzung schon lange dauert, frage ich die beiden Engel, ob Fenja sich noch weitere Situationen anschauen soll. Beide bejahen meine Überlegung, dass wir noch in die Schwangerschaft gehen sollten. Zuerst frage ich den Schutzengel einige Dinge zum gemeinsamen Weg der Beiden (Engel und Klientin). Er begleitet sie schon sehr lange und weist darauf hin, dass sie sich bereits sehr weit entwickelt hat. Ehemann, Tochter, Großvater und andere haben bereits einige gemeinsame Leben gehabt.

Da ich weiß, dass auch Fenja und ich uns schon begegnet sind, erfrage ich die Hintergründe. Der Engel bestätigt, dass wir Seelenverwandte sind und einer gemeinsamen Teilung entstammen. Nun weiß ich, warum ich dieses Gefühl kenne. Es ist das gleiche wie bei der bereits erwähnten Seelenverwandten Karina, die ebenfalls dieser Teilung entstammt.

Ich erfrage noch die Lern- und Lebensaufgaben, die viel mit der gemeinsamen Bewusstseinsentwicklung von Mutter und Tochter zu tun haben. Beiderseitige Unterstützung ist ein Hauptthema, die Zeit des Wandels eine andere. Auch da haben wir Gemeinsamkeiten. Auch das Thema Liebe schenken und Herzöffnung kenne ich aus meinem persönlichen Aufgabenkatalog.

Nun geht es in die Schwangerschaft. Fenja schaut sich zwei Situationen an, in denen es viel Stress, Angst und Auseinandersetzung zu erleben gibt. Angst, Schmerz und Traurigkeit legen sich auf das Herz des Fötus und sorgen dafür, dass sie sich vor dem Leben ängstigt. Viele Auseinandersetzungen zwischen Vater, Mutter und deren Schwiegermutter führen zu all diesen negativen Empfindungen. Auch jetzt wird klar, dass die vorher erkannte Seele auch hier Stärke geben kann.

Fenja erkennt nun den Engel im Bauch der Mutter. Er tröstet sie und versucht ihr zu helfen, diese Erfahrungen zu verarbeiten. Ich bitte den Engel die Beschwerden/Blockaden um das Herz der Klientin „wegzustreichln". Genau dies macht er dann auch sehr behutsam, ebenfalls sehr berührend für mich.

Merkwürdig ist dieses Umsorgen deshalb, weil ich schon Sitzungen erlebt habe, wo der Engel darauf hinweist, dass die Seele dies alles doch wusste. Einen Moment später weiß ich, warum es genau so geschieht. Die

Klientin erlebt die Zeugung und will sich nicht einnisten. Sie ist völlig unentschlossen. Hier ist es der Engel, der sie offensichtlich unter Druck setzt, nachdem sie nicht weiß, was sie will. Er übernimmt die Entscheidung und muss sich den Unmut der kleinen Seele gefallen lassen. In diesem Moment entsteht eine Art Blockade zwischen der Seele und dem Engel, eine Blockade, die die Beiden nun auflösen.

Da auch Rückenbeschwerden Thema der Sitzung waren (Besetzung), kläre ich, ob ich der Klientin noch die Einweihung in die Begradigung geben soll, was ebenfalls bejaht wird. Der Energiefluss hier ist sehr intensiv und zeigt deutlich, dass die Klientin sehr weit ist.

Zwei sehr gerührte Menschenseelen stehen sich gegenüber, Klient und Rückführer, verwandt und überwältigt und doch ein wenig verunsichert nach einer tollen Sitzung. Wir verabschieden uns, wobei ich einen doch sehr deutlichen Trennungsschmerz empfinde. Auch am nächsten Tag sind dieser Schmerz und eine gewisse Traurigkeit zu spüren. Andererseits ist es wundervoll, diesen „Seelenpartner" gefunden zu haben.

Abtreibung, Engelmacherin

Einige körperliche Beschwerden führen zu einer weiteren Sitzung mit Veronika L.

Im Haus der körperlichen und seelischen Erkrankungen zeigen sich mehrere Hinweise auf mögliche Ursachen. Sofort geht es in das erste Thema und prompt befindet sie sich in einer Situation, die sie schon mal erlebt hat. Veronika ist wiederum mitten im Abtreibungsthema und gelangt als abgetriebenes Kind auf die Zwischenebene. Nach einem kurzen Austausch mit Engeln und ihrem Hüter schaut sie sich ein dazugehöriges Leben kurz an und meint: „Ich habe es jetzt verstanden".

Sofort befindet sie sich im nächsten Thema und wieder geht es um letztlich dasselbe, die Abtreibung. Sie ist eine Engelmacherin. Irgendwann – vor mehreren Hundert Jahren – führt sie Abtreibungen durch. Dabei kratzt sie die Frauen aus. Manchmal endet dieses Vorgehen auch für die Frauen tödlich. In einen solchen Fall schaut meine Klientin.

Nun gehen wir den Dingen genauer auf den Grund. Warum landet sie nun zum wiederholten Mal in dieser Thematik? Ich rufe den Engel des Wandels hinzu und bitte ihn uns zu zeigen, warum meine Klientin diese Thematik immer wieder durchleben muss. Ich ahne bereits, dass es etwas mit der Seelenbestimmung zu tun hat. Der Engel des Wandels gibt uns dann eine Vielzahl von aufklärenden Hinweisen:

- Veronika erlebt alle Aspekte des Themas, weil dies wichtig für ihre Seelenbestimmung ist. Dabei muss die Seele ein Thema von allen Seiten betrachten und erleben.
- Die Seelenbestimmung lautet: „den Sinn des Lebens erfahren" (hier insbesondere zur Erfahrung „geboren werden").
- Viele weitere Seelen haben dieselbe Bestimmung.
- Alle zusammen tragen die Erfahrungen in das Ganze hinein (alles setzt sich dann zusammen wie ein Puzzle).
- Das heißt, in diesem Thema werden folgende Aspekte zusammengetragen: Gebären und Geboren werden, Mutter und Vater Sein, Abtreiben und abgetrieben werden.
- Keiner dieser Aspekte wird durch die geistige Welt verurteilt. Es ist in Ordnung, da es zu den notwendigen Lernaufgaben gehört.
- Alle beteiligten Kinder und Eltern hatten sich das jeweilige Erleben ausgesucht und meist auch miteinander abgestimmt.
- Für die Klientin war das „Engelmachen" Arbeit, also ihre Bestimmung.
- Sie musste es heimlich machen, weil die Männer, insbesondere die Kirche, sie verfolgt hätten.
- Wegen dieser Tatsache hat sie ein schlechtes Gewissen.

Veronika erkennt nun, dass die Frau in dieser entsprechenden Situation an den Folgen der Abtreibung gestorben war. Jede dieser ungewollten Folgen belasten sie, obwohl sie weiß, dass sie letztlich keine Schuld daran hat.

Es geht wieder zurück zum Hüter. Hier wird nun deutlich, dass viele der körperlichen Beschwerden mit den vorher genannten Aspekten zu tun haben. Dass die Beschwerden so hartnäckig sind, wird mit folgendem Hinweis verständlich. Die Klientin hatte sich sage und schreibe siebenhundert Ausgleichsleben als Karma aufgeladen, für jedes Kind ein Leben. Der Grund war nicht das Unrecht einer Abtreibung, sondern dass sie sich von einigen wohlhabenden Menschen für die Abtreibungen bezahlen ließ. Als Unrecht wurde nicht die Abtreibung verurteilt, sondern die Bezahlung der Abtreibung.

Wieder einmal zeigt mir das Erlebte, dass unser menschliches Denken viel zu eingegrenzt ist, dass wir uns hüten müssen Menschen zu be- und verurteilen. Was hinter vielen offensichtlichen Dingen steckt, können wir nicht wissen, und wir sollten uns bezüglich des Urteilens sehr zurückhalten.

Abtreibungen, Kleine Engel, Kindstod

Veronika L. hat Rückführungserfahrungen. Sie klagt schon lange über Rückenprobleme. Vieles haben wir gelöst, doch am Rücken taucht immer wieder etwas Neues auf. Heute will sie weiterkommen, denn sie hatte in vergangenen Sitzungen den Hinweis, sie sei noch nicht reif dafür, alles zu lösen – vielleicht ist sie es ja jetzt.

Der Einstieg gelingt wie immer bei ihr sehr gut und schnell. Beginnend am Tor wird sie förmlich wie von einem Magneten angezogen, in einen Schlauch hinein, der mich an den oft beschriebenen Tunnel erinnert.

Veronika geht mit zwei begleitenden Engeln auf die Zwischenebene und sieht sich dort als kleinen Engel mit vielen, vielen anderen kleinen und großen Engeln. Eigentlich traut sie sich zuerst nicht, das so auszusprechen, doch leicht zögernd erzählt sie es dann doch. Die großen Engel sind schon „richtige" Engel, die kleinen irgendwie auf dem Weg dorthin.

Veronika hatte in einer früheren Sitzung ihre eigene Abtreibung erlebt, was sich sehr schmerzhaft und verletzend auswirkte. Nun erkennt sie, dass es genau dieselbe Situation ist. Aus diesem und vielen anderen Leben (25) war sie früh als Fötus, Embryo oder Kleinkind „ausgestiegen". Ausgestiegen war sie immer in vollem Bewusstsein – das heißt, sie hatte es genau so bestimmt – völlig freiwillig. Die Entscheidung dazu hatten auch die jeweiligen Eltern mit getroffen.

Nachdem sie hier nun eine verwandte Seele entdeckt, bitte ich meine Klientin und ihre Engel nach einem verstorbenen Jugendlichen zu fragen, dessen Mutter mich vor einigen Tagen angerufen hatte. Sie ist auch drei Jahre nach dem schrecklichen Unfalltod des Jungen nicht über den schweren Verlust hinweg. Veronika weiß vom Inhalt dieses Telefonates nichts, doch spüre ich, dass es in Ordnung ist, diesen Kontakt zu suchen. Der Junge kommt nun auf der Zwischen-ebene als Gesprächspartner unmittelbar nach meiner Bitte zu meiner Klientin, dem kleinen Engel. Zusammengefasst gibt er folgende Hinweise und Antworten auf meine Fragen: Der Junge war „nur Engel auf Erden" und dies nicht zum ersten Mal. Er hatte genau diese Aufgabe schon öfters erledigt. Dieses kurze Leben hatte er selbstverständlich mit seinen späteren Eltern genau so vereinbart. Es war ihm genauestens bewusst, was seine Aufgaben waren und wie die gemeinsamen Vereinbarungen lauteten.

Seinem Vater war dies auch bewusst, wenn er es auch nicht gänzlich begreifen konnte. Er ließ sich weitestgehend von seinem Unterbewusstsein helfen, alles annehmen zu können.

Tief im Inneren wusste seine Mutter dies ebenfalls. Ihr waren die Besonderheiten ihres Sohnes schon aufgefallen, doch verdrängte sie das Bewusst-

te und das Unbewusste. Ihr Sohn war von Geburt an ein besonderes Kind gewesen. Alle luden ihre Sorgen bei ihm ab, alles konnte er sich anhören. Seine Freunde und Schulkameraden brachten ihre Sorgen und Probleme zu ihm und er hörte einfach nur zu. Auch in der Familie war es so, es gab nie ein ungutes Wort von ihm, nie eine negative Energie. Der Ausspruch eines engen Familienmitglieds: „Er ist ein Engel auf Erden" trug viel, vielleicht auch alle Wahrheit in sich.

Er hatte bereits einige Male den Impuls gegeben, dass seine Mutter mich anrufen sollte, doch hatte es halt bis jetzt gedauert. Auch viele andere Impulse hatte er gegeben: In Gesprächen mit Menschen, in der Bepflanzung des Grabes, im Gefühl der Gegenwart seiner Energien... Wenn es besonders schwer fiel, mit dem Leid fertig zu werden oder etwas Außergewöhnliches geschah, fand seine Mutter manchmal eine Feder auf dem Schoß, im Auto, auf dem Tisch...

So wie ich es selbst in einer Rückführung erlebt hatte, teilte der Junge mit, dass Sterben und Verlust zu den Erfahrungen unseres Seins gehörten. Unsere Seele muss nicht nur lernen, sie will lernen. Deshalb hatte er sich angeboten, die Lernaufgaben der Eltern zu unterstützen. Nein, mit Schuld oder Sühne hatte dies alles überhaupt nichts zu tun, auch nicht mit Karma oder anderen Dingen. „Meine Mutter ist auf einem guten Weg, sie wird es schaffen (die anderen auch)".

Es hat zwischen Sohn und Mutter immer gedanklichen Kontakt gegeben, es ist sogar noch mehr möglich. Immer wenn seine Hilfe und Unterstützung notwendig ist, wird er da sein (doch muss er gerufen oder gebeten werden). Auch die Begegnung in einer Meditation kann eine gute Lösung sein. Doch ist es nun an der Zeit die Bindungen, die Energien, die die Beteiligten hemmen und fesseln, freizulassen (denn er wäre gerne frei). Er wird dennoch bei ihnen sein.

Seine „Hinterbliebenen" sollen sich an allem Schönen, was die Welt ihnen zeigt, erfreuen. Um ihn freizulassen soll die Mutter dieses Freilassen bewusst aussprechen. Dann soll sie sich den Himmel anschauen und wahrnehmen, dass er als Stern leuchtet. (Ich habe mir daraufhin die Homepage der Familie angeschaut und war doch sehr gerührt. Es zeigt sich ein wunderschöner Sternenhimmel!). „Ich leuchte ihnen." Auch der Kontakt über ihre Herzen und die Liebe ist gut.

Die Sitzung mit Veronika geht noch weiter. Es wird in mehrere der Leben hineingeschaut, wo sie als Fötus die Abtreibung erlebt hat und auch in Leben, in denen sie unter der Geburt stirbt, wie auch in solche, in denen sie im Kindesalter stirbt. Immer hat sie die Entscheidung bewusst getroffen. Auch werden diese Entscheidungen mit den weiteren Beteiligten getroffen. Sie selbst sollte lernen, vor allem aber die Eltern und weitere Beteiligte.

Veronika hat sich manchmal, sozusagen als „Engel auf Erden", nur zur Verfügung gestellt. Etliche Male kam es vor, dass sie sich trotz Vereinbarung und bewusster Lebensaufgabe die Frage stellte: „Warum?" „Warum ich?" „Warum jetzt?" „Warum so?" „Warum macht meine Mutter das?"

Die Auseinandersetzung mit diesem „Warum" hat eine eigenständige „Energieform" angenommen, die sich regelrecht verselbstständigt hat. Das Wort kreist um sie herum und verursacht eine Vielzahl an Beschwerden, wie Schwindel und starke Rückenbeschwerden. Diese Rückenbeschwerden haben jetzt nur noch diese „Warumenergie". Mehrfach hinterfrage ich nun, ob dieses Thema die klare und einzige Ursache für diese Beschwerden ist und bekomme eine mehr als deutliche Rückmeldung. Es wird gezeigt, dass alle diese Erfahrungen eine Narbe hinterlassen haben. Viele Erfahrungen haben diese Narbe dann verstärkt und tief werden lassen. Die Vernarbung schreit regelrecht danach gelöst zu werden.

Dazu gehen wir nun in Begleitung der geistigen Helfer in den Tempel der Heilung. Am Eingang fällt mir ein, dass es wichtig sein könnte zu klären, wer die Mütter in diesen betreffenden Leben waren. Es dauert etwas, doch dann kommt eine Information nach der anderen. Viele Bekannte und jetzige Familienangehörige tauchen als ehemalige Mütter auf. Einiges ist sehr tief und emotional im „Erfahren", einiges kommt als reine Information. Besonders emotional ist die Tatsache, dass auch die jetzt schwangere Tochter dabei ist. Hier frage ich dann, ob diese Situation zu Blockaden für die Tochter geführt hat und ob die Auflösung von Seiten der Mutter auch bei der Tochter und dem Enkel positive Auswirkung haben wird. Beides wird ganz klar und deutlich bejaht.

So gehen wir nun in den Tempel und lassen dort von den geistigen Helfern die Vernarbungen lösen. Eine aufregende Arbeit beginnt und zeigt deutliche Wirkung. Die Vernarbungen werden spürbar gelöst und mit heilender Energie versorgt.

Schwangerschaft, Angst vor dem Kind, Ablehnung

„Mein dritter Seelenteil": Es ist eine so tiefe und innige Begegnung wie bei den an anderer Stelle beschriebenen Seelenteilen. Es ist ähnlich, nein, es ist gleich, ich sehe in ihr mich selbst. Tabea K. ist ein Spiegelbild meiner Selbst. Nach außen gibt sie sich stark, ja teilweise hart, innen ist sie zerbrechlich. Sie spielt gerne mit Feuer, sie liebt das Kleine, das Gemütliche, die Ordnung. Tabea ist mir so vertraut, obwohl ich sie vorher nie gesehen habe. Es ist dieselbe Sehnsucht wie bei den anderen beiden.

Die Sitzung ist schnell beschrieben. Tabea geht über das Haus der Sinnsuche in die Schwangerschaft und die Geburtsphase. Wie ich es selbst erlebt habe, erlebt auch sie eine schwierige Schwangerschaft und Geburt. Die Mutter steht unter vielfachen Belastungen der Familie und des Umfeldes, so dass sie massive Angst hat, ein Kind zu bekommen. Sie lehnt ihr Ungeborenes ab, so dass dieses sich klein macht. Tabea spürt, dass es noch einen Zwilling gibt, von dem sie im heutigen Leben nichts weiß. Dieser Zwilling verlässt sie jedoch im Bauch der Mutter, weil sie es nicht beide schaffen können. Sie fühlt sich jetzt von allen verlassen und verraten. Dieses Gefühl sowie die Einsamkeit und die Traurigkeit der Mutter graben sich tief in ihrem Herzen und in ihrem Hals ein. Herzschmerzen, Atemnot und Druck im Brustkorb sind intensiv wahrzunehmen und ihr im Hier und Heute nur zu gut bekannt.

Ich führe Tabea nun in eine weitere Türe, die sie direkt auf eine schöne Wiese an einem Abhang führt. Zu ihr gesellen sich nun ihr Bruder, der im heutigen Leben tatsächlich ihr jüngerer Bruder wurde, und nach einigen Minuten auch ihr Schutzengel. Diesen hatte sie durch die Erfahrungen in der Schwangerschaft bewusst in den Hintergrund geschoben. Sie hatte das Vertrauen in ihn verloren. Nun kann Tabea ihn wieder zulassen. Seine Nähe, die Nähe zu ihren Eltern und zum Bruder helfen ihr, die Dinge zu verstehen und zu akzeptieren. Der Engel hilft ihr die Blockaden zu entfernen. Die violette Flamme löst vieles Weitere.

Tabea beschreibt nach zwei Tagen, wie spürbar diese Blockaden ihren Hals und ihr Herz auch in den nächsten 24 Stunden verlassen haben.

Ich darf ihr anschließend die Christusenergie weitergeben und bin verblüfft über die Art unserer Verständigung. Ich schaue sie an und will fragen, ob ich ihr die Christusenergie geben soll. Doch bevor ich meinen Mund öffnen kann, fragt sie: „Und jetzt die Christusenergie?" Danach legt sie mir ihre Hände auf den Kopf. Dabei durchströmt mich ihre Hals-Herz Blockade so intensiv, dass mir für einen Moment die Luft wegbleibt, ein sehr unangenehmes Gefühl. Doch direkt danach folgt die Auflösung, es wird frei und fließend.

Rückführung mit Besetzung

Besetzung mit vielen körperlichen Beschwerden

Die Sitzung mit Sebastian H. wird spannend und ist zu diesem Zeitpunkt für mich eine völlig neue Erfahrung. Er wird begleitet, er hat eine Fremdenergie im Gepäck. Das ist mir sofort klar.

Trotz Husten (Fremdenergie), der auch mich zwischenzeitlich angreift, kommt er schnell in die Entspannung. Er durchschreitet die komplette Einleitung zügig und landet in einer zuerst als angenehm wahrgenommenen Situation. Sebastian spürt ein angenehmes, entspanntes Körpergefühl und merkt, dass Arme und Beine herunterhängen. Langsam stellt sich heraus, dass er in einem früheren Leben am Galgen hängt. Er ist zum Tode verurteilt und durchlebt die Phase des Sterbens sehr intensiv. Viele körperliche, vor allem jedoch sehr emotionale Wahrnehmungen sind sehr deutlich. Dann wechselt er direkt in eine Situation aus seiner Jugendzeit. Er verliert seinen Vater und leidet entsetzlich. Dabei erlebt er die gleichen Gefühle wie vorher am Galgen. Etliches ist absolut deckungsgleich. Es ist deutlich wahrnehmbar, wie sehr er beide Situationen durchleidet. Und da ist sie, die Fremdenergie. Ich spüre sie. Sie ist mehr als präsent. Sein Vater konnte ihn in seiner Trauer nicht alleine lassen. Ich fordere die beiden zu einem Dialog auf, bei dem ich unterstützend mitwirke. Sebastian erhält viele Informationen zum heutigen Leben, zu seinen Aufträgen und weiteren Dingen. Nach langem Austausch können sich die beiden trennen. Der Gang des Vaters in die Lichtsäule ist sehr, sehr emotional. Die Energie verabschiedet sich. Doch wer gedacht hatte, der Dialog würde enden, sieht sich nun getäuscht. Die beiden unterhalten sich nun weiter. Der Weg in die violette Flamme und das Nachgespräch schließen die Sitzung ab.

Ein mehr als beeindruckter und zufriedener Klient verlässt strahlend mein Haus. Es war zwar sehr heftig, doch die Trennung und das „Entlassen" der Fremdenergie in die Lichtsäule waren für ihn ein heilsamer, wenn auch nur der erste Schritt.

Besetzung und Mutterthema

Philip W. ist mein bisher ältester Klient. Er ist sehr bewusst, hat trotz seines Alters schon viele energetische Dinge gemacht beziehungsweise probiert. Heilerische Fähigkeiten hat er ebenso wie eine ausgeprägte Weisheit. Doch wie so viele Bewusste gibt es Dinge, an die er sich nicht erinnern, die sich nicht zeigen oder an die er nicht ohne andere herankommt. Er hat schon andere Energiearbeiter/Therapeuten aufgesucht, sie haben sich die Zähne an ihm ausgebissen.
So ist mir schon vorher klar: „Dass wird nicht einfach". Dennoch kommt Philip sehr gut in die Entspannung und trotz seiner fehlenden Visualisierungsfähigkeit (kenne ich ja nur zu gut) gelingt nach einigen Umwegen auch der Einstieg.

Über Kriegserfahrungen, Bewegungsunfähigkeit, Traurigkeit und einigem mehr wird offensichtlich, dass eine sehr starke Bindung an die Mutter bestand, die nun seit über zehn Jahren tot ist. Alle empfundenen Beschwerden verändern sich, als diese Erkenntnis da ist. Als ich frage, ob die Mutter als Besetzung bei ihm ist, kommt eine sehr, sehr deutliche Reaktion. Zum eindeutigen Ja wird er – wie bereits mehrfach in der Sitzung – von sehr traurigen Gefühlen überwältigt. Ich helfe Philip, seine Mutter ins Licht zu führen, was ebenso emotional ist, wie einige Erfahrungen vorher.

Der Klient ist nach der Sitzung hellauf begeistert. Er hatte keinesfalls mit einem solchen Ergebnis gerechnet.

Besetzung und Lebensaufgabe

Marlene D. ist selbst Reiki-Meisterin und hatte bereits Tage zuvor Hinweise darauf, was in der heutigen Sitzung passieren wird. Ich denke vorher, dass sie zu jenen gehört, die sicher weit umherschweifen können und dürfen. Doch ich habe auch das Gefühl, dass wir nach Besetzungen schauen werden.

Marlene benennt die Themen Mangel und Fülle, aber auch Familienthemen, die mir aus meinem Leben recht bekannt vorkommen. Sie schaut sich etliche Szenen ihrer Kindheit an, in denen es einige Situationen gibt, die angstauslösend, mangelerzeugend und ursächlich für einige körperliche Beschwerden sind. Alle diese Beschwerden sind sehr intensiv und machen sich bei Marlene deutlich bemerkbar. Doch dann geschieht etwas Ungewöhnliches: Sie spürt im Kreißsaal auf dem Arm des Vaters die Energien ihrer verstorbenen Stiefmutter. Diese Energien sind so präsent, dass ich sie deutlich empfinden kann. So nehme ich direkten Kontakt auf, kommuniziere mit ihr über die Klientin und erfahre einiges an Hintergründen. Nach einem etwas längeren Austausch ist die Lösung der Fremdenergie möglich.

Den Gang der Schwiegermutter in die Lichtsäule spürt Marlene sehr intensiv und ist sichtbar erleichtert. Sie schaut nochmals in eine Situation in der Kindheit und lässt sich zu ihrem Engel führen. Dieser erklärt viele jetzige Lebensumstände und Lebenserfahrungen. Das Ganze fühlt sich für mich sehr heilsam an und scheint der Klientin richtig gut zu tun. Einige ihrer heutigen Lieben tauchen als Helfer auf und geben sich als Verabredungen im heutigen Leben zu erkennen.

Sie ist froh und dankbar für das Erlebte. Und ich bin zufrieden, denn es war für mich sehr beeindruckend, wie viele Helfer anwesend waren.

Bewusstsein, Weisheit

Bewusstsein und Erkenntnis sind sehr dehnbare Begriffe, die an vielen Stellen des Buches aufgegriffen werden. Besonders in Kapitel III habe ich einiges dazu erläutert. Letztlich dienen alle im Buch abgebildeten Dinge der Bewusstseinsbildung. Wann wir als Körper, Geist und Seele bereit sind, diese Wege zu gehen, liegt in der Entscheidung des Menschen selbst. Mit einer Rückführung den ersten Schritt in diese Richtung zu gehen, ist nach Aussagen von zahlreichen Klienten die wichtigste Entscheidung in ihrem Leben gewesen.

Heilen und Helfen, Urlicht

Bei Felicitas M. spüre ich einen hohen Grad an Spiritualität. Innerhalb des Vorgesprächs teilt sie mir ihre eigenen Aktivitäten, aber auch die Gründe für ihr Kommen mit. Sie sucht nach ihrem „Einsatzgebiet" und nach Bestätigung für das, was sie schon weiß.

Sie gelangt rasch in die Schwangerschaft und danach in die Zwischenebene. Dort gibt es viele Informationen zu ihrem Sein, bis ihr Engel ihr ein Leben zeigt, das etwas mit ihrer Bestimmung zu tun hat. Felicitas hatte vorher die Frage, ob sie ähnlich wie ein Familienmitglied vielleicht mit Naturheilmitteln (Kräuter…) heilen soll und erkennt sich nun in einer süddeutschen Stadt als Karl, von Beruf Apotheker. Dieser hat in der Apotheke des neunzehnten Jahrhunderts eigentlich die alleinige Entscheidungsfreiheit, was an Mitteln für den Kranken gut und sinnvoll ist. Er mischt Heilmittel, Tees und Medikamente selbst. Vieles entscheidet er einfach nach Gefühl. Natürlich hat er ein großes Wissen, aber auch intuitives Handeln ist gefordert. Viele Erfahrungen kann Karl sammeln, wie zum Beispiel ein beeindruckendes harmonisches Zusammenleben mit Familienmitgliedern und selbstloses Helfen von anderen und von Freunden.

Nach der Sterbephase von Karl darf meine Klientin wieder in die Zwischenebene und erhält weitere Informationen zu ihren Lebensaufgaben. Nun habe ich die Eingabe, dass sie zum Urlicht sollte. Zwischenzeitlich wird sie bereits in Richtung Geburt gezogen, was ich jedoch sofort unterbinde.

Der Weg zum Urlicht ist aufregend, ein starker Sog zieht sie hinein ins Licht. Zuerst erkennt sie nur tiefen, dichten Nebel. Als sich dieser langsam lichtet, sieht sie sich mit ihrem Engel auf einer Bank sitzend umherschweben. Sie spürt einen tiefen Frieden. Sie weiß, dass es der Ursprung ist, dass sie hier losgezogen ist und dass sie sich ein Paket mit Aufgaben mitgenom-

men hat. Sie kann nun erkennen, dass es beim Antritt ihrer Reise eine Art Bestimmung und viele, viele Aufgaben für ihre Seele gab und dass sie sich diese ganz alleine gewählt hat.
Ich lasse Felicitas Ruhe, Raum und Zeit, alle Eindrücke des göttlichen Ursprungs zu empfinden und zu genießen. Nochmals geht sie zurück in die Zwischenebene und dann noch kurz in die violette Flamme.

Eine weitere glückliche Klientin, die ihre Wurzeln erkennen durfte! Diese zu ergründen ist sicher eine weitere Reise wert.

Heilen als Bestimmung und Lebensaufgabe

Nicole B. ist eine sehr weit entwickelte Seele. Sie hatte bereits ein Heilchannelerlebnis mit Mord und Totschlag, so dass sie schon mit allem rechnet. Doch es geht relativ ruhig vonstatten. Wie in einer anderen Sitzung in dieser Woche laufen drei Inkarnationen gleichzeitig nebeneinander ab. Sie haben alle das gleiche Thema, nämlich Vertrauen sowie Durchsetzen gegen körperliche Gewalt und Züchtigung.

Als Eva erhält sie im 20. Jahrhundert Prügel von ihrem Vater, der dazu von der Mutter angestiftet wurde. Sie flüchtet als junges Mädchen. Als junge Frau hat sie eine schwere Auseinandersetzung mit einigen übermächtigen Männern, die für sie tödlich endet.
  Danach erkennt sie sich als Heilerin Anne im Westen Amerikas. Viele Menschen suchen sie auf, weil sie sehr starke Heilkräfte besitzt. Anne benötigt nur ihre Hände. Die Intensität dieser Kraft ist für mich spürbar. Sie weiß gar nicht, wohin mit ihren Händen und ihrer Energie. Sie schildert einige Heilungen und Hilfestellungen, die sie in ihrer Ortschaft, aber auch auf ihrer Reise durch das Land durchführt. Anne hilft mit der Kraft ihrer Hände einer Frau, die bereits in den Wehen liegt, und ihrem ungeborenen Kind.
  Nach dem Einblick in dieses erfüllte Leben darf Nicole noch den Weg zur Zwischenebene und zum Urlicht gehen sowie in die violette Flamme. Sie darf sich mit ihrem Engel über die gesehenen Leben und die jeweiligen Lebensaufgaben austauschen. Nicole erhält auch Hinweise auf die Lebensaufgaben im heutigen Leben und die Menschen, mit denen sie lebt. Sie bekommt auch einige Informationen, mit wem sie unterwegs war und wer zu ihrer Seelenfamilie gehört.

Eine sehr ergiebige Sitzung mit deutlichen Hinweisen, was es im heutigen Leben zu tun gibt.

Körperliche Beschwerden und Heilen

Ich weiß, oft habe ich schon gesagt: „Das war etwas ganz Besonderes".
Diana T. hatte mich vor Monaten aufgesucht, sie war absolut verzweifelt, weil sie schwere Probleme mit ihrem Bewegungsapparat hat. Vielfältige Behandlungsmöglichkeiten hatte sie schon ausprobiert und „hinter sich", doch geholfen hatte nichts, zumindest nicht nachhaltig. Sie hatte durch irgendjemanden von mir gehört, von jemand anderem mein Buch in die Hand bekommen und nun stand sie niedergeschlagen vor mir: „Ich finde keine Lösung mehr, so kann es nicht weitergehen". In diesem Moment weiß ich noch nicht, warum sie mir vertraut ist – ein früherer Besuch ist mir nicht mehr präsent.

Wir klären kurz mögliche Themen und Inhalte für die Sitzung und steigen ein. Heute habe ich noch überlegt, dass ich bisher alle gut durchs „Tor geführt habe". Aber nun hängen wir fest. Ich habe dabei keine Bedenken, denn alles wird gut, da bin ich mir sicher. Also nehme ich alle Mittel, die mir einfallen, zu Hilfe und traue meinen Ohren und meinem Gefühl nicht. Was passiert nun?

Diana sagt: „Es ist etwas da, Licht, viel Licht", und sie ist beeindruckt. Ich spüre, dass hier etwas sehr Starkes geschieht. Meine Klientin erklärt mir auf meine Bitte nach genauer Beschreibung, dass ein lila Licht von oben und weißes Licht von vorne kommt. Diana spürt, dass sie nicht als Mensch diese Lichterscheinung hat, denn sie hat keinen festen Körper. Ich halte sie an, sich tiefer hineinzuspüren und beginne mit konkreten Fragen.

Diana traut sich zuerst nicht mitzuteilen, wen und was sie vor Augen hat (sie hat Angst!), doch mit der Zeit kommen folgende Informationen: Sie selbst trägt eine ihr unbekannte Energie in sich. Sie erhält diese, um sie weiterzugeben, und das schon sehr lange. Das Licht hüllt Diana vollständig ein und sagt sehr deutlich: „Hab' keine Angst!" Nun wird klar, dass sie bereits häufig mit diesem weißen Licht gearbeitet hat. Ihre Hände sind heiß, ihr Herz strahlt mit diesem Licht. Sie erhält viele, viele Informationen und sagt: „Ich muss nichts weiter sehen, denn ich weiß alles". Und das spüre ich, Diana „weiß alles".

Noch weitere Informationen folgen. Zum Beispiel die Unterstützung von bestimmten geistigen Helfern und Engeln. Saint Germain spricht mit ihr und empfiehlt ihr die violette Flamme als Hilfe und Arbeitsmittel.

Christus transformiert in ihr die Angst, eine ebenfalls bewegende und deutlich spürbare energetische Arbeit. Es kribbelt überall am Körper, die Angst wird gelöscht.

Dann frage ich den Hauptansprechpartner in diesem bewegenden Dialog, ob ich Diana die Christusenergie weitergeben soll.

Eine völlig überraschte Klientin kommt aus der violetten Flamme, sitzt vor mir und ist sicher noch mehr gerührt als ich. Ich gebe zu, es hat auch mich ein paar Tränen gekostet. Ich darf Diana nach der Sitzung die Christusenergie weitergeben und weiß, es wird eine weitere Lichtarbeiterkarriere, sie ist „richtig gut"! Sehr dankbar bin ich, dies erlebt zu haben. Es ist für uns beide ein Geschenk, eine Gnade.

Schmerzen, Missbrauch, Besetzungen, Römerzeit, Heilen

Olivia S. hat bereits einige Erfahrungen gemacht, die ihr Einblicke in die Vergangenheit ermöglicht haben. So denke ich vorher, dass es eine normale Sitzung wird – und ich habe mich mal wieder getäuscht. Da es eine sehr lange und ergiebige Sitzung ist, fasse ich die Dinge etwas zusammen.

Die Klientin erlebt sich als Marie in einem vorderasiatischen Land zur Römerzeit. Als junge Frau in einem ärmlichen Umhang und mit verfilzten Haaren ist sie unterwegs auf einem staubigen Weg nach Hause. Eine Gruppe von römischen Soldaten auf Pferden versperrt ihr den Weg. Zuerst verlachen sie die Männer, anschließend wird sie mit einem heftigen Schlag niedergestreckt. Sie erlebt wie diese Soldaten über sie herfallen und sie missbrauchen.
    Die Klientin erlebt die seelischen und körperlichen Beschwerden und weiß sofort, dass diese Beschwerden sie auch im heutigen Leben beeinflussen, ja oft quälen. Die körperlichen Beschwerden durch die Tritte, Schläge und den Missbrauch spürt Olivia heute beispielsweise am Bewegungsapparat und im Unterleib. Die seelischen Grausamkeiten machen sich heute im Gefühl der Minderwertigkeit, im fehlenden Selbstvertrauen und in Unterwürfigkeit bemerkbar. Nachdem die Soldaten von Marie abgelassen haben, erkennt sie, wie ein weiterer Soldat sie von der Straße aufhebt und sich rührend um sie kümmert. Er bringt sie zu einem Bader, der Marie medizinisch versorgt und betreut. Hier spürt sie, dass dieser Beruf, das Heilen sie interessiert. Sie erkennt, dass Marie mit dem Soldaten später eine Familie gründet, dass sie vier Kinder hat und im Prinzip glücklich ist. Dennoch wird deutlich, dass Marie Familie und Kinder nicht als ganze Erfüllung sehen kann, sie will anderen Menschen helfen.
    Die nächste Situation zeigt ihre Bestimmung, Marie ist eine Heilerin und Hebamme. Sie hilft vielen Frauen ihre Kinder zu gebären, berät Menschen bezüglich ihrer Krankheiten und Probleme und heilt mit ihren Händen.

Meine Klientin spürt die Energien intensiv in ihren Händen und weiß nun, dass sie diese Energien schon länger bewusst wahrgenommen hat. Marie stirbt nach einem langen und erfüllten Leben im Beisein ihrer Kinder. Ihr Mann ist ihr schon vorausgegangen. Einige Glaubenssätze beziehen sich auf den Missbrauch und die Unterwürfigkeit, die Bindungen zur Familie und das Heilen und Helfen. Sie werden später vom Hüter aufgelöst.

Nun wird sie von einem persönlichen Begleiter, einem aufgestiegenen Meister, in die Zwischenebene gebracht. Ein längerer Austausch mit ihrem Begleiter, ihrem Engel und einem verstorbenen Verwandten bringen ihr viele, viele Hinweise und Erkenntnisse. Deutlich wird dabei auch, dass sie zwei Besetzungen hat, die sie doch sehr hemmen und beeinflussen.

Eine intensive Überzeugungsarbeit folgt nun, bis die beiden Besetzungen bereit sind, die Klientin zu verlassen. Ein Grund dafür ist, dass eine der beiden Besetzungen Angst vor der Hölle hatte. Nachdem der Begleiter sowie die Engel ihr deutlich gemacht haben, dass es keine Hölle gibt, bricht sie in Tränen aus. Der Prozess der Befreiung wird als sehr erlösend erlebt und berührt Olivia sehr. Nun geht es noch zum Hüter, der außer den Glaubenssätzen auch noch Verträge und weitere Dinge auflöst.

Nach dem Besuch der violetten Flamme ist eine in ihren Details verblüffend genaue und umfangreiche sowie sehr emotionale Sitzung nach etwa fünf Stunden vorbei. Eine sehr verwunderte und dankbare Klientin verlässt mich.

Die Erfahrung des Werdens und Vergehens

Mila P. sucht mich auf, da sie für etliche Probleme Lösungen haben möchte. Außerdem möchte sie unbedingt Hinweise auf ihre Bestimmung. Einige mehr oder wenige traumatische Erfahrungen mit Rückführungen (bei anderen Therapeuten) hatte sie bereits, jedoch alle ohne verwertbare Erkenntnisse. Sie ist sich auch nicht sicher, ob sie in der Vergangenheit Antworten auf ihre Fragen finden wird. Etwas Angst hat sie, dass die Rückführung ergebnislos endet.

Der Einstieg gelingt trotz ihrer Bedenken problemlos. Ihre Annahme, dass es keine schönen Erlebnisse in ihrer Kindheit gab, bestätigt sich nicht. Ihr werden zwei Situationen gezeigt, die etliche schöne Erlebnisse preisgeben und vor allem Liebe und Geborgenheit ausstrahlen.

Meine Annahme bestätigt sich, dass Mila zu den Klienten gehört, die nicht den üblichen Ablauf beschreiten. Mila landet in vier verschiedenen Situationen früherer Existenzen. In allen Situationen werden ihr elementare Erkenntnisse offenbart. Sie erlebt einen Sonnenuntergang und spürt dabei den Untergang, den Tod. Zurück in der Phase des Sonnentiefstandes erkennt sie, dass die Sonne eine weitaus größere Bedeutung für sie und das Leben überhaupt hat. Sie genießt das Glück die Sonne und ihre Energie wahrnehmen zu dürfen.

Dann erlebt sie einen Blumen- und Kräutergarten. Auch hier erkennt sie Dunkelheit als Untergang, diesmal der Untergang der Blumen. Auch dies empfindet sie als belastend. Erst das Erleben des Blumengartens in der Sonne wandelt das Empfinden in Glück, Freude, Einheit und die tiefe Verbundenheit aller Blumen mit der Energie der Erde.

Als nächstes erlebt Mila sich als ertrinkender Schwimmer inmitten eines Ozeans. Auch dies wird als düster erlebt. Doch dann erlebt sie den Tod als Übergang in eine neue Chance. Außerdem wird die Energie des Ozeans als wundervolle, energievolle Erfahrung wahrgenommen, die ihr die Unendlichkeit des Seins zeigt.

Anschließend darf Mila den Weg in die Zwischenebene und ins Urlicht gehen. Sie erfährt ihren Ursprung und einige ihrer Lebensaufgaben in den früheren Existenzen und im Heute.

Die Kraft aus der Erde, des Waldes

Das Bewusstsein von Adrian S. ist offensichtlich sehr weit entwickelt. Er gehört zu jenen, die direkt in tiefgehende Themen einsteigen können. Meine Abfrage vor der Sitzung zeigt jedoch, dass es heute in Kindheit und Schwangerschaft gehen soll.

Nach einer relativ kurzen Schwereübung und kurzer Meditation geht es recht schnell in die Kindheit und Jugendzeit des Klienten. Adrian erkennt, dass er immer wieder seine Kraft und Energie aus der Kraft des Waldes, der Bäume, der Erde und der Sonne ziehen kann. Diese Energiegewinnung ist wichtig für ihn, denn er hat immer wieder mit Energieverlust zu kämpfen. Er durchlebt nun mehrere Situationen in der Schule, die ihm den Energieverlust mit schweren emotionalen Belastungen sehr deutlich vor Augen führen. Mehrere Auseinandersetzungen mit Lehrern, aber auch die nicht immer gute Schwingung der Klassengemeinschaft beschäftigen und belasten ihn sehr. Es handelt sich dabei um körperliche und seelische Belastungen, die identische Parallelen im Heute haben. Insbesondere Mitglieder der Familie und Kollegen verursachen die gleichen Leiden wie die Lehrer vorher.

Nach dem Durchleben dieser Situationen sieht Adrian sich unterwegs im Licht mit vielen ihm nicht wirklich bekannten Wesen. Ich spüre schnell, dass er nur in der Zwischenebene sein kann, was sich später bestätigt. Er schließt Bekanntschaft mit einem ständigen Begleiter (aus meiner Sicht sein Engel), er nennt ihn seinen Freund. Dieser beantwortet Adrian dann einige persönliche Fragen. Insbesondere die Information, dass die Auseinandersetzungen mit Lehrern und den heutigen Bekannten Aufgaben sind, die er sich mitgebracht hat, überrascht ihn. In diesen Erfahrungen soll er lernen mit Unterdrückung umzugehen und sie zu besiegen.

Der Klient ist sichtlich beeindruckt und weiß, dass er weiter suchen will.

Fehlendes Selbstvertrauen und Selbstsicherheit, Minderwertigkeitsgefühle

Es sind doch viele Menschen, die mit dieser Thematik zum Rückführer gehen. Die Ursachen für das fehlende Selbstvertrauen sind sehr unterschiedlich und vielfältig. Sie liegen oft in der Kindheit, der Geburtsphase, der Schwangerschaft begründet, aber auch oft in früheren Leben. Die Auswirkungen eines scheinbar unbedeutenden Geschehens auf unser Selbstbewusstsein können nachhaltig und traumatisierend sein. Nachfolgend gibt es dazu einige Beispiele.

Selbstvertrauen und Selbstsicherheit

Auch Xenia R. denkt zunächst, sie sei nur neugierig.

So steigt sie in ein schönes Erlebnis in ihrer Jugend ein und beschreibt sehr ausgiebig, wie wundervoll sie sich mit einer Freundin befassen und mit ihr spielen kann. Spiele im Hause und Spiele in der Natur werden mit allen begleitenden Emotionen beschrieben. Xenia ist einfach nur glücklich und genießt es, eine so unbeschwerte Zeit erleben zu dürfen. Doch schnell arten Freude und Frohsinn mit dieser Freundin in Stress, Ärger und Streitigkeiten aus. Es sind eigentlich typische Auseinandersetzungen unter Kindern oder Jugendlichen, doch die Parallelen zum heutigen Leben sind für meine junge Klientin verblüffend.

Ihre Unsicherheiten, ihre Minderwertigkeitsprobleme, ihr fehlendes Vertrauen werden in genau diesen Auseinandersetzungen mit der Freundin ebenso erlebt. Auch Probleme innerhalb der Familie und einige weitere Erfahrungen zeigen alle die gleichen Themen und Blockaden, die Xenia auch heute beschäftigen und beeinträchtigen.

Alles geht in die Auflösung. Meine Klientin ist überrascht über die deutlichen emotionalen Reaktionen, insbesondere über das erlebte Glück mit der Freundin.

Minderwertigkeitsgefühle und Unterdrückung

Meike H. hat lange gebraucht, um zu erkennen, dass ihr Weg im spirituellen Bereich liegt. Sie hat dennoch oder gerade deshalb Angst etwas zu finden, was sie nicht ertragen könnte. Auch hat sie Sorge, dass sie mir etwas erzählen würde oder müsste, was sie nicht möchte und was sie anschließend belasten würde.

Doch nach monatelangem Kampf mit sich selbst ist sie nun da. Einerseits erleichtert, den Kampf der Entscheidung gewonnen zu haben, andererseits gespannt, was auf sie zukommt.

Es wird die bis dato längste Sitzung mit so vielen Wendungen und Überraschungen, dass ich zwischenzeitlich überlege, ob ich nicht doch abbrechen beziehungsweise abkürzen soll. Doch die Führung – wenn man sie denn zulässt – zeigt einem manchmal überraschende Wege. Außerdem ist es immer noch meine Philosophie, dass es so kommt, wie es sein soll, und deshalb möchte ich eigentlich Sitzungen nicht einfach kürzen.

Zusammengefasst geht es Meike darum, den Grund ihrer Ängste, ihrer Minderwertigkeitsgefühle, der Beziehungsprobleme und einiger weiterer Themen herauszufinden.

Da meine Klientin durch Reiki und ihre persönliche Entwicklung schon recht weit fortgeschritten ist, geht es direkt in frühere Leben. Und dies macht Meike in der Sitzung, indem sie in drei verschiedene Leben abwechselnd hineinschaut. Für mich ist dies anfangs sehr ungewöhnlich, denn das habe ich so noch nicht erlebt.

Meike erlebt sich als junge Frau, die von einer Meute auf besonders grausame Art und Weise gelyncht wird. Sie wird stranguliert, körperlich misshandelt und anschließend verbrannt. Alles scheint sich in der Zeit der Hexenverbrennungen abzuspielen. Die körperlichen Reaktionen sind dabei sehr, sehr intensiv. Ich erlebe das Verbrennen und die körperliche Anspannung teilweise mit. Klar ist in dieser Situation, dass die Meute ihr einredet, dass sie selbst Schuld an ihrem Schicksal ist und alles selbst zu verantworten hat. Deshalb ist sie zuerst der Meinung: „Mir geschieht Recht".

Dann kommen immer wieder Situationen dazwischen, bei denen sie als Tier – wohl als Huhn – von einem anderen Tier (Greifvogel) schwer verletzt wird. Der Todeskampf mit diesem Angreifer ist sehr intensiv, denn sie hängt doch sehr an ihrem Leben. Die erlebten Schmerzen im Nacken sind so heftig, dass sich meine Klientin wehren möchte. Doch am Ende des Kampfes kann sie loslassen. Es ist in Ordnung zu sterben, es ist das Gesetz des Stärkeren, das Gesetz der Natur.

Die dritte Inkarnation zeigt ihr einen weiteren Kampf. Sie erlebt in einer langen Sequenz, wie sie sich als junge Frau Magdalena, mit einem ihr bekannten Mann herumplagt. Er stellt ihr ständig nach. Lange kann sie sich wehren, doch irgendwann spielt er seine Macht aus. Er überwältigt Magdalena und unterwirft sie. Dieser körperliche Kampf ist ebenfalls sehr deutlich spürbar. Sie weiß, dass sie in dieser Situation die Achtung vor sich selbst verloren hat. Ebenso die Selbstsicherheit, das Vertrauen und das körperliche Wohlbefinden. Und das gilt auch für die anderen Inkarnationen. Magdalena kämpft so lange, bis ich versuche, sie über ihr Sterben zu befreien. Dieser Versuch misslingt. Das war wohl klar, denn es ist wichtig, bestimmte Dinge zu durchleben, wenn man sie lösen will. Da es heute an der Zeit ist sie zu lösen, wird sie wieder in die Situation zurückgeführt. Ich fordere sie auf, sich diese Situation genau anzuschauen und zu prüfen, ob sie diesen Mann kennt. Daraufhin wird sie sehr ernst und noch unruhiger. Mir ist bereits bewusst, wer dieser Mann ist, doch sie möchte sich selbst noch nicht eingestehen, mit wem sie es zu tun hat. So wird dieser Kampf immer heftiger und schmerzlicher für die Klientin. Ich fordere sie nochmals auf, die Identität dieses Mannes zu klären, doch sie sagt, er habe eine Maske auf.

Jetzt nehmen wir ihm diese Maske ab und sie erkennt ihn im damaligen Leben als Machthaber, eine Art Graf. Sofort ist klar, dass dieser Mann im heutigen Leben ein Kollege ist, der ihr schon immer „ungute Gefühle bereitet hat". Sie glaubt jetzt genug gesehen zu haben, doch ich weiß, hier fehlt noch mindestens ein Mosaikstein. Dieser Machthaber quält Magdalena nicht nur mit seiner rohen Gewalt, nein, er will diese Frau für ihre Ablehnung demütigen. Er will sie besitzen und erniedrigen. Es kommt so weit, dass sie alles tun würde, um endlich Befreiung zu erfahren. Sogar die Schuld für alles Erlebte würde sie übernehmen. Aber es gibt immer noch keinen Hinweis auf das, was tatsächlich geschehen ist. Ich fordere sie nun sehr energisch auf, genau hinzuschauen, und zu erklären, was dieser Mann mit ihr gemacht hat. Nun spricht sie es aus: Er hat sie missbraucht und anschließend umgebracht.

Hierin erkennt sie nun den Ursprung für alle körperlichen und emotionalen Minderwertigkeitsgefühle. Es fällt ihr sozusagen wie Schuppen von den Augen und sie ist sehr gerührt.

Nach dem Sterben gelangt die Seele, begleitet von ihrem Engel, zur Zwischenebene und trifft dort viele weitere Lichtwesen sowie eine verstorbene Tante. Diese erkenne ich bereits vorher, was Meike beeindruckt, denn sie zweifelt doch sehr daran, ob es sein kann, hier liebe verstorbene Menschen zu treffen. Doch noch immer ist diese Sitzung nicht beendet.

Fehlendes Selbstvertrauen und Selbstsicherheit, Minderwertigkeitsgefühle 110

Sie erfährt ihre Lebensaufgaben aus diesen drei Leben sowie einige weitere aus dem heutigen Leben. Alles was sie selbst nicht erkennen und verstehen kann, erklären ihr die Engel. Dann wird klar, dass sie Seelenverträge abgeschlossen hat. Also muss sie auch noch zum Hüter, was ihr gewährt wird.

Die Seelenverträge werden gelöscht (dem Mann hatte sie sozusagen die Pest an den Hals gewünscht), etliche Glaubenssätze aufgelöst und wir entdecken, dass sie wichtige Seelenanteile verloren hatte, die ihr der Hüter zurückgibt. Nun geht es noch in den Tempel der Heilung und in die violette Flamme.

Einen solchen „Rundumschlag" hatte ich noch nie in einer ersten Sitzung, aber es sollte wohl genau so sein.

Meike meldet sich am folgenden Tag, weil sie noch Fragen hat. Es geht ihr trotz der besonders schweren körperlichen Anstrengung sehr gut, sie strahlt eine viel größere Gelassenheit aus als zuvor.

Trotz Unsicherheit Entscheidungen treffen

Dies wird eine äußerst interessante Sitzung mit Meike H., der Klientin, die die Rekordsitzung (sechs Stunden) hatte. Doch diesmal wird es anders, ganz anders! Wir überlegen kurz, was ansteht und wie ich vorgehe.

Ich führe Meike in die Zwischenebene und sie landet mit ihrem Engel und einer verbundenen Seele „zwischen Zwischenebene und dem jetzigen Leben". Sie schaut als Seele mit dem kleinen Körper auf ihren jetzigen großen Körper. Alle Dinge rundum sind miniklein und passen gar nicht zu diesem Körper.

Mir ist schnell klar, dass es um die Frage geht: „Warum muss ich mir das antun? Nein, eigentlich traue ich mir das alles gar nicht zu". Doch letztlich ist klar, dass sie die Entscheidung getroffen hat „es" zu tun. Doch das Zögern ist da und sie würde am liebsten einen Rückzieher machen.

Doch ihre Helfer übernehmen die letzte „Wahl" und schieben sie ins neue Leben. Dann geht's in die Zwischenebene und, für mich ebenfalls überraschend, unmittelbar zum Hüter. Also beginnen wir sofort mit einem Interview des Hüters, der begleitenden Seele und ihres Engels. Meike erhält viele, viele Informationen zu ihren früheren Leben (vierstellige Anzahl), Antworten zu aufzulösendem Karma und Seelenverträgen und Hinweise zu aktuellen Themen. Es ist klar, dass sie noch aktiv an Themen heran muss, es ist aber auch klar, dass sie schon viel, viel aufgelöst hat.

Sie erhält die Erlaubnis, zum Urlicht zu gehen. Wie bereits ein anderer Klient vor einiger Zeit, sitzt Meike mit ihrem Engel und der begleitenden Seele auf einer Bank vor dem Urlicht. Sie erlebt die erfüllende Liebe des Urlichtes und die Erfahrung „Hier komm ich her". Auch wird ihr von ihren Begleitern gezeigt, dass sie alles hat, was sie braucht, dass es keine Gründe gibt an sich zu zweifeln und kein Selbstbewusstsein zu haben. Dann geht es mit Hilfe der Begleiter in ein Leben, in dem es für heute Wichtiges zu klären gibt.

Meike landet in einer bereits bekannten Situation – an einem Feuer. Und geheuer ist ihr das nicht – das ist deutlich spürbar. Also schicke ich sie zurück in die Ursprungssituation. In einem Wald mit einigen Hütten hat sie innerhalb eines primitiven Volkes die Aufgabe, sich um die Dinge des täglichen Lebens zu kümmern. Kaja wäscht, kocht und säubert. Gleichzeitig erlebt sie die völlige Unterordnung der Frauen. Die Männer herrschen über alles, haben das Sagen und nehmen sich von den Frauen, was sie wollen. Insbesondere gilt dies für den Dorfoberen, er nimmt sich alles, was er will, und jede, die er will.

Die Frauen sind nicht glücklich über die Ausbeutung und den regelmäßigen Missbrauch ihrer Körper. Kaja wehrt sich meist erfolgreich gegen die körperlichen Übergriffe, muss aber dafür alle niederen Arbeiten übernehmen. Die anderen Frauen tun ihr Leid. Doch sie selbst wird von den anderen auch argwöhnisch beäugt, denn sie akzeptieren ihren Sonderweg nicht.

Als Kaja auch noch gemeinsame Sache mit einem der wenigen sympathischen Männer machen will, reicht es der Gruppe. Die Flucht der beiden wird verhindert. Zuerst wird die junge Frau vom Anführer unter Beobachtung und wildem Grölen des Dorfes missbraucht. Als Kaja dann auch noch dem Anführer eine Ohrfeige gibt, ist das Urteil der Gruppe klar. Die junge Frau wird ebenso gefesselt wie ihr Freund und zum Feuer auf einem Berg gezerrt. Kurz bevor sie oben ankommt, bittet Kaja freiwillig ins Feuer gehen zu dürfen.

Ihr ist zum Ende dieses Lebens klar, dass sie einen sehr bewussten Zustand erreicht hat, selbst der Missbrauch kann ihr nichts anhaben. Ihr Gegenüber ist vor ihren Augen ganz klein, sie fühlt sich haushoch überlegen. Auch beim Gang ins Feuer ist Kaja allen anderen überlegen. Es ist nur der Übergang in etwas Neues. Ihr „Freund" tut sich schwerer, er hat ihr Niveau noch nicht erreicht.

Nun werden beide von ihren Helfern abgeholt, das Feuer konnte ihren Seelen nichts anhaben. Der Hüter und ihre beiden Begleiter, aber auch viele weitere geistigen Helfer beglückwünschen die Seele. Glaubenssätze und wichtige Seelenverträge mit dem „Freund" und dem Anführer werden gelöst. Ganz sicher hatten diese Einfluss auf Partnerschaften, Emotionen,

Lebensaufgaben 112

Entscheidungen und das Selbstbewusstsein. Wir stellen fest, dass sie Seelenanteile verloren hat, die im heutigen Leben fehlen. Der Hüter wählt nun eine außergewöhnliche Art, diese Seelenanteile zurückzugeben. Er führt die Klientin unter einen Wasserfall, der reine Energie mit ihren Seelenanteilen in sie hineinfließen lässt. Alle ihre Helfer sind dabei. Gleichzeitig erhält sie die Energie der violetten Flamme.

Meike kommt anschließend sozusagen aufgefüllt aus dieser Sitzung heraus. Sie hat eine Masse an Information zu ihrer Seele, der Seelenfamilie und dem Bezug zum heutigen Leben erhalten.

Lebensaufgaben

Würden wir die Aufgaben, die wir uns für unser Leben gewählt haben, schon in unserer Kindheit kennen, wäre vielleicht vieles einfacher. Erkennen wir sie erst nach unserem Sterben, kann es zu spät sein, es sei denn, wir sind intuitiv den „richtigen" Weg gegangen. „Du hast es dir selbst gewählt", oder „Ich habe es mir selbst gewählt", höre ich in sehr vielen Sitzungen als Botschaft des geistigen Helfers beziehungsweise des Klienten. Ich erlebe aber auch viele Klienten, die im täglichen Leben oder aber auch in der Bewusstseinsarbeit ihre Lebensaufgaben entdecken. Ich denke, dass in den nachfolgenden Berichten deutlich wird, „worum es geht!"

Lebensaufgaben, Sterben und Tod, Verlust

Erik E. besucht mich auf der Suche nach seinen Lebensaufgaben. Es ist seine zweite Sitzung, so dass ich direkt ins Haus der früheren Leben gehe. Er springt nach einem kurzen Exkurs im jetzigen Leben in ein Leben als Auswanderer in ein einfaches Farmhaus. Dort erlebt er dann die letzte Phase seines kärglichen Lebens in Zeitlupe. Erik erfährt rückblickend seine Auswanderung aus England, seine Partnerschaft, den Verlust eines Kindes und seiner Frau. Verlust und Tod bescheren ihm den gleichen Schwermut und die gleiche Traurigkeit, die er in vielen Lebensphasen im Heute erfährt. So sitzt Erik auf der Terrasse seines Farmhauses und betrachtet die Gräber seiner Frau und seines Kindes und wartet auf seinen Tod.

Seine Engel führen ihn in die Zwischenebene, wo er seine Lebensaufgaben erfahren darf, sowohl für das Damals als auch für das Heute. Auch den Verlust eines Seelenanteils erfährt er und darf den Weg zum Hüter gehen. Dieser gibt ihm eine Vielzahl von Hinweisen zum heutigen Leben und zu den Lebensaufgaben. Vor allem Licht und Liebe werden „gepredigt". Seinen Seelenanteil erhält er zurück und geht noch in die violette Flamme.

Schwere Lebensaufgaben, Drangsal und Not

Auch Elisabeth W. kenne ich, habe mit ihr jedoch noch keine fünf Worte gesprochen. Sie hat viele Probleme in ihrer Kindheit erlebt. Not und Drangsal, fehlende Freiheit und anderes.

So landet sie nicht in einem Erlebnis in ihrer Kindheit, sondern sieht sich als arme junge Frau Anna in einem kargen Bergdorf, in welchem sie mit mehreren Geschwistern und ihren Eltern ein ärmliches Leben führt. Es gibt nichts, was sie an diesem Leben mag. Sie fühlt sich eingesperrt, benutzt, unterdrückt, ohne Freude und Lebensmut. Es gibt nur einen Ort, wo sie sich wohlfühlt. Das ist der Speicher, auf dem sie sich häufig auf einen Strohhaufen legt, um zu entspannen. Immer wieder springt die Klientin in Situationen aus ihrer Kindheit, Jugendzeit und als junge Erwachsene. Sie erlebt ähnliche Dinge wie im früheren Leben. Das Leben ist ebenso karg und unfrei.

In beiden Situationen ist ihr klar, dass sie dieses Leben nicht will, nein, sie fühlt sich hier fremd. Sie trauert über ihr Gefangensein, ich spüre dieses intensive „Unglück".

Anna stirbt in ganz jungen Jahren im wahrsten Sinne des Wortes an gebrochenem Herzen. Sie sieht sich bereits losgelöst vom Körper, den sie nur noch als Hülle wahrnimmt. Ich schicke sie nun zurück in diese Hülle, um mehr über ihr Sterben und die Umstände herauszufinden. Sie hatte sich wieder einmal auf diesen Speicher zurückgezogen, um einen Moment der Ruhe zu finden. Ihre Mutter schaut noch kurz, doch dann spürt sie einen intensiven Schmerz am Herzen und vergeht regelrecht. Sie ist froh gehen zu dürfen.

Auf meinen Impuls in die Zwischenebene zu gehen, legt sie noch eine Zwischenstation ein. Sie findet sich inmitten eines Waldes als riesigen Baum mit großer Krone. Und hier erlebt sie endlich Freiheit, sie erlebt, wie es ist, das zu sein, was man will. Sie erlebt Stärke und Größe und ist einfach glücklich. Dieser Abstecher wird als sehr, sehr wertvoll empfunden. Sie darf sein, was sie sein will, und ist dabei sehr glücklich.

Alles was sie in dem vergangenen Leben an Leid empfunden hat, was sie in diesen leidvollen Situationen gespürt hat, kennt sie in ähnlichen Facetten im heutigen Leben. Etliche Leute, die sie im damaligen Leben kannte, tauchen auch im heutigen Leben wieder auf.

Elisabeth ist nach dieser Rückführung überglücklich, den Ursprung ihrer schwierigen Empfindungen im heutigen Leben erkannt zu haben. Vieles wird dadurch klarer, etliche Glaubenssätze zeigen die zusätzlichen Verstärkungen der Prägungen. Die Auflösung in der violetten Flamme wird ihr Hilfe bringen.

Zwischenzeitlich habe ich die Klientin einige Male getroffen, sie ist weiterhin sehr, sehr glücklich und führt ein erfülltes und zufriedenes Leben.

Erkenntnis

Dieser Begriff ist im Kapitel III ausführlich erläutert worden. Nachfolgende Berichte sollen das Beschriebene verdeutlichen.

Letzte Erkenntnisse, Karma und Auflösungen auf der Zielgeraden

Isabella P. ist eine Frau, die vom Schicksal schwer gebeutelt ist. Schwere Erkrankungen, Leid und Probleme in der Familie hat sie hinter sich. Aber sie gehört zu jenen, die dennoch stark, wissend, wirkend und heilend sind. Es ist klar, dass sie direkt in frühere Leben schauen und Kontakt mit der geistigen Welt haben wird. Isabella ist sehend. Sie sieht Engel und hat direkten Kontakt mit der geistigen Welt. Es ist schön mit ihr zu arbeiten!

Sie geht in mehrere Situationen in früheren Leben, sie sucht nach Lebensaufgaben, Antworten, Unterstützung bei Entscheidungen, aber auch Gründe für Konflikte mit bestimmten Personen. So landet Isabella direkt in einer Situation eines gewaltsamen Übergriffes durch einen Verwandten, der heute ihr Bruder ist. Sie setzt sich irgendwann zur Wehr, flüchtet und gelangt sofort in die Zwischenebene. Dort findet sie sich in der Nähe zu Maria und zwei Engeln, ihren Schutzengeln, wieder. Mit diesen hat sie einen regen Austausch. Dabei erkennt sie Glaubenssätze und Seelenverträge.

Auf der Suche nach diesen Seelenverträgen verlassen wir die Zwischenebene und gelangen in eine Folterkammer. In dieser Folterkammer ist sie mit dem gewalttätigen Mann (dem heutigen Bruder) zusammen. Sie als Folterknecht, er als Rechtsvertreter, der Verbrecher und Täter foltern lässt. Die Macht des heutigen Bruders lässt ihn, den kleinen buckligen Folterknecht, wachsen und stark werden, die Tätigkeit als Folterer wiederum schwach und klein. Er leidet mit diesen armseligen Menschen und weiß, dass diese Gequälten ihm zum Teil schwerwiegende Dinge wünschen, ihn verfluchen. Doch sobald der Rechtsvertreter in der Nähe ist, wird der Bucklige wieder stark und groß, er foltert und tut nur noch das, was gefordert wird.

Die Klientin trifft unter den Gefolterten eine heutige Freundin. Sie erkennt in der Zwischenebene, dass sie in diesem Leben nicht nur Seelenverträge abgeschlossen hat, sondern auch, dass sie ein Karma mit zwölf Ausgleichsleben ausgelöst hat. Die Themen dieser Karmaleben sind auch heute noch ihre Themen und haben viel mit ihren Lebensaufgaben zu tun. Es ist wunderbar, die Hinweise und Informationen zu erleben, die von der geistigen Welt an die Klientin gegeben werden. Sie darf zum Hüter gehen und erfährt dort vieles zu den Lebensaufgaben, zu den Seelenverträgen und Glaubenssätzen. Das Karma und alles, was damit zusammenhängt, wird gelöst, ebenso die Glaubenssätze und Seelenverträge.

Interessant ist, wie sehr die Erkenntnisse in Bezug auf den Bruder erst nach diesen Erlebnissen realisiert werden. Dass manche Verhaltensweisen und Muster völlig identisch mit den Erlebnissen in diesen früheren Leben sind, verblüfft die doch sehr weise Isabella. Ihre emotionalen Probleme und familiären Themen lassen sich nun erklären und sind „aufgedeckt" worden.
Die zusätzlichen Informationen ihrer Helfer, insbesondere von Maria und ihrem Hüter, sowie der Energien, die ihr näher gebracht werden, sind Geschenke „von oben".

Seelenbestimmung, Selbstliebe, Urlicht

Es wird wieder eine außergewöhnliche Sitzung. Meike H. hat eine Entwicklung hinter sich, die ich vor einem Jahr nicht für möglich gehalten hätte. Doch im Zeitalter des Wandels ist so vieles möglich. Meike hat seit der ersten Sitzung zwei Reikigrade absolviert, die Begradigungsenergie erhalten und ist momentan etwas unfroh, da sie scheinbar auf der Stelle tritt. So klären wir kurz die Themen der heutigen Sitzung und beschließen, dass wir die Führung den geistigen Helfern der Klientin überlassen. Wenn sie einverstanden sind, werden wir das Haus der Selbstliebe und des Selbstvertrauens oder aber direkt die Zwischenebene aufsuchen.
So geht's zügig auf die Wiese, wo meine Klientin ihre geistigen Helfer vorfindet. Eine liebe Verstorbene, die Meike schon lange begleitet, sowie ihr Engel und Maria werden sie begleiten. Sie gehen sofort mit ihr zur Zwischenebene, wo es diesmal spannend wird. Sie kommt wie gewohnt in eine schöne warme Atmosphäre und wohlige Schwingung, die jedoch schnell dunkel und ungemütlich wird. Ich bitte die geistigen Helfer, alle wichtigen Helfer und Seelen als Ansprechpartner zu rufen. Nun taucht ein ganzes Heer von Seelen auf, die allesamt in Dunkelheit gehüllt sind. Sie sind bedrückt, senken ihre Köpfe und verbreiten eine eher düstere Stimmung. Ich lasse Meike genau hinschauen und es dauert nicht lange, bis sie erkennt:

Erkenntnis

„Das bin ja ich!" Sie ist sichtlich beeindruckt, dass sie offenbar viele düstere Leben hatte. Ich lasse sie nun in diese Menge hineinschreien, ob nicht doch eine freudige und frohe Seele anwesend ist. Nun tritt tatsächlich eine einzige Seele aus der Menge heraus. Nach kurzer Klärung mit den Helfern schaut sich Meike dieses Leben an.

Sie steigt ein als Schlossherrin und sieht sich als Juliana auf einem Balkon vor ihrem Volk. Das Volk jubelt ihr zu, sie wird von den Menschen geachtet. Sie hatte allen Bürgern die Pacht und die Steuern erlassen, ihnen die Freiheit geschenkt. Juliana spürt die Freude, das Glück, die Zufriedenheit und ist erfüllt von diesen Gefühlen. Außerdem ist sie schön und gut gekleidet.

Zurück in der Zwischenebene folgt nun ein Austausch über die vielen „dunklen" Leben. Ich bitte ihre Helfer sie zum Urlicht zu führen. Im Urlicht erfährt sie vieles von ihrem Ursprung, spürt die Liebe Gottes und erkennt, dass sie wie viele andere hier losgezogen ist, um einer Seelenbestimmung mit vielen Lernerfahrungen zu folgen. Ihre Seelenbestimmung hat etwas mit dem Thema Liebe zu sich selbst zu tun, Selbstliebe und Selbstvertrauen also. Mit diesem Wissen wird nun weitergefragt.

Meine Klientin hat sich im Gegensatz zu anderen Seelen mit gleicher Seelenbestimmung meist schwierige und düstere Leben gewählt. Sie erlebt sehr oft Drangsal, Mühsal, Ängste, Not, Folterung, ja sogar Selbstgeißelung und mehrfach Suizide. Sie ist davon überzeugt, dass sie ihre Seelenbestimmung besser erreicht, wenn sie diese schwierigen Aufgaben erledigt. Hier wird ihr endlich klar, dass diese Entscheidungen völlig unnötig und überflüssig waren. In dem einen Leben, das mit ganz anderem Ansatz gewählt wurde, hatte sie deutlich wichtigere Erfahrungen gemacht als in vielen anderen.

Nun geht's zum Hüter. Auch mit ihm folgt ein längerer Austausch. Die Klientin erschrickt, als der Hüter ihr mitteilt, dass sie für diese düsteren Leben mit den vielen negativen Auswüchsen wie den Suiziden insgesamt 850 Ausgleichsleben nahm, wovon immer noch 750 offen sind.

Es beginnt eine Verhandlung mit dem Hüter. Dieser ist prinzipiell nicht willig, dieses Karma komplett zu lösen. Er ist nicht sicher, ob die Klientin verstanden hat, dass sie Selbstliebe und Selbstvertrauen nicht mit Strafe, Mangel und Mühsal erfahren kann. Denn auch in der Zwischenebene nimmt sie die Möglichkeiten der Fülle nicht wirklich an. Doch nun schalten sich ihre Helfer ein, insbesondere Maria. Alle unterstützen die Klientin und wirken auf den Hüter ein. Sie werden der Klientin helfen und so erlässt der Hüter das Karma. Unglaublich! Gleichzeitig integriert die Klientin eine Vielzahl von Seelenanteilen, die sie in all diesen Leben abgegeben hatte.

Nun geht's in den Tempel der Heilung. Ich spüre, dass hier etwas Außergewöhnliches geschehen wird. Ich frage den Hüter und die Helfer, ob das

Heer der düsteren Seelen mit in den Tempel gehen darf. Sie dürfen und so vollzieht sich nun im Tempel der Heilung die Integration all dieser Seelen in die Klientin. Sie fühlt sich wieder vollwertig, hat ihre eigenen Aspekte wieder integriert. Nun drängt sich auch die eine helle Seele an sie heran, auch sie wird ebenfalls integriert. Meike erlebt noch eine intensive Energiebehandlung durch ihren Hüter und eine intensive Auflösung in der violetten Flamme.

Eine faszinierende und sehr schöne Sitzung. Wenn das keine krassen Veränderungen bewirken wird!

Urlicht, Seelenanteile

Letizia S. hat heute ihre dritte Sitzung und dabei einige Themen. Immer bilden Partnerschaft, Liebe und Familie den Schwerpunkt. Den Kontakt zur geistigen Welt hatte sie ja schon. Deshalb bin ich gespannt, was sie heute an Überraschungen mitbringt.
Der Einstieg gelingt ganz abrupt und ab geht's in die Kindheit. In dieser Situation war sie noch nicht: mitten in einer sehr üblen Prügelszene zwischen Stiefvater und Mutter. Letizia erlebt diese Situation und die anschließende Trennung sehr umfassend und intensiv. Es ist sehr bedrückend, was sie erlebt. Auch die anschließende vorübergehende Trennung und der Aufenthalt bei der Großtante sind emotional beeindruckend. Sie durchlebt etliche schmerzhafte und belastende körperliche Reaktionen, die sie im Heute nur zu gut kennt.

Dann landet sie wieder im Mittelalter. Sie geht in die gleiche Situation wie beim letzten Mal und steht im Hof einer Burg. Die gleichen Männer stehen ihr gegenüber und bedrohen sie. Mehrere Menschen durchqueren die Situation, scheinbar ohne Grund und ohne besondere Funktion. Mir ist jedoch sofort klar, dass hier jemand Wichtiges ein Versteckspiel spielt. Ein dunkel gekleideter Mann verbirgt sein Gesicht und lässt sich nur widerwillig enttarnen. Es ist der heutige Stiefvater der Klientin, der sich nun als Foltermeister entpuppt. Als Josefine durchlebt sie eine schwere Foltersituation mit einem weiteren Gefangenen und einem weiteren Foltermeister. Auch diesen kennt sie im heutigen Leben. Nachdem sie auch hier viele körperliche Reaktionen erlebt, die sie im heutigen Leben ebenfalls in Schlüsselsituationen hat, darf sie diesmal kurz und schmerzfrei in die Zwischenebene gehen.

Josefine erkennt, dass sie etliche Glaubenssätze ausgesprochen hat, die offensichtlich im Heute Wirkungen zeigen. Viel wichtiger ist jedoch, dass sie erkennt, etliche Seelenanteile abgegeben zu haben. Sowohl in der Prü-

Erkenntnis

gelszene wie auch in der Folterung hat sie mehrere Seelenanteile gelassen. Interessant ist dabei, dass sie auch angibt, den Seelenanteil „Hass" verloren zu haben.

So geht es nun in die Zwischenebene. Ihr Engel und die Seele ihres Vaters begleiten sie durch mehrere der Situationen und helfen ihr, die Dinge zu verstehen. Seelenverträge hat sie ebenfalls zwei abgeschlossen. Ihr Hüter ist so umsorgend wie beim letzten Mal. Doch diesmal taucht er in einem anderen Gewand auf. Er hatte sich beim letzten Mal in einer Rüstung gezeigt, was mich schon überrascht hatte. Doch diesmal sind Gewand und Auftreten „angemessen". Der Hüter löscht die Seelenverträge mit Familienangehörigen, die Glaubenssätze und weitere Abhängigkeiten. Interessant ist, dass der Hüter ihr mitteilt, dass sie den Anteil Hass wirklich abgegeben hat, doch diesen nicht mehr benötigt. Sie hat das Thema Hass durchlebt und erkannt, es ist erledigt. „Viele tragen den Hass weiterhin in ihrer Seele". Sie darf in Begleitung ihres Vaters, des Engels und vieler weiterer Helfer zum Urlicht. Dies ist bei ihr so emotional, dass sie vor Glück beinahe zerspringt. Ich lasse sie dieses Gefühl, ihren Ursprung, einige Minuten erleben und fühlen.

Sie darf hier viele persönliche Fragen zum Thema Ursprung, Gott, Lebensaufgaben, dem Warum der Seelenreise und der Erfahrungssammlung stellen. Viele Antworten bringen umfangreiche Erkenntnisse.

Nach der violetten Flamme habe ich eine total erfüllte und beeindruckte Klientin vor mir. In Bezug auf ihren Ursprung aber auch zum Thema Partnerschaft und zu verschiedenen anderen Dingen hat Letizia jetzt Klarheit.

Erkennen des Sinns

Bruno H. sehe ich zum ersten Mal. Es ist sofort klar, er ist ein ziemlich Bewusster.

Er steigt sehr schnell ein, geht mit meiner Hilfe durchs Tor und wird von mir ins Haus der Inneren Blockaden und Ängste geführt. Bruno erkennt sich als Mönch in einem Buddhistischen Tempel. Er steht vor einem Buddha und ist tief gerührt von dessen Energie. Er spürt die tiefe Ruhe und den Frieden, der von Buddha ausgeht.

Doch er selbst ist ein christlicher Mönch. Markus erlebt einen schweren Panzer um sich herum, hat ein zerrissenes Herz, totale Unruhe und Orientierungslosigkeit und vieles andere, das ihn belastet. Markus ist so sehr gerührt und mitgenommen, dass ich es spüren und sehen kann. Deutlich erkennt er, dass er in seinem Bewusstsein alles weiß, die Wahrheit ist in seinem Inneren verankert. Umso schlimmer ist es zu sehen, dass er als

Mönch völlig entgegen seiner Natur und seines Bewusstseins predigt und unvertretbare Dogmen verbreitet. Er leidet als Markus und als Bruno.

Danach findet er sich auf seiner Wiese wieder. Eine Person, die er bei seinem Einstieg entdeckte und die sich als Teil seines Bewusstseins herausstellt, findet sich jetzt wieder ein. Dieser verlorene Seelenanteil, die Leichtigkeit, wird nun nach längerem Hin und Her vor ihm in einer sehr emotionalen Situation integriert.

Ich lasse ihn nun mit seinen Begleitern zum Hüter gehen. Dieser gibt ihm einige persönliche Hinweise und beantwortet ebenso wie Saint Germain viele Fragen. Auch Bruno geht noch in die violette Flamme.

Eine berührende und „bewusste" Sitzung.

Krankheit, körperliche und seelische Beschwerden

Das Kapitel III enthält auch dazu einige Erläuterungen. Für viele Klienten ist es mehr als beeindruckend, dass sie innerhalb der Sitzungen die aktuellen körperlichen Beschwerden in früheren Situationen deckungsgleich erleben. „Ich hätte niemals erwartet, dass es tatsächlich einen so deutlich spürbaren Zusammenhang mit einem alten Erlebnis geben kann" sprechen Klienten oft aus! Noch größer ist die Überraschung dann, wenn die Beschwerden nach der Sitzung verschwinden.

Verschiedene körperliche und seelische Beschwerden

Annalena M. hat eine lange beschwerliche Zeit hinter sich. Schmerzsyndrome an verschiedenen Körperstellen, vor allem am Magen. Depressionen, die sich vor allem in tiefer Traurigkeit zeigen, Einsamkeit und einiges mehr. Dennoch macht sie einen sehr gefassten Eindruck. Annalena gibt an, nicht entspannen zu können und sieht vor allem darin eine Gefährdung für den Erfolg der heutigen Sitzung. Doch ist sie so schnell in einer tiefen Entspannung, dass ich mehrfach denke, ich müsse sie wecken.

Annalena steigt direkt in ein Leben als zehnjähriger Thomas ein. Als Thomas erlebt sie ein sehr, sehr armseliges und trauriges Leben. Er steht schmutzig und mit zerlumpten Kleidern vor einem Obststand und ist tieftraurig, dass er keinen Apfel haben kann. Er ist sehr hungrig. Der Hunger verursacht Schmerzen in der Magengegend, Schmerzen, die die Klientin intensiv spürt und ihren aktuellen Beschwerden im Hier und Heute entsprechen. Thomas erlebt anschließend eine noch größere Not zuhause.

Dort belasten Hunger und Not den völlig hilflosen und arbeitslosen Vater ebenso wie die Mutter, die ihrem wenige Monate alten Baby nichts geben kann. Die Mutter ist tieftraurig und völlig leer. Eine absolut entmutigende Situation. Einfach nur pure Depression.

Thomas verlässt seine Familie und alle Beteiligten wissen, dass es ein Abschied für immer ist. Er will seine Familie entlasten. Ein Esser weniger hilft ja vielleicht den Eltern und dem Baby.

Thomas stirbt wenig später an Entkräftung und gelangt mit seinen Engeln in die Zwischenebene und zum Hüter der Akasha-Chronik. Der Hüter gibt ihm eine Vielzahl von Seelenanteilen zurück, Anteile, die Thomas abgegeben hatte, um das Leben ertragen zu können. Die violette Flamme gibt der Klientin weitere Unterstützung und wird zusätzliche Heilung und Veränderungen bewirken.

Eine sichtlich berührte Annalena ist überrascht über so viele Erkenntnisse und erlebte Erklärungen für heutige Probleme und Beschwerden.

Schmerz, Ablehnung von Frauen, Erkenntnis

Bastian R. hat sich als manisch depressiv und schon lange in Therapie befindend angekündigt. Ich habe dabei eigentlich zu keinem Moment die Sorge, dass es schiefgehen könnte. Natürlich weiß er, dass ich keine Heilversprechen abgebe.

Bastian hat etliche Probleme, die ihn zu mir führen. Schwere Unruhezustände in Beinen und Armen, Anspannung und Schwere in den Beinen und Füßen, Ängste und vieles andere. Bei der Anwesenheit mehrerer Menschen, bei Stress und vor allem bei der Anwesenheit von Frauen treten diese Probleme immer auf. Bastian ist schon sehr geplagt, da ein normales Leben mit diesen Beschwerden unmöglich ist. Er würde sehr gerne arbeiten, doch von der Arbeitsfähigkeit ist er weit entfernt. Das Einzige, wovor ich etwas Sorgen habe ist, dass er durch seine medikamentöse Behandlung nicht in die Entspannung kommen könnte. Doch dies gelingt ohne Besonderheiten. Was folgt, könnte als Drehbuch für einen Film verwendet werden.

Bastian freut sich spürbar, dass er in einer völlig entspannten Situation landet, eine Situation, in der er endlich einmal keine Anspannung an Füßen, Beinen und Armen hat. „Es tut so gut, es fühlt sich an wie auf Moos oder Fell gebettet zu sein." Doch dann weiß er, die Anspannungen werden wiederkommen, „Sie ist nur unterbrochen, hat nur eine Pause gemacht".

Er liegt als Michael auf einer Folterbank und wird immer wieder massiv gestreckt. Bei diesen Aktionen spürt er dieselben Probleme wie im heutigen Leben. Anspannung, Zittern, Schwere und vieles mehr sind identisch mit den Beschwerden, die der Klient im Heute hat. Er sieht sich in völlig zerlumpten Kleidern und mit völlig verdreckten, nackten Füßen. Nun führe ich Michael in die ursprüngliche Situation, die für die Foltermaßnahmen verantwortlich ist. Er ist mit einer Fackel unterwegs auf den schlammigen Wegen eines Ortes. Kurz danach sieht er ein Haus brennen und entdeckt, dass man ihm folgt, da man ihn als Brandstifter vermutet. Wenig später fasst man ihn, eine Patrouille aus vier Soldaten nimmt Michael fest, obwohl er lauthals seine Unschuld beteuert. Da es jedoch eine angebliche Augenzeugin gibt, wird diesem armen Teufel kein Glaube geschenkt. Michael wird weiter gefoltert und hat kaum noch Hoffnung. Stattdessen überkommt ihn Wut, unbändiger Zorn auf die Augenzeugin. Diese Frau (!) hat ihn angeblich auf frischer Tat ertappt und ihn verraten. Die Soldaten (schwarze Schuhe, weiße Hose und blaue Jacken) ihrerseits verdächtigen ihn auch anderer Brandstiftungen und versuchen das Geständnis aus ihm herauszupressen. Doch er, beteuert weiter seine Unschuld.

Nun erkennt er, warum die Frau, auf die er eine solche Wut hat, ihn zu Unrecht beschuldigt. Michael hatte diese Frau, eine Marktfrau, bestohlen. Er hatte Äpfel gestohlen und war weggelaufen. Dabei war sie in Rage geraten und hatte ihm Rache angedroht. Doch er hatte sie nur ausgelacht und lief davon. Auf der Streckbank sieht er das hämische Lachen dieser Frau, als sie Michaels Strafe erkennt. Ein genüssliches Lachen, was sein Hass auf diese Frau noch verstärkt.

Irgendwann tritt in der Folterung eine ruhige Phase ein und es geschieht das, womit er am wenigsten gerechnet hat. Er wird freigelassen, denn man hat den wirklichen Schuldigen gefunden. Genugtuung erhält er keine. Niemand entschuldigt sich, auch die Frau nicht.

Er rennt davon und lässt dieses Dorf, das ihm solche Angst und solche Pein gebracht hat, hinter sich. Jeder Schritt bereitet ihm Schmerzen, vor allem an den Füßen und Sprunggelenken, dort wo die Fesseln angelegt waren. Einige der Peiniger sind ihm auch im heutigen Leben bekannt.

Nun führe ich ihn in seine Sterbephase und er erkennt eine Vielzahl an Glaubenssätzen, die ganz offensichtliche Probleme im Heute verursachen. Körperliche Leiden und die Probleme in der Bindungsfähigkeit sind unter anderem Inhalt dieser Aussprüche. Doch dann wird es leichter. Er wird abgeholt von einem Engel, einem kraftvollen und schützenden Engel, der ihn eng umschlungen hält. In der Zwischenebene kommt es zu einem langen Austausch, der dem Klienten doch einige überraschende Erkenntnisse bringt. Seelenverträge hatte er keine, doch hat er sich als Karma fünf

Ausgleichsleben genommen, von denen er heute im dritten ist. Doch hat dies nichts mit einer Schuld bei den Bränden zu tun, sondern mit seiner Klauerei. Sein Stehlen war nämlich nicht reiner Mundraub. Nein, es machte ihm Spaß, es gab ihm einen echten Kick zu stehlen, um dann erfolgreich zu flüchten.

Auch wird ihm im Gespräch deutlich, dass der Hass auf diese Frau überflüssig ist. Zum einen hatte er diese Frau aufs Ärgste provoziert, zum anderen war es eine seiner Lernaufgaben gewesen, mit der Wut, mit der Gewalt und Leid fertig zu werden. Diese Frau hatte ihm geholfen, seine Aufgabe zu erledigen. Die beiden Seelen hatten dies vor ihrer gemeinsamen Inkarnation vereinbart.

Sein Engel ist sehr mitteilsam und begleitet ihn zum Hüter der Akasha-Chronik. Dieser erläutert die Glaubenssätze, dann werden sie gelöscht. Das Karma wird aufgelöst und einiges aus dem heutigen Leben wird sehr detailliert erklärt.

Mit der violetten Flamme wird Bastian aus einer überaus ergiebigen und beeindruckenden Sitzung entlassen. Es gibt viele Erklärungen für seine heutige Situation, vieles wird erkannt und aufgelöst.

Krankheit, Behinderung

Hendrik M. hat eigentlich kein Thema, glaubt er, doch dann erzählt er detailliert viele interessante Dinge der letzten Jahre. Vaterthemen bestimmten seine Kindheit. Ein behinderter Sohn und andere Dinge lohnen doch sicher genauer hinzuschauen.

Obwohl Hendrik keinerlei Sitzungserfahrung hat, geht der Einstieg schnell. Er landet direkt in der Zeit der Einwanderung in Amerika. Nachdem er bei der Armee diente, durchreitet er wilde Landschaften und weite Strecken, um Arbeit zu finden. Doch wirklich arbeiten will er nicht. Solange er Geld hat, will er frei sein. Nachdem er als Tom schon einige Zeit unterwegs ist, gelangt er eines Tages in einen Hinterhalt und wird von mehreren Banditen beschossen. Als guter Schütze setzt er sich erfolgreich zur Wehr. Tom versteckt sich hinter einem Felsen und erschießt mehrere der Banditen, woraufhin die anderen flüchten.

Tom reitet nun weiter und gelangt zu vielen Orten, bis er an einer eher einsamen Stelle sesshaft wird. Hier übernimmt er den Job eines Polizisten und beschützt die Einwanderer, die zu diesem aufstrebenden Ort kommen. Er erlebt das Wachsen des Dorfes und freut sich über Ruhe und sein Dasein.

Alle Dinge werden vom Klienten detailliert beschrieben, einschließlich seiner Sterbephase. Ich möchte ihn noch in die Zwischenebene führen, doch dort soll er heute nicht hin. So führe ich Hendrik zurück auf seine Wiese, wo ein ergiebiger Austausch mit seinem Schutzengel beginnt. Er bekommt viele Hinweise zum gesehenen Leben und den damaligen und heutigen Lebensaufgaben. Natürlich spielt dabei auch der Sohn eine Rolle. Ebenso wie damals als Beschützer der Bevölkerung ist er heute ebenfalls Beschützer – der seines Sohnes. Hendrik hat mit seinem Sohn gemeinsam dieses Leben ausgesucht. Er soll ihn beschützen, unterstützen und ihn fördern. Sein Sohn soll vor allem lernen, Geduld zu haben.

Es ist mehr als offensichtlich, dass mein Klient bereits sehr bewusst ist und bereits viel gelernt hat. Hendrik hat sogar seine Vaterthemen selbstständig abgearbeitet und braucht hier nicht mehr nachbessern. Verblüfft ist der Klient, dass die Waffe, die er in einer Situation in der Hand hielt, der ähnelt, die er heute in seinem Waffenschrank aufbewahrt.

Hendrik ist froh über die vielen Erkenntnisse, die er erhalten durfte.

Allergien, Erkrankungen, Ängste

Mit meiner bisher jüngsten Klientin Jenny erlebe ich eine sehr lange Sitzung. Sie ist sehr aufgeregt, aber ich weiß, wie ich sie beruhigen kann. Denn ich habe genügend Hilfsmittel und auch Helfer. Und wenn es nicht klappt, dann sollte es eben nicht sein.

Jenny zählt mir in einem fast einstündigen Vorgespräch etwa zwanzig verschiedene Themen auf. Viele Allergien, körperliche Beschwerden und Ängste plagen sie. Während ich im ersten Moment das Gefühl habe, dass sie nicht weiß, was sie vor sich hat, spüre ich in dem Gespräch, dass auch sie bereits recht bewusst ist. Deja-Vu – Erlebnisse, eine Erinnerung an frühere Leben und mehrere andere Dinge zeigen, dass sie offen für die Geheimnisse des Lebens und ihrer Seele ist.

Dann geht's los: Sie macht bereits zu Beginn ihrer Reise Bekanntschaft mit ihrem Engel. Er holt sie ab aus dem Haus der körperlichen und geistigen Beschwerden und Ängste. Da Jenny sich nicht traut, in einen dunklen Raum hineinzugehen, führt der Engel sie durch die Zwischenebene in eine Situation in einem früheren Leben. Sie erlebt in einem Leben als David etliche Situationen, in denen es um Trennung, Verlust, Traurigkeit, Schmerz und Einsamkeit geht. David verliert schon früh die Mutter, die das Leben zuhause nicht ertragen kann und weggeht. David erlebt diese Trennung von der Mutter als zutiefst traumatisierend.

Danach erfährt er über viele Jahre eine starke Distanz zum Vater, der offensichtlich die Trennung ebenfalls nicht verschmerzen kann. Aus dieser Distanz können sich beide nicht mehr befreien. Selbst als der Vater stirbt, gelingt es David nicht, auf den Vater zuzugehen, um mit ihm zu sprechen oder ihn zu umarmen.

In weiteren Situationen und in der Sterbephase werden diese traumatischen Erfahrungen durchlebt. Der Schmerz in der tiefen Traurigkeit, die Trennung mit allem, was körperlich spürbar ist, graben sich tief in das Herz ein. Der Schmerz wird wie durch einen Blitz eingebrannt. Die Klientin darf nach ihrem Sterben in die Zwischenebene und zum Hüter. Der Vater aus dem letzten Leben und ihr Engel begleiten sie. Viele Seelenanteile hatte sie im gesehenen Leben verloren, einen Seelenvertrag abgeschlossen und die Angst und Traurigkeit im Herz gespeichert. Der Hüter ist bezüglich der Hilfe sehr kritisch, ebenso der Engel. Doch nachdem Jenny die Dinge offensichtlich erkannt hat, nachdem sie klar bekennt, dass sie künftig Hilfe annehmen kann, ist er bereit, die Seelenanteile zurückzugeben, die Glaubenssätze zu löschen und Schmerz und Traurigkeit freizugeben.

Eine total erschöpfte Klientin verlässt mich und ich bin gespannt, wie sie sich entwickeln wird.

Krankheit als letzte Warnung, Lebensaufgaben, Inneres Kind, Krafttier

Ole M. hatte vor kurzem eine schwere und lebensgefährdende Operation. Er litt ebenso wie sein Vater unter einem bedrohlichen Aneurysma. Sein Vater war sehr früh daran gestorben. Nun hat er in Bezug auf seine Lebensaufgaben, seine Erkrankung und andere Dinge viele Fragen.

Es geht zunächst in das Haus der Sinnsuche. Dort hat er ohne konkrete Suche einen kleinen Helfer an der Seite, der sich später als sein Schutzengel zu erkennen gibt. Sein Name Kasimir lässt mich schmunzeln, und es bleibt nicht das einzige Mal, dass ich in dieser Sitzung lächeln muss.

Ole gelangt in einen herrlich lichtdurchfluteten, energiereichen Raum und spürt, wie dieses Licht ihn durchfließt. Der Helfer behauptet, dass es sein eigenes Licht und seine eigenen Energien seien, die ihn durchfluten. Mehrfach wird er nun zu hören bekommen, dass er alle Fähigkeiten hat, dass er alles Licht und alle Energien hat, die er benötigt. Nun sieht er auf einem Tisch eine leere Schublade stehen. Es stellt sich heraus, dass darin eine seiner Lebensaufgaben war, die er schon erledigt hat. Nun zeigt ihm sein Engel eine ganze lichtdurchflutete Schubladenwand. Alle Schubladen sind abgearbeitet, alle Aufgaben erledigt, wirklich alle? Ole wird zu einem Schrank mit einem Mülleimer geführt. Viel, viel Unrat, Abfall, ja sogar Maden sieht er hier. „Das sind Neid und Missgunst, Themen, die du zum Teil schon abgearbeitet hast", teilt der Helfer mit. „Letztlich musst du es nur noch entsorgen". Dann sieht Ole einen Eimer mit Prothesen und Orthesen, die seine vergangenen Erkrankungen und mögliche künftige Erkrankungen zeigen. „Du hast vieles verstanden, deine Erkrankung hat dich endlich wachgerüttelt. Geh' den jetzt eingeschlagenen Weg weiter. Du hast noch einen Nachschlag erhalten."

Ich denke an die Zusammenhänge mit der Erkrankung seines Vaters und lasse diesen hinzurufen. Sein Vater macht Ole deutlich, dass seine Zeit eigentlich abgelaufen war, dass er jedoch aufgrund seiner Entscheidung, einen anderen Weg einzuschlagen diesen Nachschlag erhalten hat. „Nutze diese Entwicklung. Renne nicht so durchs Leben, sondern genieße, geh' endlich behutsam und bewusst mit deiner Gesundheit, deinem Leben um. Du kannst alles, du weißt alles, nutze es. Ich bin stolz, was ich von dir und deiner Familie sehe, ebenso von deinen Brüdern. Macht weiter so, alles wird gut." Eine Vielzahl an weiteren Informationen zu Arbeit, Familie und Lebensaufgaben erfährt der Klient und ist stellenweise sehr, sehr gerührt.

Nun habe ich die Information, dass Ole sein Inneres Kind und sein Krafttier noch kennenlernen soll. Zusammengefasst erlebt Ole in intensiver Form das erste Zusammentreffen, das Bekanntmachen und die Integration des Inneren Kindes. Ole ist sichtlich gerührt über das intensive Empfinden, das ihm schnell deutlich macht, dass er nun viel Kraft, Ruhe, Emotionalität und weitere stärkende Fähigkeiten erhalten hat.

Das Krafttier – und das ist auch für mich Premiere – ist ein Drache. Ein Drache, der schon lange bei ihm ist und in der Vergangenheit viele Schlachtfelder hinterlassen hat. Nun lässt er sich zügeln. Er vereinbart mit Ole, dass er sich künftig ruhiger verhält und sein Ungestüm zügeln wird. Dagegen wird er dem Klienten vielmehr seinen Riecher, sein Gespür und seine Kraft zur Verfügung stellen.

Eine intensive violette Flamme rundet diese Sitzung ab, die für Ole wundervolle Erfahrungen gebracht hat. Er erlebte eine Sitzung, die angefüllt war mit Erfahrungen, Weisheiten und Hinweisen auf Korrekturen. Die überaus deutlichen Worte zum letztlich bereits gelebten Leben und den Nachschlag in letzter Sekunde haben auch mich beeindruckt. Ohne eine Korrektur aus eigener Entscheidungskraft wäre es vorbei gewesen.

Der Klient ist zutiefst bewegt von all' diese Erkenntnissen. Er verabschiedet sich mit mehrfachem Dank und macht sich auf den vierhundert Kilometer langen Heimweg.

Verlust, Traurigkeit, Einsamkeit, Tod und Trauer

Wirklich schwierige und emotionale, aber sehr oft heilsame Themen. Dass man in unserem Kulturkreis erhebliche Probleme mit dem Sterben hat, zeigt sich auch bei den Anliegen der Klienten. Viele trauen sich nicht, auf die Spurensuche nach den Ursachen für ihre Ängste in Bezug auf Tod und Trauer zu gehen. Aber bei manchen ist der Leidensdruck nach dem gehäuften Auftreten von Unglücken und Todesfällen so groß, dass sie endlich wissen wollen, warum es so ist. Die Erfahrungen innerhalb der Sitzungen stellen dann oft jegliche Erwartung auf den Kopf.

Verlust, Unerfüllter Kinderwunsch

Saskia T. hat zwar Erfahrungen in der Meditation; spirituelle Dinge hat sie aber bisher noch nicht erlebt. Doch sie weiß, da gibt es vieles, was verborgen ist, vieles was es zu entdecken gibt.

Sie hat ein Hauptthema, nämlich den unerfüllten Kinderwunsch. Das stimmt so eigentlich nicht, denn einen Sohn hat sie. Aber alle weiteren Versuche blieben bisher erfolglos. Dabei weiß sie, es könnte sein, doch irgendetwas hindert sie an der erneuten Schwangerschaft und das, obwohl die biologische Uhr weitertickt.

Saskia ist aufgeregt, noch weitaus mehr, als sie mir zeigen will. Dennoch gelingt der Einstieg reibungslos. Schon früh spüre ich die Anwesenheit ihrer Begleiter und eines sehr starken Engels. Saskia gelangt völlig ohne Probleme in ihre Kindheit und hat eindrucksvolle Bilder, die ich auf sehr intensive Weise mitfühlen darf. Sie zerplatzt regelrecht vor Freude, Glück, Spaß, Bestätigung und Stolz in mehreren Situationen dieser Kindheit. Einen Kindergeburtstag schildert sie so detailgetreu, dass ich ihn miterlebe. Kleidung, Personen, Räume, Spiele und vieles mehr werden bis zum i-Tüpfelchen geschildert. Da sie die Freude dadurch noch intensiver erlebt, lasse ich diese zeitintensiven Schilderungen zu. Sie sind wichtig für Saskia. Zwei verschiedene Glücksgefühle lasse ich sie verankern. Ich habe das Gefühl, hier möchte sie bleiben.

Nun führe ich sie in die Geburt, die relativ schnell durchlaufen wird. Saskia spürt eine intensive Atemnot und erkennt den Kreißsaal, die Hebamme, den Vater und einen alten knurrigen Gynäkologen. Sie spürt, dass sie Atemprobleme hat, was alle Anwesenden in leichte Hektik geraten lässt. Doch nach kurzen Hilfsaktionen ist alles in Ordnung. Saskia soll in einen Brutkasten gelegt werden und findet das überhaupt nicht gut. Sie versucht dies auch klar zu machen, doch versteht das niemand. Doch nun wird sie dem Vater auf den Arm gelegt, ein unheimlich emotionales Ereignis. Sie spürt eine tiefe Verbundenheit, eine tiefe Liebe und Dankbarkeit, doch gleichzeitig wird sie von einer starken Angst um ihre Mutter überfallen. Eigentlich wollte sie ja in deren Arm liegen, doch der Mutter geht es sehr schlecht, sie blutet stark und es sieht überhaupt nicht gut aus. In eine Decke gewickelt und auf dem Arm des Vaters liegend, sieht sie ihn plötzlich, ihren Schutzengel, ohne Zweifel – er ist es. Sie schildert sein lichtvolles Wesen, seine Ausstrahlung, sein Aussehen. Dass er kein Gesicht hat, spielt keine Rolle. Ich fordere sie auf, sofort mit ihm Kontakt aufzunehmen, denn ich weiß, er hat ihr viel zu sagen.

Nach kurzem Zögern fragt sie ihn, was mit ihrer Mutter geschieht. Doch trotz ihrer deutlichen Angst teilt er ihr mit, es könne überhaupt nichts passieren. Alles werde gut.

Diese Frage und die Antwort wiederholen sich ein paar Mal in unterschiedlicher Formulierung und plötzlich sieht sich die Klientin in einer völlig anderen Situation. Sie schlendert mit Kleid, Schürze und Kopftuch über eine wunderschöne Wiese, begleitet von ihren drei Töchtern und ihrem Mann. Ihr Name ist Anna, auch die Namen der drei Mädchen und des Mannes weiß sie. Zwei der Mädchen und den Mann kennt sie auch im heutigen Leben. Sie schildert die wundervolle Natur, das überaus glückliche Dasein, Haus und Hof und vieles mehr. Da ich weiß, dass es hier noch etwas ganz anderes zu sehen gibt, fordere ich sie auf, in die relevante Situation dieses Lebens zu gehen.

Sofort wird klar, hier geht's ans Eingemachte. Sie sieht sich als Mädchen und hat große Angst. Sie steht vierjährig an einem gemauerten Brunnen und sieht ihren kaum älteren Bruder über den Brunnen wackeln. Er möchte die eingeklemmte Kette befreien und rutscht ab. Er stürzt in diesen Brunnen und ertrinkt. Anna ist bereits die ganze Zeit total geschockt, sie ist in Panik und weiß nicht, was sie machen soll. Dann beginnt sie zu schreien. Ein Knecht des Hofes (ihr auch im Heute bekannt) läuft herbei und steigt in den tiefen Brunnen. Er schickt sie ins Haus, die Eltern zu holen. Sie kann nicht sprechen, doch die Eltern wissen sofort, dass etwas Schreckliches geschehen ist. Alle laufen zum Brunnen, wo sich nun etwas Überraschendes in der Situation verändert. Hier wird nämlich sofort klar, dass die Klientin nicht als Mädchen vor dem Brunnen steht, nein, sie ist die Mutter. Und als solche steht sie nun vor dieser grausigen Situation. Hemmungslos schreit sie, Ohnmacht überfällt sie, unendliches Leid packt sie. Der tote, einzige Sohn liegt hier und es ist nichts mehr zu machen. Diese schreckliche Situation dauert etliche Minuten und ist so intensiv für mich zu spüren, dass sie mich an eine selbst erlebte ähnliche Situation erinnert. Angst und Trauer graben sich in ihren Bauch ein wie ein tiefes dunkles schwarzes Loch, ein

Loch, das ich selbst fühle! Es ist der tiefe dunkle Brunnen, der sich mit all seinem Schrecken in ihr Inneres eingräbt.

Genau in diesem Moment ist ihr Engel bei ihr, er hält sie im Arm und tröstet sie. Eigentlich rechne ich damit, dass sie ihm Vorwürfe macht, doch das geschieht nicht. Natürlich fragt sie nach dem Sinn und hadert mit ihrem Schicksal. Der Engel macht ihr klar, dass es genau das ist, was sie selbst als Aufgabe gewählt hatte, dass sie jedoch die Möglichkeit hat, einen Ausweg zu wählen. Sie kann und darf ein weiteres Kind haben, wenn sie es entscheidet. In dieser Situation kommt es jedoch zu folgenschweren Entscheidungen:

- Sie gibt mehrere Seelenanteile mit ihrem lieben Sohn ab. Diese Seelenanteile sollen ihm auf seinem Weg helfen und ihn beschützen sowie ihr in der Trauer helfen (bedingungslose Liebe, Freude, Hoffnung).
- Sie schließt Seelenverträge ab, um über die Trauer hinwegzukommen und nie wieder Gleiches erleben zu müssen. Sie will nur noch ihren Sohn haben.
- Sie spricht etliche Glaubenssätze aus, die etwas mit Trauer, Schmerz und Angst zu tun haben.

Dieses tiefe Loch ist immer noch so schmerzlich zu spüren, dass ich mittrauere. Auch in ihrem Herzen sitzt ein tiefer Schmerz, eine tiefe Trauer. Der Boden schwindet unter ihren Füßen. Natürlich spielen die anderen Personen ebenfalls eine Rolle: Der Helfer, der den Jungen aus dem Brunnen holte (ein heutiger Verwandter) steht trauernd dabei, die kleine Tochter steht völlig alleine und hilflos, ebenso der Vater. Er kann nicht reagieren, ist wie gelähmt. Anna jedoch ist weiterhin die Aktive, schreiend, hadernd, verzweifelnd. Ein weiteres Kind, damit sie noch einmal eine solche Situation erleben muss, nein!

Das Leben geht weiter, aber der Schmerz und die Erinnerungen bleiben. Doch mit der Zeit kann sie es besser aushalten, sie lebt mit ihren drei Mädchen und ihrem Mann ein relativ sorgenfreies Leben – wenn nicht dieses Unglück gewesen wäre.

Dann führe ich sie durch ihr Sterben, indem ihr der Rückblick nochmals zeigt, dass sie alles selbst in der Hand hatte. Neues Glück wäre durch ihre eigene Entscheidung möglich gewesen. Der Engel holt sie ab und führt sie in die Zwischenebene, wo sich ein beeindruckender Austausch entwickelt. Sie bekommt nochmals alle Informationen, die sie empfangen hat, bestätigt. Auch hier wird ihr nochmals deutlich gemacht, dass sie alle Möglichkeiten hatte, sich dabei jedoch gegen erneutes Glück entschied.

Und heute? Heute hat sie ebenfalls alle Möglichkeiten, sich zu entscheiden. Der verunglückte Sohn ist auch heute ihr Sohn. Vater, Mutter und Sohn haben sich diese Konstellation bewusst ausgesucht. Die Blockaden und die

Angst sollen gelöst werden. Das abgrundtiefe Loch in ihr wird durch den Engel mit Licht gefüllt und geheilt. Nun steht die Entscheidung an, noch ein Kind zu haben oder der Angst nachzugeben, Angst davor, dass wieder etwas geschieht.

Dann folgt eine weitere Überraschung, denn es wartet eine Seele, eine Seele, die bereit ist, zur Klientin zu kommen. Der Engel begleitet meine Klientin zum Hüter ihrer Chronik. Der Hüter legt ihr nochmals alles auseinander und redet ihr ins Gewissen. Es ist wichtig, Entscheidungen zu treffen. Nur so können eigene Absichten, Lebensaufgaben bewältigt werden. Der Schmerz, die Trauer muss durchschritten werden. Danach geht es weiter, es kann bei entsprechender Entscheidung Neues wachsen. Nun muss sie sich entscheiden, ob ein weiteres Kind, die wartende Seele zu ihr kommt. Doch sie darf nicht alleine entscheiden, ihr Mann gehört zu dieser Entscheidung dazu, andernfalls kann es einen unguten Verlauf haben.

Der Hüter löst den Seelenvertrag, löscht die Glaubenssätze und führt ihrer Seele die verlorenen Anteile wieder zu. Bis auf einen. Dieser wird kommen, wenn es an der Zeit ist. Der Tempel der Heilung und die violette Flamme runden diese unglaublich berührende Sitzung ab.

Eine restlos erstaunte, aber auch erlöste Klientin sitzt vor mir. Es geht Saskia gut und sie ist voller Mut, Entscheidungen zu treffen.

Trennung, Loslassen, Schmerz, Gewalt

Luzia H. hat einige Erfahrungen mit Energiearbeit gesammelt und auch eine gewisse Nähe zur geistigen Welt. Also rechne ich mit einer interessanten Sitzung.

Luzia steigt in eine Situation mit einer nahen Verstorbenen und ihrem Schutzengel ein, alle sitzen gemeinsam auf einer Gartenbank. Ich bitte die beiden Helfer, die Klientin in eine relevante Situation zu den Themen Sinnsuche und Beziehungen zu führen. Luzia erlebt nun im jetzigen Leben eine schwierige Situation mit ihrem damaligen Lebenspartner. Es kommt zu äußerst schweren und tiefen körperlichen und seelischen Belastungen. Ihr Schutzengel hält sie davon ab, eine Tat im Affekt (Totschlag) durchzuführen.

Nach diesen Erlebnissen führe ich sie in eine ursprüngliche Situation, in der sie haargenau die gleichen Symptome erfährt. Sie erlebt sich als junger Mann, der seine geliebte, sterbende Frau in den Armen liegen hat. Er spürt eine tiefe Trauer und tiefen Schmerz, der ihn fast zerreißt. Die nun gehende Seele kann er kaum los lassen. Ein herrschaftlich gekleideter Mann hatte sich seine Frau mit Gewalt nehmen wollen. In diesem Gewaltakt kommt sie durch einen unglücklichen Sturz ums Leben. Der Mörder ist ein heutiger Verwandter der Klientin, mit dem jedoch wenig Kontakt besteht. Die heißgeliebte Frau ist heute ihre Tochter. Bei jeder Trennung von der Tochter hat sie das Gefühl zu vergehen. Auch ihr früherer Partner taucht auf und zwar als betrunkener Zecher, der im Suff den wahren Täter verrät. Doch zuvor hatte man den Ehemann eingesperrt und verdächtigt.

Nun geht es durch die Sterbesituation in die Zwischenebene und zum Hüter. Eine Vielzahl von Glaubenssätzen, mehrere Seelenverträge und ein Karma können erfolgreich gelöst werden. Außerdem erhält sie die Seelenanteile Liebe, Freude und Vertrauen zurück.

Die Seelenverträge binden Luzia an die heiß geliebte Frau, im Heute die Tochter. Trennungsschmerz und fehlende Nähe sind verständlich. Auch mit dem Mörder und dem Verräter gibt es Seelenverträge, die heute blockieren. Abschließend haben wir eine ganze Schubkarre voller Dinge in die violette Flamme zu transportieren.

Es war wieder einmal eine sehr intensive Sitzung. Eine fasziniert Klientin hatte nie und nimmer mit solch intensiven Gefühlen gerechnet. Luzia ist froh und glücklich.

Tod, Verlust, unerträgliche Verlustangst

Diese Sitzung wird eine der für mich anstrengendsten überhaupt. Nicht, dass es eine lange Sitzung wäre, nein, sie ist einfach so kraftraubend.

Ich muss hochkonzentriert sein und erlebe viele sehr wechselhafte Energieschübe. Die noch sehr junge Klientin Jennifer S. hat ihre komplette Familie mitgebracht und möchte ihre Mutter mit in die Sitzung nehmen. Ich spreche mögliche Vor- und Nachteile an und lasse sie selbst entscheiden. Sie nimmt die Mutter mit. Ich fasse diese Sitzung knapp zusammen, da inhaltlich wenig geschieht, es gleicht eher einem Kammerspiel.

Jennifer erlebt seit etwa acht Jahren tiefe depressive Täler, ausgelöst durch etliche Sterbefälle und gravierende Erkrankungen innerhalb der Familie und im Bekanntenkreis. Sie entwickelt eine Magersucht und lebt mit Psychopharmaka.

So geht sie in einen Raum, in dem ein Sarg steht und eine trauernde ältere Frau weint. Sie selbst steht hier als junge, schlanke und dunkelhaarige Frau. Die tote Frau im Sarg hat viel Ähnlichkeit mit ihr selbst, es ist ihre Mutter. Nun beginnen dramatische Situationen der Trauer, des nicht

Loslassen Könnens, des nicht Verabschieden Könnens, der Wut und des Zorns, der Schmerzen und der Leere. Die ebenfalls trauernde Großmutter, ein Helfer und später hinzukommende Seelen versuchen sie zu trösten, den Schmerz zu lindern. Doch sie lässt es nicht zu.

Nur ganz langsam schaffe ich es, dass sie die vorhandene Hilfe annimmt und sich endlich auf das Verabschieden einlassen kann. Sie erhält den deutlichen Hinweis, dass Trauer und Abschied, besonders aber das Loslassen ihre Lebensaufgabe ist. Nach diesen sehr intensiven Erfahrungen kann sie die Seele der Mutter mit den anderen Seelen gehen lassen. Die anwesenden Seelen kennt sie allesamt im heutigen Leben. Beim Gehen der Mutter spürt sie auf intensivste Art und Weise, dass sie einen großen Teil ihrer Seele mit der Mutter gehen lässt. Freude, Liebe, Hoffnung und einige weitere Seelenanteile gibt sie ab und spürt dabei einen intensiven Verlust mit anschließender Leere. Eine Leere, die sie im heutigen Leben nur zu gut kennt.

Eine weitere Türe führt sie nun auf ihre Wiese zurück. Ein Austausch mit ihrem Engel und die Anwesenheit eines weiteren Helfers bringt ganz langsam Wohlbefinden. Der Engel und der Helfer ermöglichen, dass Jennifer ihre Seelenanteile zurückerhält. Gleichzeitig führe ich sie in die violette Flamme und lasse sie besonders lange in dieser transformierenden Energie.

Eine offensichtlich verwandelte Klientin sitzt vor mir und ist sichtlich gerührt. Die heutige Sitzung war sicher nur ein Anfang, jedoch ein sehr wichtiger und guter! Dennoch bin ich ungewöhnlich erschöpft. Die anwesende Mutter ist so gerührt, dass sie nach der Sitzung weint, „dass ich so etwas Wundervolles einmal erleben durfte".

Einsamkeit, Traurigkeit

Als Nils M. anrief, konnte ich überhaupt nicht zuordnen, aus welchem Grund er sich meldete. Er schien leicht zerstreut. Ich glaubte, dass er nicht wusste, was ich mache. Nun steht ein junger, etwa 25 jähriger Mann vor mir. Etwas zurückhaltend, introvertiert, aber dennoch sicher im Auftreten.

Wir beginnen um 19 Uhr, da er aufgrund seiner Arbeit nicht früher kommen konnte. Es könnte heute spät werden! Doch dieser junge Mann will's schnell wissen. Es gibt kaum Klärungsbedarf. Wir einigen uns in der Kindheit einzusteigen, und nach kurzen Erklärungen geht es los.

Nils springt schnell in mehrere Situationen seiner Jugend, in denen er feststellt, dass er häufig an Traurigkeit, verbunden mit Einsamkeit leidet.

Doch ebenso wie er, eigentlich noch mehr, leiden andere. Nils spürt, dass es seine eigentliche Aufgabe ist, diesen Menschen zu helfen, zu helfen, ihre Einsamkeit und ihre Traurigkeit zu lösen. Er erfährt, dass diese Menschen dankbar über seine Hilfe sind.

Nils erlebt mehrere Situationen, in welchen er traumatische Zusammenstöße mit seinem Vater hat. Er wird durch eine große erkennbare und spürbare Wut des Vaters so sehr eingeschüchtert und geängstigt, dass intensive körperliche Beschwerden in der Kindheit, aber auch im Heute Probleme machen.

Nun geht Nils wieder in eine Situation als junger Mann. Er lernt in einer traurigen Situation seine jetzige Freundin kennen. Beide schaffen es, sich gegenseitig zu trösten. Spürbar wird dabei ein so intensives emotionales Band zwischen den beiden, dass es mehr als offensichtlich ist, dass beide eine lange Geschichte miteinander haben.

Ich bitte das Unterbewusstsein, ihn in eine Situation der Vergangenheit zu führen, wo genau dieses Band ebenso spürbar war. Sofort erlebt er eine Situation, in der er als sehr einfach gekleideter Mann ein altes Haus betritt und in der Küche eine etwa sechzigjährige Frau antrifft. Sofort weiß er, dass sie seine Frau und seine jetzige Freundin ist. Beide sind sehr glücklich und hängen sehr aneinander. Obwohl sie die gewünschten Kinder nicht bekommen haben, machen sie das Beste aus ihrem ärmlichen Leben. Zusammen mit der Freundin geht Nils noch in die violette Flamme.

Der Klient ist mehr als perplex wegen der erlebten Dinge. Obwohl er keine Fragen mehr hat, kann er sich kaum trennen.

Verlust, Schmerz und Trauer

Ein Vierteljahr nach ihrer ersten Sitzung kommt die Klientin, die aus der gleichen Seelenteilung wie ich stamme, zu ihrer nächsten Rückführung.

Ich habe oft an Karina H. gedacht, weil ich weiß, dass diese Seele für mich etwas Besonderes ist und auch umgekehrt. Das verbindende Gefühl ist so überragend wichtig, dass es nicht in Worte zu fassen ist. Ich weiß, dass wir in mehreren Leben intensive Partnerschaften gelebt haben, dass wir uns aber auch in anderen Leben begegnet sind. Der Einstieg in die Sitzung gelingt sehr schnell, wir lachen uns regelrecht ins Geschehen hinein.

Kindheit und Schwangerschaft werden ebenso überschlagen wie der übliche Einstieg. Sie startet in einem herrschaftlichen Haus als Dienstmädchen Sousa. Sie versorgt Teile des Haushaltes, aber auch die Tiere in den Stallungen. Sie erlebt hier einige glückliche Tage, doch das Zusammentreffen mit der Besitzerin, einer Gräfin, führt zum schnellen Abschied. Die Dienstmagd erinnert die Gräfin zu sehr an ihre Tochter, die an einer schweren Erkrankung starb. Diesen Schmerz kann sie nicht überwinden und deshalb kann sie auch die Anwesenheit von Sousa nicht ertragen. Sousa ihrerseits erinnert sich nun beim Spüren des Schmerzes der Gräfin an ein eigenes schreckliches Erlebnis. Sie sieht sich in ihrem Elternhaus beziehungsweise in dessen Stallungen als kleines Mädchen von etwa sechs Jahren. Sie betritt den Stall und findet dort ihre tödlich verletzte Mutter, die in eine Mistgabel gestürzt ist.

Sousa erlebt nun tiefsten Schmerz und weiß, dass es derselbe Schmerz wie der der Gräfin ist. Beide, die Gräfin wie auch die Mutter, sind der Klientin im Heute bekannt. Sousa bricht nun auf und gelangt an einen Ort, wo sie gut aufgenommen wird. Sie lernt einen Mann kennen und hat mit ihm drei Kinder. Sie kommt jedoch nie über den Schmerz und die Trennung von ihrer Mutter hinweg. Sie fühlt sich trotz ihrer Familie und der freundlichen Aufnahme im Dorf immer einsam.

In der nächsten Situation befindet sie sich bereits in der Sterbestunde. Sie hat in jungen Jahren eine hochfiebrige Erkrankung: Scharlach, der zum Tode führt. Sie erlebt in den letzten Minuten einen schweren Trennungskampf. Während sie zuerst froh ist, alleine sterben zu dürfen, indem sie ihre Familie wegen der Ansteckungsgefahr hinausschickt, kommt anschließend Angst vor der Einsamkeit auf. Sie lässt das älteste Kind, ein Mädchen, zu sich kommen, um sich zu verabschieden. Dieser Moment wird sehr schmerzhaft, denn es fällt ihr sehr schwer sich zu trennen. Doch irgendwann spürt sie, dass sie von ihrem Engel abgeholt wird.

In der Zwischenebene und beim Hüter wird ihr klar, dass sie es ebenso wie die Gräfin versäumt hatte, in der Trennung die Chance für den Neubeginn zu suchen. Sie hatte eine Familie, Kinder, mit denen sie neu anfangen konnte. Doch alte und neue Prägungen hinderten sie daran. Diese Erfahrungen und Prägungen hat sie eindeutig mit ins Heute gebracht. Zeitweise leidet sie auch heute unter dieser Einsamkeit und unter der Traurigkeit. Die Person, die im früheren Leben die Gräfin war, erlebt heute ebenfalls ähnliche Auswirkungen.

So werden beim Hüter eine Vielzahl von Informationen „empfangen", Glaubenssätze aufgelöst, Hinweise und Hilfen für ihr heutiges Leben gegeben.

Wir haben danach noch einen sehr langen und ergiebigen Austausch, bei dem klar ist, dass wir viel voneinander wissen.

Gehäufte Sterbefälle und eine Besetzung

Es ist seit langem wieder eine Klientin bei mir, die als Hauptthema Sterben und Tod hat, viele ihrer Freunde und ihr Bruder haben sie verlassen. Judith M. sucht nach dem Sinn in ihrem Leben. Obwohl sie schon viel Trauriges erlebt hat, körperlich viel mitgemacht hat und offensichtlich unter Einsamkeit leidet, kann sie nicht in diese Themen einsteigen. Trauer und Einsamkeit sind da, beschäftigen sie, doch sie findet den Zugang zu deren Tiefe nicht.

Im Vorgespräch äußert Judith auch die Angst, nicht abschalten zu können sowie die Sorge nicht so lange liegen zu können. Beides erweist sich als unbegründet. Sie steigt in die Sitzung ein und wie ein anderer Klient vor wenigen Tagen traut sie sich nicht, durch das Tor zu gehen. Sie erkennt in dieser Situation jedoch ihren Engel und lässt sich auf eine Unterstützung durch ihn ein.

Doch verlässt Judith mit ihrem Engel den üblichen Weg, was mich nicht verunsichert, sondern eher belustigt und erstaunt. Ich denke: „Wo mag er sie nun hinführen?" versuche jedoch, der Steuermann zu bleiben. Judith wird von einem sehr intensiven weißen Licht abgeholt. Doch hat sie keine Angst vor diesem Licht, sie lässt sich führen. Ich gebe den Input, dass dieses Licht die Klientin in eine für sie wichtige Situation in Bezug auf Sterben, Tod und Einsamkeit führen soll.

Das Licht führt sie nun eine Weile durch einen energiegeladenen, wunderschönen Wald hin zu einem kleinen Dorf. Dort angekommen weiß sie genau, in welches Haus sie hineingehen muss. Das Haus ist ihr sehr vertraut und so tritt sie ein. Nach genauem Inspizieren einer schönen, gemütlichen Küche mit einem alten und noch warmen Emailleofen mit verchromten Handläufen weiß sie, dass das, was sie sucht, in der oberen Etage auf sie wartet.

Hier findet sie drei Türen vor, wovon eine Türe eine besondere Relevanz hat. Diese Türe kennt sie aus ihrem heutigen Leben. Es ist die Tür zum Zimmer des tödlich verunglückten Bruders. Judith empfindet vor dieser Türe eine undefinierbare Angst, die mich nicht davon abhält, sie dort hineinzuschicken. Sie entdeckt dort etwas, das aussieht wie ein Geist, eine große Blase, die sie erschrecken will. Doch sofort weiß sie, dass sich in dieser Blase der Bruder verbirgt. Nach einigen Fragen und Wortwechseln wissen wir, dass der Bruder dieses Haus und die Familie nie verlassen hatte. Seine Seele blieb nach dem Unfall erdgebunden, weil er selbst den Tod noch nicht akzeptieren konnte, weil seine Familie so sehr trauerte und weil er nicht wusste, wohin er gehen sollte.

Nun habe ich die Intuition den Engel des Wandels zu rufen, was wir mit Unterstützung des Schutzengels auch tun. Der Engel des Wandels erläutert meiner Klientin dann die Gründe für die Sterbefälle anderer ihr nahe stehenden Menschen und den Unfalltod des Bruders. Während Judith anfangs noch die Ursache in Strafe und Unheil suchte, wird nun klar, dass es für die Seelen einfach an der Zeit war zu gehen, und dass sie sich diesen Zeitpunkt so gewählt hatten. Teilweise war sie selbst in diese Entscheidungen eingebunden. Um dies zu klären, bitte ich nun den Engel des Wandels einige ihrer lieben Verstorbenen zu uns zu bringen. Ihr Vater und ihr Großvater erscheinen unmittelbar und legen die Gründe für ihr Sterben zum entsprechenden Zeitpunkt dar. Sie schildern, wie gut es ihnen nun geht, und dass alles gut ist und werden wird.

Ich frage den Engel des Wandels, ob Judith noch zu ihrem Hüter gehen darf, was überraschender Weise sofort gestattet wird. Überraschend deshalb, weil es ja hier keine wirklichen Auflösungen zu tätigen gibt. Ich hatte dennoch das Gefühl, dass sie heute diesen Weg gehen soll. Das Aufsuchen des Hüters gelingt wie selbstverständlich. Er teilt uns zuerst mit, dass es eigentlich noch gar nicht an der Zeit sei, zu ihm zu kommen. Doch etwas verschmitzt gibt er dann wie der Engel des Wandels bereitwillig viele Hinweise zu Sterben, Tod und Trauer. Judith erkennt, dass der Engel des Wandels ihrem Herz ein großes „Paket Trauer" entnommen und beseitigt hat. Der Hüter sorgt nun für den entsprechenden Ausgleich der Trauer. Diese nun zugeführte Energie ist so wundervoll für Judith, dass wir diese Erfahrung verankern. Nach weiteren Hinweisen für ihr jetziges Leben darf sie nun in den Tempel der Heilung und in die violette Flamme. Beides wird sehr ausgiebig genossen.

Ich habe den Eindruck, dass eine „verwandelte" Klientin vor mir steht.

Verlust eines Kindes auf der Flucht

Auch Melanie P. ist durch die *verborgene Wahrheit* auf mich aufmerksam geworden. Sie hat Erfahrungen mit Reiki. Das heißt sie ist eingeweiht und auch ansonsten sehr bewusst!

Melanie steigt schnell in eine Situation ein, die sie jedoch noch nicht als solche empfinden kann. Angewurzelt und total schwer fühlt sie sich an den Boden gebunden. Sogleich folgt eine Phase totaler Leichtigkeit und Unbeschwertheit. Die Situation dauert einige Minuten an, bis ich spüre, dass sie auf der Zwischenebene ist. Völlig untypisch im Verlauf, doch was ist schon normal? Also bitte ich Melanies Engel, mit ihr Kontakt aufzunehmen, um weitere Informationen zu erhalten. Der Kontakt ist schnell hergestellt und so präsent, dass ich das Gefühl habe, direkt mit ihm zu kommunizieren. Melanie erhält einige Hinweise und steigt dann in das für sie hier und heute wichtige Thema ein. Dieses Thema hatte sie vor der Sitzung als „zweite Wahl-Thema" benannt.

Sie geht als junge Mutter, Mina, spärlich bekleidet mit einfachem Gewand, Kopftuch und nackten Füßen einen sehr schweren Weg. Mina stampft im schlammigen Untergrund und hat riesige Probleme voranzukommen. Mit vielen anderen ist sie unterwegs und spürt, dass ihnen eine große Bedrohung im Nacken sitzt. Es ist eine für mich spürbare Angst, die ihr gewiss macht, dass sie auf der Flucht vor einem Feind ist. Melanie hat das Gefühl, dass es Masuren ist, wo sich dieser Flüchtlingstreck durch Morast und Schlamm und schlechtes Wetter vorankämpft. Jeder rettet nur noch sein nacktes Leben. Mina spürt nun, dass sie an der linken Hand eben noch ein kleines Mädchen hatte (zwei bis drei Jahre alt), doch nun ist es weg. Es konnte ihr trotz Ermahnungen schnell zu machen, nicht mehr folgen und bleibt zurück. Selbstvorwürfe, Angst und Trauer umschleichen sie nun, doch es gibt keinen Weg zurück! Die Flucht geht weiter und sie schaut sich noch einige kurze Sequenzen an, die jedoch ohne große Bedeutung sind. So führe ich sie direkt in ihre Sterbephase, in der sie etliche Glaubenssätze ausspricht, die auch heute noch Gültigkeit haben. Mina litt seit dem Verlust des Kindes unter großer Einsamkeit, Trauer, Schwere des Herzens und anderem mehr.

Mina wird von ihrem Engel begleitet und von ihm im Rückblick unterstützt. Sie hatte in der Situation des Verlustes einen Seelenvertrag abgeschlossen, der sich auf den Schutz ihres Kindes bezieht. Im heutigen Leben ist ihr damals verloren gegangenes Kind ihr Sohn. Sehr deutlich werden die durch den Verlust ausgelösten Zusammenhänge im heutigen Leben. Das ständige Behüten wollen des Kindes wie bei einer Glucke wird verständlich. Außerdem hat sie sich ein Karma mit zehn Ausgleichsleben aufgeladen.

Es wird ihr nicht erlaubt, den Hüter aufzusuchen. Das ist für mich nicht verständlich und so spreche ich den Engel direkt an und erkläre ihm, warum ich es für angemessen halte, den Hüter aufzusuchen. Er stimmt nun zu und begleitet meine Klientin zu ihrem Hüter. Sie ist sehr beeindruckt von seiner unermesslichen Güte und Freundlichkeit. Melanie weiß, dass sie schon oft hier war und ist dankbar heute hier zu sein. Er erlässt ihr die restlichen drei Karmaleben, löst ihren Seelenvertrag und die Glaubenssätze auf. Dann entlässt er Melanie mit einigen persönlichen Hinweisen. Die violette Flamme ist für sie sehr intensiv und sie kann noch einiges auflösen.

Mit zwei verankerten Informationen verlässt eine erfüllte Klientin meine kleine Praxis.

Begegnung mit geistigen Helfern

Was ist ein geistiger Helfer? Ich denke, das soll jeder selbst für sich interpretieren. Die unglaublich vielfältigen Begegnungen mit „Wesenheiten" in den Sitzungen klingen möglicherweise suspekt, sind jedoch laut Aussagen der Klienten immer sehr real im Empfinden. Ich vermeide dabei grundsätzlich jede Wertung. Wichtig sind die persönlichen Erfahrungen und das was sie dem Klienten bringen. Klienten, die es schaffen ihren Schutzengel aktiv in ihr Leben zu integrieren, führen ein deutlich bewussteres, glücklicheres Leben. Diese Beobachtung habe ich bei vielen Klienten machen dürfen, auch bei mir selbst. Deshalb ist mir die Integration dieser Aspekte in die Rückführungs- und Energiearbeit – wenn der Klient es möchte und es sich ergibt – sehr wichtig.

Selbstsicherheit und Glaube

Carolina T. hatte sich im Vorfeld von Bekannten sehr verunsichern lassen und mehrfach angerufen. Als sie erscheint, ist sie immer noch sehr eingeschüchtert.

Obwohl sie bereits viele Dinge versucht und unternommen hat, um die Ursache für ihre Ängste und Sorgen zu finden, waren diese Versuche erfolglos geblieben. Carolina war vorher noch nie in eine wirkliche Entspannung gekommen und dennoch ist sie heute schnell in tiefster Entspannung.

Doch dann irrt sie über Treppen und Wege und lässt mich zweifeln, ob dies heute eine zielführende Sitzung sein kann. Sie kommt eine Treppe hinunter und gelangt an eine große geschlossene Wand, weiß und warm, doch nichts weiter. Was soll das? Ich rege an, genauer hinzuschauen, die Wand auf Türen zu untersuchen, zu spüren ob hier nicht doch eine Lücke, wie zum Beispiel eine einfache Öffnung ist. Dann plötzlich erscheint ein Fenster, ein geöffnetes Fenster, durch das ein Gesicht schaut. Carolina macht einen leicht erschrockenen Eindruck und traut sich gar nicht recht auszusprechen, was sie sieht. „Nein, das glaube ich nicht, was ich da sehe". Ich rege sie an es einfach auszusprechen und gleichzeitig zu fragen, ob das, was sie sieht, „echt" ist. „Ja" wird bestätigt. „Ich sehe Christus mit der Dornenkrone, einem Schwert und einer Lanze vor diesem Fenster. Lanze und Schwert verschwinden, doch die Dornenkrone bleibt".

Nun stelle ich viele Fragen, die Carolina bestätigen, dass ihr Gesprächspartner entschieden hat, sich ihr zu zeigen, nicht umgekehrt. Er zeigt ihr unter anderem folgende Dinge:

- Ich bin immer für dich / euch da.
- Ihr dürft mich um alles fragen, um alles bitten.
- Habt Vertrauen, nichts ist mit meiner Hilfe unmöglich.
- Zweifle nicht an dir, du bist, was du bist, Selbstzweifel ist unnötig.
- An mir müsst ihr nicht zweifeln, ihr könnt mich spüren und erfahren.
- Ich habe gelitten, um euch meine Liebe zu zeigen. Doch ihr müsst nicht leiden, meine Dornenkrone ist nicht eure; so wie ich sie ablegen kann (er nimmt sie ab), könnt ihr euch gegen das Leid entscheiden; es geschieht das, was ihr wählt...

Carolina erhält darüber hinaus etliche Hinweise, wie sie ihre Themen bewältigen kann, und dass sie in schwierigsten Situationen nur auf Jesus vertrauen soll. In einer Situation, in der wieder Zweifel auftaucht, rege ich an, Jesus abzutasten und anschließend auch an seinem Gewand zu zupfen. Carolina traut sich erst nicht, doch nach meinem regelrechten Befehl macht sie es doch. Das detailliert beschriebene Gewand zeigt der Klientin die „Echtheit der Lebenssituation". Das verschmitzte Lächeln Jesu beim Zupfen lässt mich fast laut lachen.

Ich rege sie immer wieder an, den Dingen, die ihr an Jesus auffallen, auf den Grund zu gehen. So ist beispielsweise die Lanze verschwunden. Ich frage, was es damit auf sich hat und sie sieht, wie er die Lanze in seiner linken Hand hat und blitzschnell durch ihr Gesicht „stößt". Das dauert nur den Bruchteil einer Sekunde. Dennoch hat die Klientin das Gefühl, dass damit alle negativen, zurückgebliebenen Energien eines hier kürzlich entfernten Basalioms wie weggewischt sind.

Dafür, dass sie großen Respekt vor der ersten Sitzung hatte, ist Carolina jetzt sehr, sehr erleichtert und beeindruckt. Ich, der ich diesen Gesprächspartner deutlich spüren konnte und einige Hinweise bekam, war ebenso erfüllt wie die Klientin.

Metatron, Urlicht

Die zweite Sitzung von Helen K. innerhalb von 14 Tagen. Und es wird wieder eine besondere Erfahrung. Schade ist es, dass man die tiefen Emotionen der Klienten und des Rückführers nur schwer in Worte fassen kann.

Nachdem die erste Sitzung der Klientin bereits viele Antworten brachte, möchte sie heute „lediglich" die Themen mit ihrer Mutter auflösen. So suchen wir das Haus der Familie auf, zumindest möchte sie das.

Wie ich es bereits erwartet hatte, springt sie jedoch in eine völlig andere Welt. Sie erlebt das, was ich eine Woche zuvor und auch einige weitere Male erleben durfte.

Sie wird von Metratron geradezu überwältigt. Er erfüllt sie vom ersten Chakra in Zeitlupentempo aufsteigend. Nachdem ich sie einige Zeit diese Energie erleben lasse, bitte ich Metratron, die Klientin ins Urlicht zu führen.

Obwohl die schätzungsweise zwanzig Minuten unter der Energie von Metratron schon etwas Ergreifendes waren, erlebt sie im Urlicht alles, was sie sich ersehnt hat: die direkte Nähe zum Göttlichen und zum *Alles was ist*, die Liebe und die Freude und ihren eigenen Ursprung. Helen erhält von Metratron viele Hinweise zu ihrem Leben, ihrem Sein und den Aufgaben ihrer Seele. Da sie in der letzten Sitzung erkennen durfte, dass sie Erfahrungen mit Heilenergien hat, rufe ich jetzt Christus hinzu.

Helen erlebt einen weiteren emotionalen Höhepunkt, sie ist zutiefst berührt beim Spüren dieser unglaublich liebevollen Energie des Christus. Auch von ihm erhält sie weitere Informationen und wird durch seine Energie erfüllt. Helen spürt, dass die Energien nur bis zum fünften Chakra fließen. Hier sind deutliche Blockaden. So bitte ich die anwesenden Helfer, diese Blockaden zu lösen und die Energie des Urlichtes hineinfließen zu lassen. Die Energien verteilen sich nun bis auf eine kleine Blockade in ihrem gesamten Energiekörper. Ich frage Helens Begleiter, ob sie einverstanden sind, dass die Klientin jetzt ihren Hüter aufsuchen darf.

Auf die Frage, ob es offene zu klärende Dinge mit ihrer Mutter gebe, lässt der Hüter sie nun in eine Situation mit ihrer Mutter schauen. Genau in diesem Moment weiß sie, wie sie die Schwierigkeiten mit ihrer Mutter lösen kann. Helen geht mit der Unterstützung der machtvollen Helfer ganz tief in die Liebe und löst die Blockaden. Auch jetzt ist sie zutiefst gerührt. Man spürt die Blockaden regelrecht plumpsen.

Es folgt ein längerer Austausch mit dem Hüter, bevor die Klientin über den Tempel der Heilung ins Hier und Heute zurückkommt.

Erfahrung im Urlicht und mit vier geistigen Helfern

Chantal F. hatte bereits Rückführungen bei einer Kollegin. Diese hatte offensichtlich viele Dinge nicht oder nicht vollständig aufgelöst.

So starten wir nach einem längeren Vorgespräch, bei dem deutlich wird, dass hier eine sehr erfahrene, alte Seele vor mir sitzt. Mein Berührt sein deutet auf eine weitere Seelenverwandte hin.

Wir beginnen wie von Chantal gewünscht im Haus der Kindheit, wobei ich während der Entspannungsphase sehr deutlich spüre, dass hier schon Besuch unterwegs ist. Chantal wählt eine Türe, die dunkel und angstbeladen ist. Ein Aufzug führt sie in eine Ebene, die ihr gänzlich unbekannt ist. Hier trifft sie ihren Schutzengel. Sofort habe ich die Eingebung, dass sie nun zu ihrem Ursprung darf. Ich frage nach, und der Engel erlaubt es und nimmt sie mit. Weitere vier Lichtwesen begleiten sie. Nun fordere ich Chantal auf zu fragen, wer sie begleitet. Am Urlicht angekommen, erfährt sie, wer ihre Begleiter sind: Metratron, der Engel des Wandels, Zadkiel und der Hüter der Akasha-Chronik. Alle Vier haben eine so starke und präsente Energie, dass auch ich in ihren Bann gezogen werde. Zwei kenne ich ja „persönlich". Zuerst bitte ich nun, dass die Klientin das Urlicht erleben darf.

Chantal ist so erfüllt und überwältigt, das sie kaum Worte dafür finden kann: „Ich spüre eine überwältigende Liebe, Schmetterlinge, Hochgefühle, Glück". Einige Dinge mehr berichtet sie, sie ist vollkommen beeindruckt. „Es ist das Universum, das All, Gott, der Allmächtige, der immer war..."
Nun führt sie ein langes Gespräch mit diesen Lichtwesen. Ihre Lebensaufgaben werden in Bezug auf das Urlicht und die erfahrene Liebe erklärt. Sie soll sich fortlaufend weiterentwickeln. Nicht immer hat sie dass begriffen, doch jetzt ist sie auf einem guten Weg. Sie möchte wissen, ob sie ein Kind haben darf. Nachdem dies bejaht wird, bitte ich darum, dass die Seele des Kindes zu ihr kommen darf. Dies geschieht, schnell taucht ein süßes Mädchen auf, und die Klientin ist sichtlich gerührt. Das Kind ist ungeduldig, doch ist es anscheinend noch nicht ganz so weit.
Der Hüter teilt ihr mit, dass es Dinge aufzulösen gibt, und dass sie heute damit anfangen soll. Also führt sie ihr Engel direkt in eine karmische Situation. Sie hatte in einer früheren Sitzung ihren gewaltsamen Tod erlebt. Beteiligt waren damals ihre heutigen Eltern. Für die Klientin scheint klar zu sein, dass sie da ist, um Rache zu üben. Sie steigt im achten Monat der Schwangerschaft ein. Dort erlebt sie Eltern, die sich nicht intensiv auf das Ungeborene einlassen, die Verbindung nicht suchen und offensichtlich überfordert sind. Sie spürt dabei etliche der Dinge, die sie auch im heutigen Leben kennt. Eine Art Mantel legt sich um ihr Herz, es schränkt seine Leistung ein, macht bereits in der Kindheit Probleme und führt heute zu fehlender Ausdauer. Traurigkeit, Ängste, Niedergeschlagenheit und andere Gemütszustände beeinträchtigen sie sehr. Auch nach der Geburt erlebt sie Ähnliches. Die große Liebe der Eltern fehlt, sie können sich nicht auf sie einlassen. Der herbeigerufene Engel teilt klar und eindeutig mit, dass es die von der Klientin mitgebrachte Rache nicht gibt. Sie hat sich die Liebe und die Unterstützung der Eltern mitgebracht.

Chantal möchte nun sehen, warum ihr die Selbstsicherheit fehlt, und wird in zwei Situationen geführt, in denen sie einen Lehrer hat, der sie mit seiner unverschämten und cholerischen Art total verunsichert. Traurigkeit und Verunsicherung sind fortan so tief in ihr verankert, dass sie kaum Chancen hat ohne Hilfe hier herauszukommen. Noch zwei weitere Situationen werden ihr gezeigt, bevor ich den Engel bitte, sie wieder zu ihrem Hüter zu führen.

Dieser teilt ihr mit, dass es weder Seelenvertrag noch ein Karma für sie gab. Sie soll lieben und vergeben. Außerdem erhält Chantal nun eine Vielzahl von verlorenen Seelenanteilen zurück. Diese fließen so intensiv in sie hinein, dass sie das nächste Hochgefühl erleben darf. Chantal erhält noch einige weitere Hinweise ihres Hüters und geht nun in den Tempel der Heilung und in die violette Flamme. Beides genießt sie und ist danach durch die Dinge, die sie erleben durfte, völlig geschafft.

Es geht ihr gut, sie hat auf einem wundervollen Weg den roten Faden wieder gefunden. Und sie wird diesen Weg mit vielen überwältigenden Erfahrungen weitergehen. Heute hat sie jedenfalls viele Hinweise und Hilfen erhalten. Und bei diesen kraftvollen Helfern kann es nur ein starker Weg sein!

Heilung durch Engel, Angstthemen und Gotteserfahrungen

Diese Sitzung wird etwas ganz Besonderes. Joline Z. hatte bereits vorher ein langes Telefongespräch mit mir geführt.

Alleine das Vorgespräch sprengte alle vorherigen Dimensionen. Sie hatte vieles erlebt und eine sehr schwere Kindheit in den letzten Kriegstagen und in der Nachkriegszeit erfahren. Insbesondere die Strenge und Rücksichtslosigkeit des Vaters und die fehlende Entfaltungsmöglichkeit hatten sie lange Zeit aus- und eingegrenzt. Danach hatte Joline sich entwickelt und wurde immer bewusster. Viele körperliche Probleme stellten sich ein, konnten jedoch von der Klientin durch allerlei „Grünzeug" behandelt werden. Mit Ärzten hatte Joline nie viel am Hut. Außerdem „sieht" sie viele Dinge wie Zeichen und Symbole, geistige Wesen und Sequenzen aus früheren Leben. Doch sie erhält keine Informationen, es bleibt bei Bildern, „sie hören nicht und antworten nicht", sagt sie etwas zornig.

Bereits kurz nach dem Einstieg geht es mit diesem Sehen los. Joline sieht viele Dinge wie verschiedene Symbole und Zeichen, Blumen und vor allem Farben. Eine minutenlange Sequenz aus einem früheren Leben erleichtert den Einstieg, ist jedoch ohne besonderen Hinweis. Ich deute es eher so, dass es letztlich hier nicht um frühere Inkarnationen geht. Nach den Vorgesprächen hatte ich dieses Gefühl bereits und hatte mit Joline den Einstieg über die Zwischenebene beschlossen, obwohl sie eigentlich auch auf die Ursachensuche nach ihren Ängsten gehen wollte.

Es erscheint ein Dreieck, das mich sofort beeindruckt. Es hat etwas. Joline beschreibt es, kann es jedoch zuerst nicht deuten. Nun verändert sich das Dreieck ständig, ohne seine äußere Begrenzung zu ändern. Viele Veränderungen stellen sich ein, Farben und Formen fließen in das Dreieck hinein und heraus. Ich schicke Joline in das Dreieck, um zu spüren, was sich im Inneren befindet. Doch es ist innen wie außen. „Dieses Dreieck enthält alles, alles was existiert. Alles ist innen und außen. Ich bin innen und außen, ich betrachte es und gleichzeitig ist es in mir. Hier ist alles und nichts, Zeitlosigkeit und Zeit."

Viele weitere Aussagen folgen und ich weiß, dass ihr ein Hinweis fehlt, den sie jedoch sucht. „Ist es das „Alles in Allem", was zu dem passt was du erlebst?", frage ich Joline. Nach einem Moment der Sprachlosigkeit atmet sie tief durch und bestätigt dann: „Ja, das ist es, das ist es!" „Wir sind Gott begegnet, wir kleinen Menschen, die doch so groß sind, dass sie das „Alles in Allem" in sich tragen dürfen."

Nun taucht ein geistiges Wesen auf, das sich um Joline bewegt. Es kippt eine Masse an blauer und violetter Farbe über sie aus. Die Klientin spürt, dass diese Aktion ihrem Schutz dient. Ständig wechseln die Farben, mit denen der Engel aktiv ist. Dann erscheinen weitere Lichtwesen, die teilweise wieder verschwinden. Einige arbeiten sehr intensiv an ihr. Bei den Dingen, die ich wahrnehme und die Joline erzählt, ist es offensichtlich, dass diese Lichtwesen Chakrenarbeit und Auraarbeit vollziehen. Blockaden werden gelöst, Narben und Wunden behandelt und verschlossen; insbesondere die Angst wird bearbeitet. Dinge aus dem heutigen Leben und den vergangenen Leben werden gelöst.

Joline gerät aus einem Hochgefühl ins nächste und ist immer wieder so gerührt, dass die Tränen fließen. Einige dieser Gefühle lasse ich verankern, so dass sie auch später darauf zugreifen kann. Ich frage nun, wie viele Engel an ihr wirken. „Ich kann sie nicht zählen, sie laufen jetzt um mich herum". Plötzlich sagt sie „dreizehn". Ich verstehe zuerst nicht, was sie meint, doch dann wiederholt sie die Zahl dreizehn. Die Frage: „Sind es dreizehn Engel?" wird mit „Ja" bestätigt. Ich frage nun, ob auch der Erzengel Raffael dabei sei, woraufhin die Klientin lacht. „Da hat einer von hinten „Hier" gerufen!" „Die anderen Engel gehören alle zu Raffael und gehen jeder einer eigenen Aufgabe nach."

Ich frage Joline nun, ob denn auch die Angst behandelt wird (obwohl ich es weiß, beziehungsweise spüre). Während sie ständig von Farben eingehüllt und getränkt ist, wächst nun augenblicklich eine riesige Rose aus ihrem Herzen heraus und entfaltet sich in einer wundervollen Pracht, die Antwort auf die Angstfrage! Ich hake trotzdem nochmals nach und frage, ob keine weitere Arbeit zum Thema Angst mehr notwendig sei. Dann taucht ein dunkler Tunnel auf, bei dem Joline sofort weiß, dass ihre Angst sich in diesen dunklen Tunnel hineinbewegt und hindurchgeht. Dann sieht sie die Angst ins Licht fließen. „Sie ist nun weg", sagt sie. „Doch, was mache ich, wenn sie wiederkommt?" Ich bitte ihre Engel um eine weitere Erklärung dazu, die auch sofort erscheint. Die Rose ist natürlich das Zeichen für die göttliche Liebe, die göttliche Liebe aus dem „Außen", aber auch aus ihr selbst. Die Engel teilen ihr unmissverständlich mit, dass die Angstblockaden gelöst sind und sie nun jede aufkommende Angst mit der Liebe besiegen kann. Außerdem bieten sie ihre ständige Hilfe an.

Wir stellen nun noch etliche Fragen, die zum Teil durch Licht an- und ausschalten beantwortet werden. Auch dies scheint die Engel köstlich zu amüsieren. Joline ist zuerst leicht irritiert, kann sich dann aber doch ganz langsam an diesen Humor gewöhnen. Irgendwann, nach deutlich über einer Stunde intensiver Chakrenarbeit, beenden die Engel ihre Arbeit und schalten einfach das Licht aus (lustig, ich muss während dieser Sitzung oft lächeln). Ich führe Joline noch in die violette Flamme, eine Erfahrung, die ihr ebenfalls neu ist, aber zukünftig helfen wird.

Ein klärendes Nachgespräch sieht eine total glückliche Klientin. Für mich war es eine sehr tiefe Gotteserfahrung, die mir viele Informationen gebracht hat. Auch ich bin der geistigen Welt sehr dankbar!

Urlicht und Begleitung durch geistige Helfer

Brigitte S. kommt zu ihrer zweiten Sitzung und wird wieder viele Hinweise für ihre spirituelle Weiterentwicklung erhalten.

Sie wird von den Engeln Michael, Uriel, Raffael und einem weiteren abgeholt. Wie sie später erfährt, sind diese Engel für ihre Aufgaben besonders wichtig. Sie wird in die Zwischenebene geführt, doch nur um auf eindrucksvolle Weise die in ihr enthaltenen Energien zu spüren. Sie spürt Energien in den Füßen, Händen und in allen Chakren des Körpers. Teilweise fließen diese Energien in beeindruckend starken Strömen in die Umwelt und helfen dort Mensch, Tier und Erde.

Dann geht's auf eine Zwischenebene vor dem Urlicht. Hier erhält Brigitte Informationen von Metatron, Melchisedek und Josofiel, Informationen zu Schwingungsveränderungen, ihren Aufgaben und zu ihrer Weiterentwicklung. Anschließend geht's zum Urlicht. Hier wird sie von der Liebe, der Wärme und der Schwingung der Göttlichkeit so emotional erfasst, dass ich sie ein paar Minuten alleine lasse, damit sie ungezwungen genießen kann.

Die begleitenden Engel geben Brigitte viele Hinweise zu ihrer spirituellen Weiterentwicklung. Dabei spielen insbesondere die Anwendung der Energien, deren Zentrierung und Ausrichtung eine zentrale Bedeutung. Die Lebensaufgaben in Bezug auf Heilerarbeit, Gruppenarbeit und die persönliche Weiterentwicklung werden hervorgehoben. Danach erhält auch sie von ihrem Hüter viele Seelenanteile zurück. Diese Seelenanteile hatte sie in verschiedenen Leben verloren beziehungsweise abgegeben und fehlen ihr nun bei der Erfüllung ihrer Aufgaben. Darauf darf sie noch in den Tempel der Heilung und in die violette Flamme. Da Brigitte auch dabei sehr berührt ist, lasse ich sie wiederum alleine.

Glücklich sein ist wohl der passende Begriff für dass, was sie zeigt, als ich sie aus der Sitzung herauszähle. Wieder ist eine Sitzung zu Ende, die so noch keinen Vergleich hatte.

Austausch mit Christus

Laura W. kommt mir etwas „geschoben" vor (ihr Mann hatte wohl etwas gedrängelt), außerdem ist sie sehr aufgeregt. Das heißt, aus freien Stücken wäre sie bestimmt nicht gekommen. Im Normalfall würde ich ja sagen, sie soll warten, bis sie selbst und freiwillig will. Auf der anderen Seite weiß ich ja, dass es kommt, wie es kommen soll. Es wird wieder einmal eine Sitzung der besonderen Art...

Der Einstieg gelingt recht gut. Laura sieht und spürt sich als sechsjähriges Kind und fühlt sich dabei sehr geborgen und behütet. Ihre Kleidung, ein freundlich aussehendes und spürbares Sommerkleid, das bis an die Knie reicht, und Sommerschuhe werden genau beschrieben. Die Sonne wärmt sie und sie empfindet, dass jemand sie von hinten umschlungen hat, um sie zu schützen. Ich rege sie an, sich umzudrehen und zu schauen, wer sie schützend hält. Während Laura scheinbar an Mutter oder Vater denkt, habe ich eher das Gefühl, dass es ihr Engel oder ein anderer geistiger Helfer ist. Deutlich wird jedoch, dass es jemand Bedeutendes ist. Laura schaut, erkennt jedoch im ersten Moment nichts. Ohne einen Hinweis meinerseits ist ihr schnell klar, dass keine Person aus dem heutigen Leben sie umschlingt. Sie spürt jetzt sehr eindeutig, dass es ein Engel oder Jesus ist.

Dann kommt der klare Hinweis: „Es ist Jesus!" Die Ansage ist klar und spürbar. Ich frage etwas linkisch nach, ob sie sich da sicher ist. Und obwohl meine Klientin vorher sehr unsicher war und nicht wusste, ob sie sich trauen soll, kommt die Aussage so sicher, dass ich nicht daran zweifele.

Danach ergibt sich ein sehr intensiver und emotionaler Dialog, in den ich manchmal helfend eingreifen darf. Jesus erklärt Laura, ohne mit ihr in die entsprechenden Situationen zu schauen ihre Themen, deren Ursachen und die Möglichkeiten der Auflösung. Es gibt Körperkontakte zwischen der Klientin und Jesus, ich halte sie an, sein Gewand auf Beschaffenheit und Oberfläche zu testen. Ich fordere Laura auch auf, daran zu ziehen, woraufhin sie ein Lächeln des Trägers erhält. Ich meinerseits betrachte die Situation gespannt und lache in mich hinein. Laura erhält viele Hinweise für das Leben im Hier und Heute, insbesondere die Arbeit mit dem Christuslicht wird ihr empfohlen.

Am Ende der Sitzung erhalte ich den Auftrag der Klientin die Christus-, die Begradigungsenergie weiterzugeben, was ich nach kurzem Zögern bestätigen lasse und natürlich bereitwillig tue.

Macht

Das Thema Macht ist besonders spannend. So könnten die Inhalte der diesbezüglichen Sitzungen Vorlage für so manchen Roman sein. Die Tiefe der menschlichen Seele, die dunkle Seite, die Schattenseite – alles Begriffe, die wir kennen – hier werden sie greifbar. Hass, Zwietracht und Niedertracht, Verrat, Mord und Totschlag. Nein das sind keine Begriffe aus einem neuen Tatort, sie gehören zu unserem Erfahrungsschatz. Es ist wichtig, sie zu erkennen und zu akzeptieren, diese Seite, die Schattenseite. Sie gehört ebenso zu uns wie die lichtvolle Seite. Hier sei auf den Abschnitt Erkenntnis in Kapitel III verwiesen.

Die Auseinandersetzung mit Kirche und Macht

Und wieder folgt eine besondere Sitzung, es ist kaum zu glauben, was mir alles begegnet und wie vielfältig die Themen, Begegnungen und Abläufe sind. Alexandra K. erzählt mir ihre Krankengeschichte und ihre mehr als abenteuerlichen Erfahrungen in Bezug auf Träume, Sehen von Situationen aus der Vergangenheit und so weiter. Beim ersten Gespräch nehme ich die Dinge nicht so dramatisch auf, wie sie geschildert werden. Beim Vorgespräch spüre ich jedoch, dass es hier schwerwiegende Erfahrungen und Prägungen gibt. Ich bemerke auch, dass es sich um eine sehr, sehr bewusste Seele handelt, diese Seele aber durch irgendetwas „aufgehalten" wird.

Der Einstieg gelingt „ruckzuck" und sie findet sich im Mittelalter wieder. Als Rebecca steht sie auf einem Marktplatz und erwartet Unheilvolles, nämlich die Macht. Diese Macht nähert sich dann in Form eines Bischofs mit weiteren Inquisitoren und weltlichen Soldaten. Sie tritt diesem Machthaber auf einem Pferd gegenüber und spürt seine dunkle (für mich fast dämonische) Macht, die immer mehr zunimmt. Sie selbst sieht sich in helles Licht gehüllt, gestärkt mit göttlicher Kraft und Liebe. Die Situation löst sich auf, nachdem der Bischof wüste Versprechungen, Flüche und Drohungen ausspricht.

Für Rebecca folgen nun Verrat und Verschleppungen von Gefolgsleuten. Sie versucht in einem Befreiungsversuch, eine Freundin aus den Händen eines weltlichen Machthabers zu retten und bringt dabei den Statthalter um. Nach diesem Zwischenfall gerät sie völlig aus der Fassung und irrt orientierungslos durch das Regierungsgebäude. Angst und Panik machen sich breit. Sie läuft zurück, um sich die Tatwaffe zu holen, kann sie jedoch nicht aus dem Körper des Statthalters herausziehen. Sie stellt sich sogar auf den Brustkorb des Peinigers, um das Messer zu entfernen. Blut spritzt ihr entgegen, sie ist völlig beschmutzt. Nun wirft sie das Messer weg und rennt in den Keller des Gebäudes, um die Gefangene zu finden. Sie entdeckt ihre Freundin, die jedoch zu Tode gefoltert wurde. Nun wird auch Rebecca gefasst und ebenfalls gefoltert und missbraucht. Eine Horde Männer fällt über sie her, nachdem der Bischof persönlich sie übelst missbraucht hat. Die Schmach, die sie dabei erlebt, ist entsetzlich, doch sie verspricht sich selbst, nicht daran zu zerbrechen. Diesen Sieg gesteht sie diesem Widersacher nicht zu.

Einige Zeit verbringt sie im Kerker, bis die Meute auch ihren Mann gefangen nimmt, um nun der ganzen Familie habhaft zu sein. In der nächsten Situation sieht sie sich gemeinsam mit ihrem Kind auf einem Scheiterhaufen. Nun lässt sie der Bischof vom Scheiterhaufen holen, um sie doch noch zu brechen. Sie soll ihren Mann töten, um damit ihr Kind zu retten. Nach langem Ringen gibt sie auf Bitten ihres Mannes nach und tötet ihn. Sie leidet entsetzliche Qualen und landet, trotz der Versprechen, mit ihrem Kind auf dem Scheiterhaufen. Hier geschieht dann wiederum etwas Spannendes und zugleich Belastendes. Sie erkennt, dass es nicht nur ihr lebendes Kind ist, das mit ihr sterben soll, sondern auch, dass sie ein Kind vom Bischof aus dem Missbrauch unter ihrem Herzen trägt. Diese Erkenntnis hält sie in der Sterbephase davon ab, sich zu trennen und zur Zwischenebene zu gehen. Sie will das Kind von dieser dunklen Macht nicht haben, lieber würde sie hier verbrennen und das Kind mit ins Feuer nehmen.

Nun findet ein intensiver Austausch auf der Zwischenebene statt, wo sich ein Teil von ihr befindet, während der andere noch im Feuer ist. Engel helfen bei der sehr, sehr schmerzhaften Geburt, einer echten Tortur. Doch dann ist das Kind da und sie kann sich mit ihm unterhalten. Die beiden versöhnen sich hier im Beisein aller geistigen Helfer, sodass Rebecca die Geburt dieser Seele zulassen kann. Endlich kann sie sich aus dem Feuer lösen und den Weg zur Zwischenebene antreten.

Meine Klientin schaut mit ihren Engeln zurück auf die wahnsinnig komplexen Situationen und Eindrücke, die hier nur in Kurzform dargestellt sind. Die Abfrage nach Lebensaufgaben und Karma ist nicht eindeutig genug, so dass ich sie zum Hüter führe.

Auch dieser Austausch ist einer der umfangreichsten, den ich bisher erlebt habe. Sie erfährt erst einmal viel, viel Trost und Herzlichkeit. Sie erfährt, dass sie sich mit dem Mord einige Ausgleichsleben genommen hatte, die sie jedoch nun abgearbeitet hat. Viele Glaubenssätze können gelöst werden, ebenso einige Blockaden. Der Hüter rügt sie, dass sie so lange gebraucht hat, um zu ihm kommen. Doch nun wird alles gut. Der Tempel der Heilung tut das Seine und ich erlebe eine völlig erschöpfte Kollegin, die endlich alle Puzzleteile zusammensetzen durfte.
Und dennoch ist Alexandra überrascht von all den Eindrücken, wie auch von der fast sechsstündigen Sitzung. Aber auch ich bin völlig geschafft.

Schwarze Magie, Macht

Auch Svenja K. hatte aus diversen Gründen eine lange „Vorlaufzeit". Es wird eine der intensivsten Sitzungen mit genügend Spannung für einen Abenteuerfilm.

Svenja landet in einem mittelalterlichen Schloss und sieht sich als junger Thronfolger auf einem Thron, dem er jedoch aus irgendwelchen Gründen nicht gewachsen ist. Er kommt sich klein vor, machtlos, er hat Angst vor der Verantwortung. Er sieht sein ehemaliges Kindermädchen – eine smarte, jedoch ruhige und zurückhaltende Person.

In der ursächlichen Situation zeigt sich, dass der Machthaber durch einen Anschlag ums Leben kommt. Er sitzt mit einem Messer in der Brust auf dem Thron. Gleichzeitig wird deutlich, dass die zuerst harmlos wirkende Person die Königsmutter ist. Sie hat es auf den Thron abgesehen und versucht alles, um an die Macht zu kommen. Gleichzeitig erkennt die Klientin, dass sowohl der König wie auch die Großmutter heutige Familienmitglieder sind. Nachdem klar wird, dass der Sohn den Thron besteigt, zeigt die Mörderin ihr wahres Gesicht. Sie zeigt, dass sie mit schwarzer Magie arbeitet und verflucht nun sowohl den Sohn wie auch den verstorbenen Vater. Augenblicklich werden die beiden in eine Masse an Bändern, Ketten und Schlösser eingeschlossen. Svenja spürt, dass die eingeschlossenen

Körperteile allesamt Stellen sind, die im Heute zum Teil heftige Beschwerden machen. So schnürt beispielsweise ein Ring um die Taille sie so sehr ein, dass sie immer Druck am Bauch verspürt, ein Druck, der scheinbar den Bauch mitsamt den Organen nach oben schiebt.

Bei so viel geballter Macht und Magie rufe ich starke Hilfe hinzu. Mehrere Geistige Helfer (Michael, Nathanael, Zadkiel, der Engel des Wandels und der Engel des Lichts) unterstützen die Helfer der Klientin. Nun wird's noch aufregender. Alles Überreden hilft nicht, die Königsmutter lässt nicht von ihren Flüchen ab, sie kann sie nicht zurücknehmen. Sie lässt sich auch nicht davon abbringen, weiter mit schwarzer Magie zu arbeiten. Sie gibt an, ein gefallener Engel zu sein, und diese könnten nicht zurück.

Dazu befrage ich nun den Engel des Lichts, der diese Einschätzung sofort richtigstellt. Jedes Wesen hat die Möglichkeit, sich für das Licht zu entscheiden. So ist es auch mit den gefallenen Engeln, sie kamen aus dem Licht und gehen wieder ins Licht, doch sie müssen erkennen und entscheiden. Doch auch dies nimmt die Frau nicht an. Nun hat der Engel des Lichts plötzlich das Gesicht vom verstorbenen Ehemann aus der heutigen Inkarnation der Königsmutter. Diese bricht nun regelrecht zusammen. Der Ehemann erklärt ihr, dass sie sich selbst entscheiden kann, und dass sie alles selbst in der Hand hat. Nun bricht sie in heftiges Weinen aus, sie erkennt plötzlich all ihre Irrtümer. Jetzt ist sie bereit die Flüche zurückzunehmen beziehungsweise aufzulösen. Nach einer kurzen Vergebungszeremonie geht sie mit ihrem Mann ins Licht.

Ich bitte Michael, die Fesseln, Bänder und Ketten zu lösen. Er fordert mich auf, ihn zu unterstützen, was ich gerne mache. Eine halbe Stunde dauert es, bis alle Fesseln gelöst sind. Nun wird deutlich, dass Svenja eine zusätzliche Fessel am Hals hat, eine Fessel, die mit einem Implantat im Hals verbunden ist. Ein weiterer Verwandter hat diese Fessel ebenfalls. Die Fessel hat intensive Auswirkungen auf den Hormonhaushalt und auf die Stimmungslage der Betroffenen (der Verwandte leidet an einer schweren Depression). Außerdem fließt eine dunkle Masse durch ihr Lymphsystem. Auch die weiteren Fesseln und die Masse werden nun durch die Helfer entfernt und neutralisiert. Svenja fühlt sich nun völlig befreit, es geht ihr gut.

Jetzt kommt der Hinweis, dass sie sich um ihr Inneres Kind kümmern soll. Auch dieses taucht nun auf und wird von der Klientin auf den Arm genommen.

Svenja erhält noch viele Hinweise zu den Lebensaufgaben. Zum Beispiel, dass es wichtig ist, den Menschen die Masken abzunehmen, loszulassen und Abhängigkeiten abzulegen.

Eine sehr lange, anstrengende, aber spannende und befreiende Sitzung geht mit dem Eintauchen in die violette Flamme zu Ende.

Sinnsuche

Der Begriff scheint sehr unspezifisch, drückt jedoch genau aus, was viele Menschen wirklich suchen. In der Einführung habe ich aufgelistet, wie oft wir in unserem Leben die Warum-Frage stellen. Im nachfolgenden Abschnitt sind jedoch eher die Sinnfragen in Bezug auf die spirituelle Sinnsuche aufgeführt.

Dasein als Heilerin, Auseinandersetzung mit der Kirche

Lana R. ist bereits seit vielen Jahren auf „bewusstem" Weg, ohne es wahrzunehmen. Viele Dinge, die ihr zugestoßen sind, hat sie nicht als bedeutsam eingestuft. Lana ist in erster Linie auf Sinnsuche, hat einige Dinge aus ihrer Kindheit zu klären, aber auch ein offensichtliches Problem mit kirchlichen Gebäuden.

Der Einstieg über das Haus der Beziehung und Sinnsuche bringt Lana direkt in eine Situation am Galgen. In einem kleinen Dorf des Mittelalters steht sie auf einem Podest, auf dem zwei Galgen aufgebaut sind. Diese sind für sie und ihre Tochter Maria bestimmt. Sie erlebt die Bevölkerung zweigeteilt. Während die einen zufrieden jubeln, sind die anderen ärgerlich oder traurig. Ihr eigener Ehemann steht mit schlechtem Gewissen in der Menge. Er hatte wohl in verräterischer Weise mitgewirkt.

Nun gehen wir zurück ins Leben der Angela. Sie ist eine Kräuterfrau und sammelt in der Natur alle möglichen Zutaten, um heilende Tinkturen und Salben herzustellen. Sie ist überall bekannt und man weiß, dass sie kompetent ist. So wird sie bei einer Vielzahl unterschiedlichster Beschwerden und Leiden aufgesucht. Bereits früh wird sie von ihrer Tochter bei der Arbeit unterstützt. Ihre Rezepte schreibt sie in ein Buch nieder. Sie versorgt und betreut auch eine einflussreiche Frau des Dorfes mit Heilenergien und Kräutern. Diese ist jedoch neidisch und missgünstig veranlagt. Sie ist eifersüchtig auf Angelas Erfolg und hetzt ihren Hund auf sie. In diesem Moment hat meine Klientin intensive Schmerzen am Arm, denn das Tier hat sich hier verbissen. Diese Frau lässt auch anschließend keine Ruhe walten und hetzt nun die Menschen des Dorfes auf Angela. Sie sagt ihr Pfusch nach, sprich, Angela habe sie nicht ordentlich behandelt. Offensichtlich hat sie Mitstreiter in dieser Verleumdungsgeschichte, doch erkennen wir dies erst später. So landet Angela mit ihrer Tochter auf dem Podest und rechnet mit der Hinrichtung. Anmaßend und damit gotteslästerlich soll sie gewesen sein und natürlich auch eine Hexe. Der für die Vollstreckung des Urteils hinzukommende Scharfrichter überprüft das Urteil, das nicht von einem ordentlichen

Gericht festgestellt wurde. Schnell wird offensichtlich, dass es sich hier um ein eindeutiges Fehlurteil handelt. Beide bereits Verurteilte werden freigesprochen. Alle am Urteil Beteiligten geraten hart in die Kritik des Scharfrichters. Mutter und Kind dürfen den Platz verlassen, die Ankläger geraten unter Druck.

Die Klientin sieht sich in der nächsten Situation mit einem Gespann aus dem Ort hinausfahren. An der Kapelle des Dorfes lasse ich sie anhalten. Sie sieht den Dorfpfarrer vor der Kapelle stehen und bricht sofort in laute Beschimpfungen aus. Sie verflucht ihn und schließt einen Seelenvertrag mit der Kirche aus.

Dann veranlasse ich sie, in den Ursprung dieser Situation schauen. Sie arbeitet mit ihrer Tochter und behandelt den besagten Pfarrer in ihrer Hütte am Waldrand. Der Geistliche sitzt vor Maria und wird von ihr mit einer Salbe und einem Verband versorgt. Währenddessen macht er sich an den Beinen des Mädchens zu schaffen und wandert mit seinen Händen langsam unter ihren Rock. Als Angela dies sieht, reißt sie den Pfarrer von seinem Stuhl und schmeißt ihn schreiend aus ihrer Hütte. Aus diesem Grund verbündet sich der Pfarrer nun mit der besagten einflussreichen Frau und mischt im Hintergrund bei Anklage und Verurteilung kräftig mit.

Ich lasse die Klientin jetzt recht schnell und komplikationslos zur Zwischenebene gehen. Es folgt ein sehr informativer Austausch mit ihren geistigen Helfern, insbesondere mit ihrem Schutzengel. Schnell wird klar, dass die Glaubenssätze und der Seelenvertrag Auslöser für einige Probleme der Kindheit waren (ihre Eltern waren Beteiligte des Urteils), dass der Pfarrer die heutige Abneigung in Bezug auf die Kirche ausgelöst hat und dass die Sinnsuche den Ursprung in den erlebten Situationen der Heilerin hatte.

Der Besuch beim Hüter wird sehr emotional. Er erklärt ihr alles und löst auf, was aufgelöst werden kann. Er gibt ihr in ihren geöffneten Brustkorb ihre zuvor gereinigten Seelenanteile zurück. Sie steht vorher in einer Lichtsäule und wird mit strahlendem, hellem, göttlichem Licht durchflutet. Nach dem Erhalt ihrer Seelenanteile verabschiedet sie sich vom Hüter. Der Engel begleitet Lana noch in die violette Flamme und zeigt sich als liebevoller und ständiger Begleiter.

Eine mehr als frohe und glückliche Klientin verlässt mich mit einem „auf Wiedersehen".

Heilen mit Heilsteinen

Es geht also doch, eine kurze Rückführung in eineinhalb Stunden. Moritz S. möchte wissen, warum er sich so mit Heilsteinen verbunden fühlt, ob er sei-

nen Schutzengel treffen kann und ob es eine tiefere Ursache für bestimmte körperliche Beschwerden gibt.
In seinem Haus der früheren Leben gibt es zehn Türen, die offensichtlich unterschiedlich hohe Bedeutung haben, außerdem Treppen nach oben und nach unten, die ebenfalls genauer betrachtet werden wollen.
Nun sucht sich Moritz die einzige offene, leicht angelehnte Türe aus. Er geht hinein und findet einen sehr kräftigen, stämmigen Mann vor und sagt spontan: „Ich kenne ihn, es ist mein Schutzengel". Es folgt ein kurzer Austausch zu seinen körperlichen Beschwerden, den gemeinsamen Leben, den Aufgaben des Engels und der Arbeit mit Heilsteinen. Ich bitte den Engel Moritz in ein früheres Leben mit Zusammenhängen zu diesen Themen zu führen.
Der Klient findet sich in einer Höhle wieder. In mehreren Situationen erlebt er, wie Kranke und Verletzte zu ihm gebracht werden. Allen legt er seine Steine auf, Steine, die keine Besonderheiten zeigen. Ihre Wirkung erhalten sie erst, als er Energie aus seinem Solarplexus hineinfließen lässt. Er kann auch genau beschreiben, wie intensiv diese Energie in ihm arbeitet. Auch heute spürt er die Energie ansatzweise und arbeitet mit derselben Hand beim Umgang mit Heilsteinen. Nach diesen Situationen gibt es einen weiteren Austausch mit dem Engel und dessen Hinweis: „Für heute ist es genug, keine weiteren Türen".

So gehen die beiden noch zusammen in die violette Flamme.

Urlicht, Kristalle, Ursprung

Helen K. traf ich bei einer Veranstaltung. Dass sie so weit in ihrer Bewusstseinsentwicklung ist, hatte ich damals nicht erwartet. Als Psychotherapeutin geht sie „nach der Lehre" einen etwas anderen Weg, auch wenn sie sich sicher bereits deutlich gegenüber ganzheitlichen Methoden geöffnet hat. Sie sucht jetzt nach neuen spirituellen Zugängen, obwohl sie auch dabei nicht „unbeleckt" ist.
Helen hat kaum offene Themen, keine körperlichen und seelischen Beschwerden, sodass wir einfach nur auf Sinnsuche gehen, einfach nur...
Sie steigt sehr schnell ins Haus der Sinnsuche ein und entdeckt einige Türen und eine Treppe, die sie zuerst hinaufgeht. Helen gelangt hier in einen Saal, ich lasse sie also nicht erst ihre Türen inspizieren. In diesem Saal fühlt sie sich wohl, er hat eine gute Schwingung. Eine Statue erweckt ihre Aufmerksamkeit. Sie wechselt plötzlich ihre Gestalt vom Mann in einen Kobold, sodann in einen Zwerg und so fort. Ich fordere sie auf, dieser Statue die Maske abzunehmen und prompt steht ein riesiger Kristall vor ihr.

Sinnsuche

Nach der Sitzung wird sie mitteilen, dass sie keine besondere Beziehung zu Steinen und Kristallen hat. Dieser Kristall hat eine faszinierende Energie, ich lasse meine Klientin den Kristall anfassen. Nun beginnt eine längere Phase, in welcher Helen einen faszinierenden Energiefluss spürt. Sie wird eins mit dem Kristall und spürt wie eine intensive Energie in den Kristall hineinfließt, sich verteilt, aber auch wieder gezielt heraustritt.

Nun weitet sich ihr Empfinden, sie spürt eine unendliche Weite, eine unglaubliche Energie. Es fühlt sich an, als könne sie den gesamten Kosmos in seiner Unendlichkeit fassen. Ich fordere sie auf, direkt zum Urlicht zu gehen. Sie wird nun durch einen Strudel zu einem Punkt gezogen, wo das Empfinden dem entspricht, was sie zuvor geschildert hat. Helen empfindet hier die Göttlichkeit, den Ursprung allen Seins. Ich lasse ihr für all diese Empfindungen und Erfahrungen viel Zeit.

Nach dieser wundervollen Erfahrung geht sie in eine Situation im späten Mittelalter und sieht sich als Wachposten in eben diesem Festsaal. Der Herrscher spricht in diesem Saal Urteile über die Menschen, die vor den Thron geführt werden. Er macht dies nur nach Gutdünken, wie er Lust und Laune hat. Es ist also reine Glücksache, ob Recht oder Unrecht gesprochen wird. Die Klientin erlebt dieses Unrecht und spürt, dass sie sehr darunter leidet. Hier möchte sie dann aus der Sitzung aussteigen.

Sie ist ein wenig überwältigt von den Erlebnissen und wir haben noch ein langes Nachgespräch. Wir werden uns wiedersehen – vierzehn Tage später.

Schwere Kindheit, Sucht, Verlust, Engel des Wandels, Naturgeister

Elina S. hat mehrere Gründe, warum sie heute hier ist. Sie hatte eine bewegte Kindheit mit vielen Verletzungen durch die Trennungen der Eltern. Sterbefälle und anderes führen zu einer eher negativ erlebten Kindheit. Drogensucht und weitere schwierige Phasen schließen sich an. Nach einer erfolgreichen Entziehung sucht sie weiter nach ihrer Erfüllung.

So kommt sie, um nach den Verletzungen aus der Vergangenheit, aber auch nach Sinn und Aufgaben im heutigen Leben zu suchen. Ich führe Elina in das Haus der Familienthemen und der Sinnsuche. Es gibt viele Themen, viele Türen, die für sie bereit sind. Doch nur zwei Türen sind heute relevant.

Die Wahl der richtigen Tür fällt ihr zunächst schwer. Eine schwere Holztüre führt sie in ein helles Licht und sofort auf eine wunderschöne Wiese. Dort erlebt sie nach einigen Minuten, dass jemand ihr die Hand auf die

Schulter legt. Weitere Minuten später traut sie sich, sich umzudrehen und entdeckt ihren Schutzengel. Ein längerer Dialog erfolgt, bei dem ihr die Zusammenhänge der Kindheitserlebnisse bis hin zur Drogensucht erklärt werden. Deutlich wird ihr mitgeteilt, dass sie alle Dinge selbst gewählt hat, und dass diese Erfahrungen wichtig für ihre Entwicklung waren. Da Elina in ihrer Tätigkeit in einem Pflegeberuf häufig mit Sterbenden zu tun hat, bitte ich den Engel des Wandels hinzu. Dieser erklärt ihr, dass sie den Seelen hilft, ins Licht zu gehen. Diese Arbeit ist wichtig in Bezug auf ihre Lebensaufgaben und ihre Seelenbestimmung.

Der Schutzengel führt sie anschließend in mehrere Situationen ihrer Kindheit, die ihr wider Erwarten zeigen, dass es auch schöne Erlebnisse gab. Eine fürsorgliche Großmutter sorgte für schöne Momente und das Gefühl von Behütetsein. In der letzten erlebten Situation stirbt die Großmutter. Elina erlebt bewusst das Sterben der Großmutter und ihren Weg ins Licht. Die Anwesenheit des Engels des Wandels wird ebenfalls erlebt. Er ist als warme, orange Energie spürbar und begleitet die Großmutter über den gesamten Prozess des Sterbens.

Danach befindet sie sich wieder auf der Wiese und es folgt eine kurze Pause. Da ich weiß, dass noch etwas Wichtiges wartet, geht es nun in die zweite Türe. Hier landet sie wieder auf der Wiese. Nachdem Elina beim ersten Gang über diese Wiese bereits über das wundervolle ganzheitliche Gefühl dort berichtet hat, erlebt sie dieses nun wieder. Ich fordere sie auf, sich alles genauer anzuschauen, die Blumen, die Bäume und alles andere. Da berichtet sie über viele Naturwesen, die sich auf der Wiese befinden. Elina entdeckt, dass eine Elfe auf ihrer Schulter sitzt. Auch mit dieser Elfe erfolgt nun ein Austausch, der ihr zeigt, dass sie sich in einer „Bewussten Einheit" befindet. Um sie herum seien viele Naturgeister, welche für die Menschen eine besondere und wichtige Bedeutung hätten.

Elina ist glücklich, die Einheit des Ganzen zu erleben und nun zu wissen, dass die Pflege mit der Begleitung Sterbender eine zentrale Bedeutung für sie hat. Ebenso wichtig ist natürlich, dass sie weiß, dass die Erlebnisse der Kindheit und Jugendzeit selbst gewählt und wichtig für ihre Entwicklung waren. Für mich ist diese Einheit ebenso spürbar und beeindruckend. Auch die Anwesenheit der Naturgeister und des Engels des Wandels ist berührend.

Nachdem Elina sich von der Behandlungsliege erhoben hat, sprechen wir über die Existenz der Naturgeister. Ich will ihr zeigen, dass Elfen sich meist auf Pflanzen aufhalten, drehe mich um und sehe, dass mehrere Pflanzenstängel einer Grünpflanze (bei geschlossenen Fenstern und Türen) sich etwa zwanzig Zentimeter schaukelnd bewegen. Selbst als wir beide vor der Pflanze stehen, bewegen sich Stängel und Blätter sekundenlang weiter. Dabei ist weder ein Luftzug im Raum, noch Wärmeentwicklungen, noch Sonstiges, was diese Bewegungen der Pflanze erklären würde. Beide sind wir gerührt durch diese Erfahrung.

Krafttiere, Engel des Wandels, Besetzungen

Henriette K. ist eine bereits bewusste Klientin, die jedoch mit allerlei körperlichen, familiären und weiteren Problemen geplagt ist. Seit langem überlegt sie schon, endlich diese Themen an ihrer Wurzel zu packen. Selten habe ich jemanden erlebt, der in einer ersten Sitzung so fulminant einsteigt.

Henriette gelangt im Haus ihrer Lebensaufgaben im dunklen Obergeschoss an ein Fenster. Sie öffnet es und erhält eine Botschaft von einer Eule. Ich habe das Gefühl, dass es das Krafttier der Klientin ist. Dies wird jedoch von der Eule verneint – Henriettes Krafttier sei ein Wolf. Also bitte ich diesen hinzu. Nach einem kurzen Austausch mit beiden, bitte ich um Unterstützung eines Helfers, woraufhin ihr verstorbener Vater hinzukommt. Anschließend macht sich auch der Schutzengel bemerkbar. Alle bitte ich gemeinsam auf Türensuche zu gehen. Vier Türen werden entdeckt und schnell Themen zugeordnet.

Henriette sucht sich eine lichtvolle Türe aus, möchte sich dann aber noch einmal umentscheiden. Ich halte sie an, die Helfer zu fragen, was sie zur Umentscheidung sagen. Sie teilen deutlichst mit, sie solle bei der ersten Entscheidung bleiben.

Nun steigt sie direkt in die Zwischenebene ein und das in ihrer ersten Sitzung! Sie hat einen sehr langen Austausch mit mehreren verstorbenen Helfern, aufgestiegenen Meistern und mit dem Engel des Wandels. Der Engel des Wandels bestätigt, dass ihr Vater als Besetzung bei ihr ist. Nach einem längeren Dialog ist Henriette bereit, den Vater ins Licht zu entlassen. Er freut sich sehr und ist dankbar, endlich dorthin zu dürfen.

Außerdem erhält sie eine außergewöhnlich umfangreiche Fülle an Hinweisen, die hier nur zusammengefasst aufgeführt sind:
- Sie erhält viele Hinweise zu ihren Lebensaufgaben.
- Helfen ist eine Lebensaufgabe, doch hat dies nichts mit Selbstaufgabe zu tun.
- Sie soll besser auf sich achten.
- Sie soll sich besser schützen.
- Jedes Familienmitglied muss seine Aufgaben selbst erfüllen.
- Alte Dinge haften an ihr und anderen Familienmitgliedern und hemmen in der freien Entfaltung …

Nun bekommt sie die Erlaubnis, in ein früheres Leben zu schauen. Sie sieht sich als ärmliche Annabell an einer Getreidemühle. Sie arbeitet hart und muss ihren Sohn Josef zurückweisen. Josef hat Hunger, berührt die Mutter an ihrem Arm und bettelt nach Essen. Annabell vertröstet ihn darauf zu warten, bis sie fertig ist. Dabei leidet sie sehr. Herzschmerz, Last auf den Schultern, Schulterbeschwerden und Traurigkeit sind intensiv spürbar und entsprechen heutigen Beschwerden. In der nächsten relevanten Situation stirbt Annabell und muss ihr Kind zurücklassen. Sie spricht etliche Glaubenssätze aus, die auch heute noch tief sitzen.

Zurück in der Zwischenebene erhält sie einige deutliche Informationen zu den Glaubenssätzen und weitere zu den Lebensaufgaben sowie den Hinweis, dass sie sich vorgenommen hatte, Josef nie wieder alleine zu lassen. Heute ist Josef ihr Ehemann und auf sehr, sehr beklemmende Weise mit ihr verbunden.

Auch ein Karma mit fünf Ausgleichsleben hat die Klientin auf sich geladen, von denen sie bereits im vierten ist. Sie darf zum Hüter gehen und erlebt dessen Nähe ebenso intensiv und emotional wie die Nähe des Engels des Wandels. Der Hüter löst die Glaubenssätze, den Seelenvertrag und das Karma und gibt ihr zwei verlorene Seelenanteile, Freude und Zuversicht, zurück. Ihr begleitender aufgestiegener Meister kommt hinzu und hält sie an, mehr für sich selbst zu tun. Liebe und Kraft aus dem Herzen zu schöpfen, sei für sie wichtig. Der Besuch in der violetten Flamme und im Tempel der Heilung rundet eine sehr gefühlvolle Sitzung ab. Henriette ist sichtbar erfüllt und gerührt.

Sie hat etliche intensive Erfahrungen erlebt, die Klienten in einer ersten Sitzung selten so erleben dürfen. Wieder ein großer Schritt für eine Seele. Schön, aber auch erschöpfend!

Arbeit mit Energien, Trennung

Dieser Sitzung gehen drei Kontakte mit Viktor U. voraus. Er teilt mir bereits in einem Telefonat seine Probleme in Bezug auf Familie und Trennung, berufliches Weiterkommen und seine persönliche Entwicklung mit.

Deutlich ist, dass er als Russlanddeutscher sprachliche Probleme hat. Ich frage mich nun, ob eine Sitzung auf dieser Grundlage überhaupt möglich ist. In einer Nachbetrachtung merke ich, dass in mir noch immer Voreingenommenheit gegenüber dem Anderssein besteht. Die bezieht sich ganz sicher auf die Sprache, die Nationalität, die Religion und möglicherweise auch auf andere Dinge. Diese Sitzung zeigt mir mal wieder, dass ich hieran arbeiten muss.

Viktor kommt sehr gut in die Entspannung und ist schnell in einer tiefen Schwere. Auch der Einstieg in das Haus der Sinnsuche gelingt problemlos. Hier landet er in einigen Situationen in der Kindheit eines früheren Lebens. Darin erlebt die Zeit der Revolution in der Sowjetunion. Während er einige sehr schöne Erfahrungen in seiner Kindheit macht, hat er gleichzeitig Angst, ein Familienmitglied zu verlieren. Die hierbei empfundenen körperlichen Reaktionen erlebt er heute hinsichtlich der Trennung von seinen Kindern.

In dieser brenzligen Zeitepoche erlebt er nun, wie sein Vater, ebenso wie viele andere Männer, aus ihren Familien gerissen und abgeführt werden. Der Verlust trifft ihn sehr hart. Die Angst vor Verlust erfährt er auch heute in Bezug auf seine Kinder, aber auch hinsichtlich seiner Arbeit, seines Lebensunterhalts.

Weiter erlebt er, dass er (er gab an, völlig unreligiös zu sein) in der Lage ist, Energien zu spüren und aus Steinen, Pflanzen und der Erde aufzunehmen, insbesondere dann, wenn es ihm nicht gut geht. Auch heute macht er dies für sich selbst, aber auch für seine Kinder. Viktor hat dies nicht gelernt, sondern handelt intuitiv. Für mich sind diese Fähigkeiten deutlich spürbar. Seine noch verborgenen Fähigkeiten sind mehr als offensichtlich.

Viktor verlässt mich nach dem Besuch in der violetten Flamme beeindruckt vom Erlebten. Ich bin nicht viel weniger beeindruckt von diesem – auf den ersten Blick – unscheinbaren Mann. Ich bin mir sicher, dass er einen erfüllten spirituellen Weg gehen wird.

Inneres Kind, Krafttiere, Vergebung

Lorena B. schildert zu Beginn eine Vielzahl an Erkrankungen, familiären Schwierigkeiten, Deja-Vu – Erlebnissen und eingetroffene Vorahnungen. Sie hat deutlich spürbare Ängste, vor allem auch deshalb, weil sie bei einer Hypnotherapie Dinge sah, die sie sehr verunsichert haben.

In dieser Unruhe und Anspannung steigt sie in die Sitzung ein. Im Haus der Familie entdeckt sie eine Vielzahl an Türen, doch nur sechs spielen heute eine Rolle.
Lorena geht durch eine Türe, die sie zu einem Raum führt, der sich warm und schön anfühlt. Viele unterschiedlich große Sitzkissen liegen auf dem Boden. Nachdem sich Lorena ein Kissen ausgesucht hat, bitte ich, dass sich nun die hinzugesellen, die offensichtlich die Kissen füllen sollen. Zuerst erscheinen zwei Engel, von denen einer der direkte Schutzengel ist,

der Lorena bereits seit vielen Leben begleitet. Der andere ist als zusätzlicher Unterstützer in diesem Leben dabei. Jetzt werden ihr viele Hinweise für ihr jetziges Leben, insbesondere zu Vertrauen, Kraft und Stärke gegeben. Danach wird sie aufgefordert, ihr Inneres Kind zu rufen. Auch bei ihr ist dieses Innere Kind, Sonja, sofort da. Sonja erzählt ihr, dass sie dabei helfen kann, Stärke, Liebe, Ausgeglichenheit und Wohlbefinden zu entwickeln und zu stärken. Doch muss man ihr, dem Inneren Kind, etwas Aufmerksamkeit, Liebe und Zuneigung schenken. Lorena sagt dies zu und integriert später das Innere Kind im eigenen Körper.

Da Lorena auch der Hinweis auf ein Krafttier gegeben wird, bitte ich nun den Schutzengel, das Krafttier des Kronenchakras zu rufen. Ein großer starker Adler erscheint und teilt seine Fähigkeiten und die Aufgaben für die Klientin mit. Insgesamt zeigen sich für jedes Chakra jeweils ein bis zwei Krafttiere, die zum Teil sehr interessante Aufgaben für die Klientin haben. Bei Lorena war das Innere Kind verkümmert, und auch die Chakrentiere kamen nicht zu ihrem eigentlichen Einsatz. Lorena ist intensiv berührt und beeindruckt. Besonders deshalb, weil die Bilder und Informationen so klar und deutlich sind. Ich bitte nun die Engel ein weiteres Kissen zu belegen, jemanden hinzuzubitten, der ebenfalls wichtig für Lorena ist.

Nun erscheint prompt die Mutter. Eine längere Aussprache zeigt, dass die beiden viele Dinge ungeklärt ließen. Sie können sich mit vielen Emotionen und Tränenvergießen in die Arme nehmen und verzeihen. Interessant ist, dass dies zum zweiten Mal in dieser Woche nahezu identisch geschieht. Die Mutter erklärt, dass sie Lorena immer hilft. Dies macht mich hellhörig und wir finden mit den Engeln heraus, dass die Mutter und eine weitere Person als Besetzung bei der Klientin sind. Nach einigen klärenden Worten sind beide Besetzungen für Lorena deutlich spürbar bereit, ins Licht zu gehen.

Eine wirklich faszinierende Sitzung mit einigen Überraschungen geht zu Ende. Meine Klientin ist froh und gleichzeitig verwirrt wegen der Vielzahl dieser Eindrücke. Ich bin sicher, dass es sie weiter bringt und sie gestärkt in die Zukunft geht. Monate später bestätigt Lorena eine erhebliche Verbesserung ihres Wohlbefindens.

Lebensaufgaben, Verstorbene als Begleiter, Heilen

Immer wieder verlaufen Sitzungen anders. Anders als bisher, anders als erwartet, anders als es sich ein Mensch ausdenken könnte. Dann sitze ich auf meinem Holzstuhl und schüttele mein langsam grauer werdendes Haupt oder lache in mich hinein.

Rieke J. hat allerlei körperliche und seelische Dinge hinter sich und man kann sicher sagen, dass sie vieles mit Bravour gemeistert hat. Sie hat sich bisher nicht verbiegen, nicht umkehren und nicht in die Schranken weisen lassen. Doch Rieke glaubt, dass sie einige Menschen um sich herum hat, die dies immer wieder versuchen.

Was sie heute erfahren will, weiß sie nicht genau, doch es hat mit Sinnsuche zu tun. Merkwürdige Begegnungen, Erkrankungen und Unfälle und andere Dinge passen für mich auch in das Thema Sinnsuche hinein. Die Türen werden schnell geprüft: Es geht in die Ich-Türe.

Diese Ich-Türe zeigt einen Raum, der keine Besonderheiten aufweist. Deshalb wird der Weg durch die Terrassentüre in die Natur beschritten. Es dauert dann einige Zeit, bis Rieke den Mut hat, über eine Wiese hinein in den Wald zu gehen. Einen Moment überlegt sie, zurückzugehen, doch dann traut sie sich, den dort entdeckten Teich etwas genauer zu betrachten. Ich weiß sofort, dass hier etwas sichtbar werden wird, doch rechne ich nicht mit dem, was folgt.

Lichtvolle Flecken entstehen und zeigen dann Gesichter. Großtante, Großmutter und Großvater werden sichtbar. Nach kurzem Zögern traut Rieke sich, die Verstorbenen anzusprechen und zu befragen. „Natürlich sind wir hier, um dir Fragen zu beantworten, dir deinen Weg zu erklären, dir Sicherheit und gute Gefühle zu geben". Dann darf Rieke spüren, wie sie sich im Alltag bemerkbar machen, denn auch dort machen sie sich spürbar und unterstützen sie bei vielen Dingen. So lässt die Großmutter sie spüren, was zu ihren Aufgaben gehört, nämlich Licht und Wärme an die Menschen zu geben. Rieke wird auch gezeigt, wie es ist, wenn man Energie in den Händen hat. Ich helfe ihr gemeinsam mit der Großmutter diese Energie zu testen und komme dann auf die Idee, Christus hinzuzurufen. Ich lasse sie auf einer Bank Platz nehmen und tatsächlich, er sitzt neben ihr. Ich frage ihn, ob Rieke ihn anfassen darf. „Er lacht", sagt sie und so fasst sie ihn an. Fasziniert von diesen Energien lasse ich sie genießen. Dann bitte ich Christus den Schutzengel der Klientin zu rufen. Es erscheint ein Engel mit Namen Emanuel. Ich frage, ob dies der Schutzengel sei, woraufhin ein weiterer Engel erscheint, der sich mit Johannes vorstellt. Er schützt Rieke vor negativen Energien. Und dazu scheint es wohl viele Gründe zu geben.

Alle werden nun nach Lebensaufgaben und Inhalten gefragt und teilen diese bereitwillig mit. Vieles hat mit dem Thema Entwicklung und vor allem mit den Themen Helfen und Heilen zu tun. Rieke hat dazu wohl vielfache Erfahrungen gemacht.

Offensichtlich ist aber auch, dass sie dabei sehr negative Erlebnisse hatte. Meine Frage, ob sie sich ein solches Leben anschauen soll, wird von Christus bejaht und auch von ihm gezeigt. Sie erlebt auf intensive Weise, wie sie von drei Männern auf brutale Weise gefesselt, beschimpft und schließlich mit einem Strick stranguliert wird. Sie hatte geheilt, doch hatten diese Männer aus Neid und Gründen des Machterhaltes dieses Heilen mit Argwohn betrachtet. Als sich die Gelegenheit bot, wurde die Heilerin „um die Ecke gebracht". Der Strick löst viele der Beschwerden aus, die die Klientin im heutigen Leben hat. Kopfschmerzen, Atemnot und Enge beim Atmen, Schluckstörungen und Nackenprobleme, die durch den Knoten des Strickes entstehen, werden intensiv durchlebt.

Ihre Helfer führen sie auf die Zwischenebene, wo der Dialog vom Beginn der Sitzung fortgesetzt wird. Sie erkennt, dass die drei Peiniger im jetzigen Leben nahe Verwandte sind und dass sie selbst für viele in ihrer Umgebung eine Hilfe ist, um auf einen guten Weg zu kommen. Sie geht zu ihrem Hüter, der Glaubenssätze und Seelenverträge auflöst und viele verlorene Seelenanteile zurückgibt. Der Hüter bestärkt Rieke in ihren Aufgaben und darin, den Weg optimistisch fortzusetzen.

Wieder eine glückliche Klientin. Unglaublich, was sich so alles ergibt!

Entscheidungen

„Triff endlich eine Entscheidung!"

Enttäuschung, Liebe, Familie

Marina M. ist bereits seit eineinhalb Jahren auf dem Sprung in die Sitzung. Nun ist sie da!

Nach einem kurzen Vorgespräch, das zunächst mit dem Ausspruch: „Ich hab' eigentlich kein Thema" beginnt, listet sie fünf, sechs anspruchsvolle Themen auf. Auch sie hat Bedenken, sich vielleicht nicht fallen lassen zu können. Doch geht das alles „ruckzuck". Marina geht ins Haus der Entscheidungen und hier in einen dunklen Gang, der ohne Tür direkt in den Fahrstuhl führt.

Sie landet in ihrer Kindheit und schaut sich etliche Situationen von einem besonderen Glücksmoment mit ihrer Mutter über das erste Laufen und den Kontakt mit ihrem Bruder an. Alles in allem sind dies sehr harmonische Situationen mit besonderen Glücksmomenten, insbesondere mit ihrer Mutter.

Dann geht's durch ein paar Begebenheiten in der Schwangerschaft, den ersten spürbaren Kontakt zur Mutter, die Wahrnehmung des Vaters, das Empfinden des ersten Herzschlags und das bewusste Erleben der Zeugung. „Ja, ich bin angekommen", kommt klar und deutlich aus dem Mund der

Klientin. Alles in allem wird es mehr als deutlich, dass sie will und sich ganz bewusst entschieden hat!

Dann führe ich Marina in eine wichtige ursprüngliche Situation zum Thema Entscheidung. Sie landet in einem Leben als „mittelalter" Jack und schaut sich etliche Situationen in diesem Leben an. Jack lebt in einem kleinen, schmucken Häuschen mit genügend Land und einer kleinen Familie. Als Jacks Frau sich entscheidet, die junge Familie zu verlassen, verspürt er eine große Enttäuschung. Nun zieht Jack seinen kleinen Sohn alleine groß. Doch dieser verlässt ihn als junger Mann ebenfalls. Auch darüber ist Jack enttäuscht und verärgert. So lässt er Haus und Hof zurück und geht in die Einsamkeit. Er zieht in ein kleines Haus, weit draußen vor der Stadt. Zu dem Haus gehört ein kleiner Stall, zwei Kühe, Hühner und etwas Land. Er weiß, dass er hier nur noch seine Ruhe haben und die Einsamkeit genießen will. Auch kurze Stippvisiten in der Stadt mit flüchtigen Bekanntschaften ändern nichts mehr an seiner Entscheidung, in der Abgeschiedenheit zu leben! Jack stirbt froh und in Ruhe und Frieden. Abgeholt wird er von einem freundlichen Licht, ein Licht, das offensichtlich sein Engel ist, aber auf Abstand bleibt. Stattdessen nähert sich eine bekannte Seele, eine verstorbene Freundin der Klientin. Zwischen den beiden entwickelt sich ein interessanter Austausch, in dem der Klientin einige Dinge aus dem heutigen Leben erklärt werden. Sie erhält aber auch den Hinweis, dass die schon oft gespürte Anwesenheit eines Wesens in einem Raum ihrer Wohnung auf diese Freundin zurückzuführen ist. Sie ist schon lange bei der Klientin und hilft immer, wenn sie um Hilfe gebeten wird.

Es wird mitgeteilt, dass der Abstand des Engels auf das nicht „Anfragen" zurückzuführen ist: „Du selbst hältst mich auf Abstand". Nun ermuntere ich Marina diesen Abstand bewusst abzubauen und es kommt zum Austausch und zur Annäherung der beiden.

Danach werden die Lebensaufgaben des Jack reflektiert. Jack war erfolgreich, er hat alles geschafft, insbesondere hat er Entscheidungen getroffen, statt sich davor zu drücken.

Er stellt fest, dass er bei dem Verlust seiner Frau einen Seelenanteil abgegeben hat und zwar die Liebe. Stattdessen hat sich Enttäuschung dort fest verwurzelt. So gehen wir, das heißt Marina mit dem Engel und der Freundin, zum Hüter. Dieser erscheint entgegen meiner bisherigen Erfahrungen als reine Energie und entlässt – auch für mich spürbar – die Enttäuschung und fügt den verlorenen Seelenanteil Liebe wieder zu.

Eine völlig erstaunte und beeindruckte Klientin erhebt sich von der Behandlungsliege. Ich glaube, man kann sagen: „Sie ist erfüllt", und das zu Recht. Es war eine sehr schöne Sitzung!

Hass

Eine weitere Schattenseite, die wir verleugnen können. Dann verfolgt sie uns so lange, bis wir uns ihr stellen. Das „Sich der Angst Stellen", ist oft so erlösend, dass Last und körperliches Leiden von uns abfällt. Die Erkenntnis, dass auch der Hass erlöst werden kann, ist sehr heilsam.

Familie, Besetzungen

Kristina L. kommt wegen heftiger Beschwerden im Kopf- und Hals-Bereich.

Viele familiäre Themen sind offensichtlich. So steigt Kristina in das Haus der körperlichen Leiden ein und „eiert" hier einige Zeit durch viele Räume, über Treppen, eine Veranda und schwimmend durch einen See. Sie irrt solange herum, bis sie eine Freundin erkennt, die ihr mitteilt, dass sie ihr helfen will. Zwischenzeitlich werden die körperlichen Beschwerden an einer Körperhälfte zeitweise wieder stärker, um in anderen Situationen wieder abzuklingen.

Nun begleitet sie die Freundin zum Haus einer alten Frau. Bereits der Gedanke an diese Frau löst Traurigkeit und Weinen aus. Dies bleibt ebenso wie die körperlichen Empfindungen über längere Zeit bestehen. Es folgt ein Austausch zwischen der Klientin, der Frau, die sich als ihre Großmutter zu erkennen gibt, und dem später dazukommenden Schutzengel.

Sehr deutlich wird, dass in der Familie der Klientin Hass auf unterschiedliche Weise und in unterschiedlicher Intensität sehr stark entwickelt ist und sich in vielerlei Facetten zeigt. Viele Familienmitglieder waren und sind so sehr durch Hass geprägt, dass es vielfache Auswirkungen gibt – so auch die körperlichen Beschwerden der Klientin. Auch Traurigkeit, Ärger und Kälte legen sich um ihr Herz, machen dort Beschwerden und wirken sich gleichfalls auf die rechte Körperhälfte aus. Ihr Sohn hat ebenfalls Herzbeschwerden, ihre Mutter ist an einem Herzleiden gestorben. Auf etliche dieser Hassauswirkungen schaut sie und spürt die Reaktionen. Die Großmutter ist an dieser Entwicklung beteiligt gewesen und auch für die Entstehung des Hasses mitverantwortlich. Obwohl es auf dieser Ebene keine Rolle spielen müsste, schämt Kristina sich für das, was sie ausgelöst hat.

Nun machen sich mehrere Besetzungen bemerkbar. Ich ahnte es bereits vorher, die Zeichen waren eindeutig. Nach einer kleinen Detektivarbeit zeigen sich auf Anhieb drei Fremdenergien. Der Großvater, der wegen zu großer Trauer blieb, ein Onkel, der bei der Geburt verstorben war, und ein weiterer Onkel, der an einem Hundebiss verstorben war. Mit etwas Überredung und Hilfe sind alle drei bereit ins Licht zu gehen.

Nach einem langen Vorgespräch und einem intensiven Nachgespräch ist wieder eine Mammutsitzung vorbei. Eine „erlöste" Klientin verlässt mich! Sie berichtet Monate später, dass viele der körperlichen Beschwerden, insbesondere die Beschwerden durch die Besetzungen, verschwunden sind.

Familie, Streit und Auseinandersetzungen, Besetzungen, Schwarze Magie

Kristina L. kommt freudestrahlend zu ihrer zweiten Sitzung, da die Beschwerden, die sie zur ersten Sitzung mitbrachte, weitestgehend verschwunden sind. Sie kommt trotz starkem Schneefall und ausgesprochenen Unwetterwarnungen. Auch die Warnungen eines Heilpraktikers von Risiken in der Rückführungstherapie, halten sie nicht ab.

Der Einstieg in ihre zweite Sitzung gelingt leicht, so dass wir schnell beim Haus der seelischen und körperlichen Erkrankungen ankommen. Doch hier beginnt eine längere Suche. Die Türen wollen gefunden werden. Ein Höhleneingang zeigt sich dunkel und kalt, ein Eisen im Boden führt zum plötzlichen Halt. Kristina wählt nun eine Türe, die, umgeben von Wasser, ein deutliches Gefühl von Weite und Freiheit bringt.

Sie landet auf einer schönen Insel, bestückt mit einem Turmalin, einem starken Schutzstein. Zunächst setzt Kristina sich an den Strand und genießt Meer und Umgebung. Schnell wird mir klar, dass sie es hier nicht direkt mit einer Situation eines früheren Lebens zu tun hat, sondern dass einige weitere „Mitspieler" fehlen. Also frage ich Kristina, ob es sein könne, dass neben ihr Platz für weitere Personen sei. Sofort erscheint ihr Schutzengel an ihrer Rechten sowie ihre Mutter an ihrer Linken. Hier fehlen noch weitere Beteiligte und so erscheinen etliche weitere Personen aus dem familiären Umfeld der Klientin. Teilweise handelt es sich um Lebende, aber auch bereits Verstorbene sind nun hier.

Es folgt ein kurzer Austausch, in dem klar wird, dass alle Anwesenden etwas mit einer gravierenden Situation in einem gemeinsamen früheren Leben zu tun haben. Der Versuch, in diese Situation zu schauen, wird aus unerklärlichen Gründen unterbunden. Ganz offensichtlich durch den anwesenden Engel, eventuell aber auch durch eine anwesende Akteurin.

Nun bitte ich den Engel uns zu helfen, um an alle notwendigen Informationen zu kommen. Es beginnt ein Familienaufstellen auf recht merkwürdige, aber doch geniale Weise. Kristina und der Engel stellen die Anwesenden in die Positionen, die dem damaligen Leben entsprechen. Einige der Anwe-

senden haben die gleichen Funktionen wie im heutigen Leben, andere haben andere Verwandtschaftsgrade oder sind einfach nur Freunde. Zusammengefasst ergeben sich folgende, für Kristina verblüffende Erkenntnisse:
- Im früheren Leben hatten nahe Familienmitglieder Kristina verlassen. Auch im jetzigen Leben ist dies so.
- Ein Familienmitglied hatte im damaligen Leben versäumt, sich um sie zu kümmern, hat es im jetzigen Leben jedoch ernsthaft versucht.
- Viele heftige Streitereien hatten im früheren Leben zu traumatischen Situationen geführt – bis hin zum Suizid eines Familienmitgliedes. Auch im heutigen Leben gab es Streitereien. Körperliche Beschwerden in Kopf, Hals und Brustbereich entstammen diesen Streitereien. Heute kann die Klientin keinen Streit mehr ertragen und reagiert sofort körperlich auf jegliche Meinungsverschiedenheit.
- Zwei Familienmitglieder besaßen im damaligen Leben die Gabe der schwarzen Magie und sorgten für Zwietracht in der Familie bis hin zum erwähnten Suizid.
- Einer dieser Personen tut es offensichtlich Leid, dass es dazu kam. Doch auch im heutigen Leben hatte sie diese Fähigkeit.
- Wegen dieser doch bedrohlichen Gefahr war die Klientin bereits vor der Sitzung mit dem starken Schutzstein ausgestattet worden, verrückt (!).Kristina wird deutlich darauf hingewiesen, sich künftig besser zu schützen.
- Viele weitere Hinweise werden gezeigt und erläutert, bevor es zu intensiven Vergebungszeremonien kommt. Kristina schreitet, unterstützt von ihrem Schutzengel und dem Schutzstein, die Reihe der Familienmitglieder ab, bittet alle um Vergebung und erteilt den Anwesenden Vergebung.

Anschließend erlaubt der Schutzengel, dass alle Anwesenden in die violette Flamme gehen. Die völlig überraschte Kristina (auch ich bin überrascht) hat noch einigen Gesprächsbedarf. Hier zeigt sich sehr deutlich, dass die Konstellationen der erlebten Personen sowohl im Damals wie auch im Heute ziemlich komplex und kompliziert waren. Offene und unterschwellige Konflikte hatten zu einer Vielzahl an körperlichen und seelischen Verletzungen geführt.

Genial scheint mir, dass der Schutzengel (die geistige Welt) Kristina offensichtlich vor erschreckenden Bildern bewahrte. Ein weiterer Grund für die vorenthaltenen Bilder dürfte sein, dass die schwarzmagische Verwandte einen tiefen Einblick in die tatsächlich abgelaufenen Dinge nicht zulassen wollte. Interessant ist außerdem, dass Kristina durch den besagten Heilpraktiker verunsichert wurde, sie durch heftige Schneefälle musste und am Tag vor der Sitzung an ihrer Arbeitsstelle einen Schutzstein in die Hände bekam. „Viele Zufälle". Spannend!

Hass auf den Vater, Misshandlung, Neurodermitis

Natalie J. gehört zu meinen jüngsten Klienten und das könnte ja durchaus ein Hindernis für den „Erfolg" einer Sitzung sein. Sind junge Menschen weniger spirituell? Sind sie kritischer? Wir werden es sehen...

Auch bei ihr bin ich mir ziemlich sicher, dass ich sie schon kenne. Schade ist, dass ich nicht sofort sehe, woher. Vielleicht ist es aber auch gut so.
    Natalie ist schnell in der Entspannung, obwohl sie vorher sehr daran gezweifelt hatte. Der Einstieg in das Haus der körperlichen und seelischen Beschwerden geht überraschend forsch. In diesem Haus gibt es einige Türen für meine Klientin, die sie mit tiefen Emotionen wahrnimmt. Einige Runden werden nun durch das Haus gedreht, eine Treppe hinauf und wieder hinunter, über die Wiese vor dem Haus und ein erneutes Mal im Haus. Wovor schreckt sie zurück? Merkwürdig. Als es mir zu lange dauert, schicke ich sie in einen Fahrstuhl und lasse Natalie direkt in eine Situation gehen, die für das Hier und Heute von Relevanz ist. Und schon zeigen sich Reaktionen, die zu Themen passen, die sie vor der Sitzung benannt hat.
    Sie steht als Marie auf einem Feldweg und schaut auf ein altes Bauernhaus. Dabei empfindet sie eine tiefe Traurigkeit, vermischt mit Hass. Sie kämpft mit den Tränen. Marie ist 22 Jahre alt, trägt ein altes Bauernkleid, braune Schuhe und ein Kopftuch unter dem ihre langen, blonden Haare herausschauen. Je näher sie nun Richtung Haus geht, desto schlimmer werden Traurigkeit und Hass, die Tränen fließen ungehemmt. Sie bemerkt, dass sie Blutflecken auf ihrem Kleid hat und findet in der spartanisch eingerichteten Küche ein blutbeschmiertes Messer auf dem Holztisch. Ihre Gefühle werden immer stärker und erreichen beim Eintritt in den Wohnbereich einen Höhepunkt. Sie steht ihrem Vater gegenüber, der sofort zu schreien beginnt und sie der Faulheit bezichtigt. Aufs Übelste beschimpft er seine Tochter, die angeblich zu nichts nütze ist. Dann beginnt er sie zu verprügeln, zuerst mit seinen Händen und dann mit einem Gürtel. Sie spürt die Schmerzen intensiv an Kopf, im Gesicht, am ganzen Körper, doch besonders an Händen und Armen. Die Hände, Arme und das Gesicht sind von der Gewalt aufgedunsen, blau und schwarz mit Blutergüssen übersät. Die Haut spannt und schmerzt sehr. Alle diese Empfindungen an den Armen und am Gesicht kennt sie nur zu gut im Heute, denn sie leidet immer

wieder unter Neurodermitis. Ihre Mutter schreitet in diesen Situationen nicht ein, denn sie hat schreckliche Angst vor ihrem Mann, sie wird ebenfalls misshandelt.

In einer weiteren Situation erlebt sie, wie ihr Freund sie verlässt. Auch er hat unter der Gewalt des Vaters zu leiden. Als er Schläge von ihm einstecken muss, hat er die Nase voll und geht. Die Verabschiedungssituation von Marie und ihrem Freund ist herzerweichend. Die beiden lieben sich sehr, doch Marie bringt es nicht übers Herz, die Mutter mit diesem gewalttätigen Mann alleine zu lassen. So erlebt sie einen sehr, sehr intensiven Trennungsschmerz und eine tiefe Trauer. In ihrem Herzen ist sie fortan nur noch unglücklich. Sie ist nun lebensmüde und erlebt immer wieder Situationen, in denen sie der Gewalt entflieht, indem sie sich selbst mit einem Messer die Unterarme aufritzt. Es lenkt sie ab, es überdeckt die Misshandlung, die dabei empfundene Schmach und den Schmerz, doch es zerstört ihre Haut immer mehr. Auch unternimmt sie erfolglose Suizidversuche.

In der abschließenden Situation erlebt sie, wie sie im Alter von etwa 25 Jahren in einem heftigen Sturm bei der Feldarbeit von einem Baum erschlagen wird. Obwohl sie im ersten Moment erschrickt, ist sie dann froh, dass es vorbei ist. Sie spricht etliche schwerwiegende Glaubenssätze aus, die später von ihrem Hüter aufgelöst werden. Sie erlebt, wie sie nach dem Tod ihrer Mutter Mut zuspricht und sie anschließend als Seele unterstützt. Ihr Engel holt sie ab und führt sie zu ihrem Hüter. Auch sie erfährt nun, dass sie sich dieses Leben gewählt hatte, um ihre Lebensaufgaben zu erfüllen. Doch war sie mit etlichen Lebensaufgaben gescheitert, sodass sie viele Aufgaben wieder in ihr jetziges Leben mitgebracht hat.

Viele der Aufgaben und Erfahrungen haben mit Selbstsicherheit und Selbstvertrauen zu tun, mit Wohlbefinden, Trauer und Traurigkeit. Alle drei erlebten Personen, Vater, Mutter und Freund, leben heute wieder im nächsten Umfeld der Klientin und haben dies wiederum bewusst gewählt.

Ihr Hüter löst nun einen Seelenvertrag mit ihrem damaligen Freund, der auch heute ihr Leben beeinflusst. Im tiefen Schmerz hatte Marie ausgesprochen, dass sie ihn immer lieben wird. Außerdem hatte sie in diesem Schmerz, im Hass und der Traurigkeit viele Seelenanteile abgegeben, die der Hüter ihr nun in Form eines Sternes zurück in ihr Herz gibt.

Nun frage ich den Hüter und ihren Engel, ob es Sinn macht, die Eltern hinzuzubitten, damit sich alle gegenseitig vergeben können. Diese Vergebungssituation der drei ist sehr wichtig. Alle können sich gegenseitig von Herzen vergeben und umarmen sich abschließend herzlich. Natalie erfährt noch einige Dinge aus dem damaligen Leben und auch Anregungen für ihr heutiges Leben wie zum Beispiel zur Auswahl ihres Berufes.

Die sichtlich beeindruckte Klientin berichtet, sie hätte nicht wirklich an einen Erfolg geglaubt. Umso mehr wird sie jetzt nachzudenken haben. Nach einem kurzen Gespräch fährt sie in die Nacht.

Hass auf den Nebenbuhler, Enttäuschung, Seitensprung

Robert S. ist bei mir, weil er darunter leidet, dass er von seiner Frau betrogen wurde. Nach der Aussöhnung zieht sie sich jetzt immer mehr zurück.

Der Klient kommt erstaunlich gut und schnell in die Entspannung und über die Treppe in ein schönes Erlebnis in der Kindheit. Robert erlebt etliche sehr schöne Situationen in dieser Lebensphase. Eine Situation mit seinem Großvater ist von Freude und Glück gezeichnet. Lediglich der Tod und der damit verbundene Verlust lösen Tränen der Trauer und entsprechende körperliche Reaktionen wie Kopfschmerzen und Brustschmerzen aus. Alles andere ist sehr positiv. Die körperlichen Beschwerden sind die gleichen wie im heutigen Leben, als er vom Betrug der Frau erfuhr und dem Nebenbuhler begegnete.

Alle Erfahrungen mit Mutter und Vater sind geprägt von Freude, Entspannung, Glück, Lockerheit. Besonders die Emotionen von Vater und Mutter nach der Geburt lösen in meinem Klienten eine intensive emotionale Achterbahnfahrt aus. Tränen der Rührung sind nicht zu unterdrücken. Eine solche Freude, Glück und Harmonie können fast schmerzhaft sein. Bei der Geburt erlebt er die Anwesenheit seines Schutzengels. Wie schon oft geschildert, steht er vor ihm, ohne Gesicht, mit Umhang.

Es entwickelt sich ein äußerst interessanter, nein, verrückter Dialog. Da Robert immer wieder die Schuld seiner Frau und des Nebenbuhlers anspricht, seine Enttäuschung und Wut und den Hass, den er zeitweise und auch teilweise heute noch empfindet, sind die Worte des Engels und die Reaktion des Klienten darauf doch erstaunlich. Einige Aspekte, die der Engel nennt, liste ich nachfolgend auf:
- Der Engel begleitet Robert schon lange.
- Er zeigt Robert einige gravierende Situationen, in denen er geholfen hat.
- Dann teilt er mit, dass die Beziehung mit seiner Frau eine Chance hat.
- Er muss an sich nichts verändern.
- Robert soll sein, wer er ist.
- Er soll sich und seiner Frau Zeit lassen.
- Robert muss vergeben – und zwar seinem Nebenbuhler.
- Es muss eine Vergebung aus der Liebe und aus dem Herzen sein.

- Er, der Engel, wird dabei unterstützen.
- Es ist eine der wichtigen Lebensaufgaben zu vergeben und zu lieben. Die andere ist glücklich sein. Da Robert eine sehr glückliche Kindheit erlebt hat, fällt ihm die Erfahrung der Vergebung aus der Liebe heraus besonders schwer (Absicht!).
- Das Gespräch suchen. Vergebung aussprechen wird gleichzeitig bei seiner Beziehung Veränderungen bewirken.
- Letztlich ist der Seitensprung der Partnerin für Robert eine Hilfestellung, Vergebung aus der Liebe heraus zu lernen.

Auch diese Erfahrung war für mich zumindest in Teilaspekten hochinteressant und überraschend. Dass sich ein vorher glückliches Paar in eine solche Situation bringt, um Dinge aus früheren Leben endlich abzuarbeiten (Partnerin) beziehungsweise er in die Situation des „Gehörnten" hineinkommt, um Vergebung zu lernen, das ist aus menschlicher Sicht verrückt.

Ein höchst überraschter und auch froher Klient verlässt mich und beherzigt hoffentlich, dass er sich Zeit lassen soll!

Opfer, Täter, Karma

Im Kapitel III ist einiges zu Karma, Täter und Opfer beschrieben. Die Berichte erklären sich hier von selbst. Hier dennoch der Hinweis, dass wir alle bereits Opfer und Täter waren.

Masochistische Sexualpraktiken, Ehebruch, Suizid, Seelenbestimmung, Karma

Die erste Sitzung von Roberta R. hatte schwierige Beziehungsthemen als Hauptinhalt. Begegnungen mit der geistigen Welt und die Klärung von etlichen Aspekten ihrer Beziehungsprobleme sowie vielfältige Hinweise zu den Lebensaufgaben und Inhalten hatten nachhaltige Wirkung. Beispielsweise erhielt sie konkrete Hinweise auf Begegnungen, die dann wenige Tage danach tatsächlich genau so eintraten. Sowohl privat wie auch dienstlich ereigneten sich erstaunliche Dinge.

Heute geht es um karmische Verstrickungen, auf welche Roberta durch ihren Hüter hingewiesen wurde. Körperliche Beschwerden und weitere Fragen zur Zukunft sind zusätzliche Themen.

Ich führe Roberta ins Haus des Karmas, in dem sie eine Vielzahl von Türen vorfindet. Sie schaut sich die Türen an und hat eine Tür, die sie favorisiert. Obwohl Roberta eigentlich nicht möchte, geht sie noch ins Obergeschoss, wo sich weitere Türen befinden. Hier sieht sie eine Türe, die sie magisch anzieht. Hindurchgegangen erlebt sie, dass ein Engel ihr eine Vielzahl von Instrumenten bereitgelegt hat. Erzengel Uriel teilt ihr mit, dass sie sich zwei Instrumente aussuchen darf, um mit diesen in die andere favorisierte Türe zu gehen.

Ich bitte ihn, dass Roberta ihm einige Fragen stellen darf. Natürlich darf sie dies, denn er ist ihr kosmischer Berater und Begleiter. In Bezug auf die künstlerischen Fähigkeiten, insbesondere die musikalischen, unterstützt er sie bereits sehr lange. Die Musik, insbesondere die erzeugten Schwingungen und die damit verbundenen positiven Auswirkungen auf die Menschen, sind ihre Seelenbestimmung. Viele Leben hatte sie bereits zu diesem Thema. Oftmals wurde Roberta, ebenso wie im jetzigen Leben, von anderen Menschen gehindert, dieser Bestimmung zu folgen. Oft gelang es ihr dennoch, Wege zu finden, in irgendeiner Form musikalische Erfahrungen zu sammeln und damit anderen zu helfen. In der jetzigen Inkarnation soll sie mit der Musik den Aufstieg der Menschheit in der Phase des Wandels beeinflussen. Die Schwingungen der Musik sind ein Teil dessen, was der Mensch bewusst am Wandel beeinflussen kann.

Uriel legt ihr die schwierigen Situationen in der Beziehung mit dem Partner und anderen Menschen, die Roberta wichtig sind, auseinander. Er ruft sie vor allem zum Vertrauen auf. Sie soll alles fließen lassen, es entwickele sich alles zum Guten. Roberta soll ihre Bitten und Aktivitäten zur Veranderung und zum Wohle aller Beteiligten unbedingt fortsetzen. Nach einigen weiteren Ratschlägen wird sie in den anderen Raum begleitet, wo sie drei wichtige Personen aus dem heutigen Leben vorfindet. Mit allen gibt es karmische Verstrickungen, so dass der Engel sie einen Moment in eine angstvolle Situation schauen lässt, sie jedoch sofort zurückholt.

Nun bitte ich den Engel, Roberta mitsamt den drei Personen in die Situation zu führen. Während sich zuerst eine offensichtliche Foltersituation zeigt, erkennt sich Roberta als blonde und hübsche Frau, die Teilnehmerin einer masochistischen Handlung ist. Zuerst scheint sie sich widerwillig einem Mann hinzugeben, den sie im heutigen Leben ebenfalls kennt. Doch es wird immer deutlicher, dass sie, Angelina ebenso viel Lust an diesen Handlungen empfindet wie ihr Sexualpartner. Dieser Partner ist der Herr in einem herrschaftlichen Haus, in dem sie als Magd beschäftigt ist. Das wäre nicht weiter problematisch, wenn der Hausherr nicht verheiratet wäre und ein Kind hätte. Seine Frau ist zwar schwer krank, dennoch bleibt diese Affäre nicht unentdeckt. Die Klientin ist absolut schockiert über das, was sie sieht, die gesehenen Sexualpraktiken sind dermaßen abnorm, dass ihr die Worte fehlen und sie sich sehr schämt (nicht vor mir, sondern eher vor sich selbst). Plötzlich erkennt Angelina durch das Fenster des Kellerraumes einen neugierigen Bediensteten. Dieser ist so entsetzt von dem, was er sieht, dass er denkt, Angelina werde missbraucht. Er schlägt das Fenster ein und versucht einzugreifen. Es stellt sich heraus, dass dieser Bedienstete ein weiterer Freund von Angelina ist. Während der Hausherr nur ihre masochistischen Bedürfnisse stillt, ist sie in diesen anderen Mann auf eine ganz andere Weise verliebt. Umso schlimmer ist es für diesen Mann, die geheimen Praktiken seiner Angebeteten zu erleben und sich anschließend das Verhalten erklären zu lassen. Er ist zutiefst verletzt, er weint und kann kaum getröstet werden. Kurz scheint es, als würde die junge Frau mit diesem Mann das Haus verlassen.

Angelina kann sich jedoch nicht entscheiden und hofft, beide Beziehungen irgendwie miteinander vereinbaren zu können. Doch dies gelingt ihr nicht. Ihr junger Freund erkennt, dass sie sich nicht von diesen unheilvollen Dingen lösen kann, und zerbricht über diese Erkenntnis. Er nimmt sich im Garten des Hauses das Leben, indem er sich ein Messer in den Bauch rammt. Angelina findet ihn und ist untröstlich. Sie leidet danach unter einer tiefen Traurigkeit. Für kurze Zeit scheint die Beziehung mit dem Hausherren zu zerbrechen. Doch nach einigen Wochen nehmen sie diese Beziehung wieder auf, auch wenn sich durch den Tod des von beiden sehr geachteten jungen Mannes einiges verändert hat. Sie gehen in den folgenden Jahren immer vertrauensvoller miteinander um, sie sprechen sehr viel miteinander und philosophieren über Gott und die Welt. Auch der Hausherr stirbt nach einigen Jahren. Angelina sieht nun, dass sie lange Zeit die Ehefrau des Hausherren sowie die Mutter des Freundes pflegt. Nach einem sehr intensiven und erlebnisreichen Leben stirbt Angelina unter Aussprechen etlicher Glaubenssätze, um von ihren Engeln in die Zwischenebene geführt zu werden. Sie erhält eine Vielzahl von Hinweisen und Erklärungen:

- Der praktizierte Sadomasochismus ist für die Seele überhaupt kein Problem, keine Schuld, keine Schande. Nur die Tatsache, dass andere Menschen zu Schaden kommen (der Freund, der sich umbrachte) oder Nachteile haben (die betrogene Ehefrau und das vernachlässigte Kind) sind als problematisch zu betrachten.
- Solche Neigungen sind absolut in Ordnung. Sie gehören für viele Seelen zum notwendigen Erfahrungsschatz dazu.
- Nicht alle Seelen suchen solche Erfahrungen. Es hängt unter anderem von der Seelenbestimmung ab, welche Erfahrungen gesammelt werden.
- Seelen haben viele individuelle Erfahrungen zu sammeln. Jede Seele ist ein einzigartiger Bestandteil des Großen Ganzen. Wie

- eine goldene Kugel wird sie sich am Ende ihrer Sammlung in das Große Bewusstsein einfügen.
- Angelina hat mit drei Seelen karmische Verstrickungen verursacht: mit dem jungen Geliebten insgesamt fünfunddreißig karmische Ausgleichsleben; mit dem Hausherrn fünfzehn, mit der Hausherrin zehn, wobei diese eine besonders hassvolle Beziehung zur Klientin verband.
- Viele körperliche Beschwerden aus dem damaligen Leben beeinflussen Roberta auch heute noch. Bestimmte, bei den masochistischen Praktiken ausgelöste Schmerzen, bestehen auch heute noch an Bauch, Armen und Schädeldecke.

Nun geht's zum Hüter der Akasha-Chronik. Ungewohnt ist es, was der Hüter heute macht. Zum einen erklärt er, dass das Karma, das die Klientin mit dem jungen Geliebten verbindet, gutes, positives Karma ist. Roberta muss dieses Karma nicht lösen, im Gegenteil, es unterstützt sie, indem es ausgleichend wirkt.

Das Karma mit der Hausherrin kann noch nicht ganz gelöst werden. Sie muss diesbezüglich ebenso noch Aufgaben bestehen wie zum Karma mit dem Hausherrn. Dazu ist sie jedoch auf einem sehr guten Weg. Roberta soll so weiter machen, alles vertrauensvoll fließen lassen, dann wird sie ihre Aufgaben bestehen. Anschließend kann sie wiederkommen, damit das Karma gelöst wird. Einige Seelenverträge und die ausgesprochenen Glaubenssätze werden gelöst. Der Hüter ist sehr umsorgend und gibt Roberta viele wohlwollende Hinweise für ihre weitere Entwicklung. Die Klientin ist so dankbar, dass sie dem Hüter mehrfach ihren intensiven Dank ausspricht. Zum Schluss wird sie von ihren Engeln in die violette Flamme begleitet.

Kindstötung, Karma, Verlustangst

Wieder mal eine sehr emotionale Sitzung, die lange dauert – fast sechs Stunden mit Vor- und Nachgespräch. Deshalb will ich sie so knapp wie möglich zusammenfassen.

Jule G. hat einige Themen vom behinderten Sohn über die Verlustangst um den zweiten Sohn, körperliche Leiden und Familien - sowie Beziehungsthemen. Sie geht durch einige Szenen und wird auf ihrer Reise von ihrem Engel begleitet, mit dem Jule auch im jetzigen Leben arbeitet.

Die relevante Szene beginnt in einer armseligen Scheune und geht weiter in einer Schenke, wo die Klientin als Emma arbeitet. Emma arbeitet hart unter schweren Bedingungen und plagt sich täglich mit volltrunkenen

Raufbolden. Irgendwann spürt sie, dass sie hochschwanger ist. Sie erwartet ein Kind von einem älteren Kunden. Plötzlich gehen die Wehen los, die Klientin hat diese Schmerzen auf der Behandlungsliege so intensiv, als ob sie hier entbinden würde. In der Schenke zieht sich Emma in den Keller zurück und gebiert dort ihr Kind. Doch danach ist das Kind weg. Panisch wird sie, als ich sie auffordere, nachzuschauen, wo das Kind geblieben ist. Doch obwohl Emma anfangs unwissend sucht, weiß sie schnell: Sie hat es getötet.

Der Schrecken ist groß, sie weint, schluchzt und ist entsetzt: „Ich bin eine Mörderin". Ich rufe nun ihren Engel dazu und mit diesem auch die Seele des Kindes. Ich rege einen Austausch mit der Seele des Kindes an. Diese Seele vergibt der Mutter und ist anschließend bereit, mit ihr und dem Engel zur Zwischenebene zu gehen. Dort angekommen, entwickelt sich ein langer Austausch, der auch noch beim Hüter der Akasha-Chronik fortgeführt wird. Folgende Dinge werden erläutert und geklärt:

- Sie hat einen Seelenvertrag in Bezug auf das getötete Kind und nachfolgende körperliche Leiden. Der Hüter löst diesen Vertrag auf.
- Es gibt ein Karma mit vier Ausgleichsleben, der Hüter löst alles auf.
- Alle Glaubenssätze werden aufgelöst.
- Die Bauchbeschwerden im heutigen Leben werden durch den Hüter gelöst, alte Energien befreit. Jule hatte geschildert, dass sie sich ihren Bauch, der nach den Schwangerschaften unansehnlich geworden sei, plastisch operieren lassen wolle. Der Hüter teilt ihr mit, dass sie das nach der Karmalösung machen könne. Auf meine kritische Rückfrage, ob sie das denn wirklich machen solle, sagte der Hüter, sie könne auch warten (mit dem deutlichen Unterton, dass das Ergebnis genauso gut wird, wenn sie wartet).
- Die Verlustängste um den Sohn beziehen sich auf das getötete Kind – es ist ein und dieselbe Seele. Da das Karma gelöst ist, ist die Angst erlöst. Die beiden haben das heutige Leben bewusst aufs Neue abgesprochen und beschlossen. Das damalige Leben war ebenfalls ein gemeinsamer Beschluss. Alles, einschließlich der Tötung des Kindes, gehörte zum Lebensplan und zu den Lernaufgaben.
- Der Grund heute einen behinderten Sohn zu haben hat ebenfalls mit Karma zu tun, beide haben ein Karma. Jule hat sich diese Aufgabe als zusätzliche Last mitgenommen. Beide haben das gemeinsame Leben abgesprochen und so ausgewählt.

Fehlende Emotionen und unglückliche Sexualität in funktionierender Partnerschaft

Jasmin D. sucht mich wegen verschiedener bisher ungeklärter Partnerschaftsprobleme auf. Die Schwierigkeit Nähe zuzulassen, die fehlende erfüllte Sexualität und einige weitere Aspekte machen ihr sehr zu schaffen, bestimmt mehr als sie sich selbst zugesteht. Nach außen gibt Jasmin vor, eine frohe und glückliche junge Frau zu sein. Zu spüren sind jedoch vielfältige Verletzungen und Schmerz.

Ich erfahre, dass sie bereits einige Rückführungen hatte. Die mehrfach erlebten Partnerschaften verliefen nicht unbedingt glücklich, einige körperliche Übergriffe und Misshandlungen hatte sie erlebt. Innerhalb dieser Sitzungen wurden weder Seelenanteile zurückgeführt noch Karma oder Seelenverträge aufgelöst. Obwohl die Klientin Veränderungen angibt, hat es keinen durchschlagenden Erfolg gegeben. So bin ich gespannt, was uns heute begegnen wird.

Wir gehen über das Haus der Partnerschaft, das uns viele Eingänge und Türen mit unterschiedlichen Empfindungen und Themen zeigt. Es erstaunt schon ein wenig, dass Jasmin sich ein dunkles Loch als Eingang wählt. In dem Raum dahinter findet sie zwei Männer, die ihr irgendwie bedrohlich vorkommen. Ich führe sie nun in einige Situationen mit einem dieser Männer. Sie erlebt, wie sie in etlichen verschiedenen Lebensphasen eines früheren Lebens als Kind, als Jugendliche und Erwachsene immer wieder mit diesem Mann zusammentrifft. In Spiel und Gespräch versucht sie ihn immer auf Distanz zu halten, sie mag ihn zwar, kann jedoch seine Nähe nicht zulassen. Als Erwachsene wird sie von ihm überwältigt, er nimmt sich mit körperlicher Gewalt, was er so nicht bekommen hat. Er hatte ihr vielfach mitgeteilt, dass er sie liebt, doch kann sie dies nicht erwidern.

Ich führe sie nun an ihr Lebensende, wo sie einige Glaubenssätze ausspricht, in denen sie unter anderem bekundet, dass sie nie wieder Nähe zulassen will. Ihr Engel führt sie durch das Sterben zur Zwischenebene. Das Loslassen und der Weg erfüllen sie mit tiefster Traurigkeit, eine Traurigkeit, die aus ihrem Herzen kommt. Genau diese Traurigkeit und der gleichzeitige Herzschmerz begleiten sie auch im Heute.

Es folgt ein intensiver Austausch mit ihrem Engel, der ihr klarmacht, dass sie diesen Mangel innerhalb der partnerschaftlichen Liebe befreien kann. Ihre Traurigkeit und ihr Herzschmerz bringen mich auf die Idee, das Innere Kind zu rufen. Vor ihr erscheint ein blasses kleines Mädchen, das sehr deutlich mitteilt, dass sich niemand um es kümmert. Es folgt ein längerer Austausch, an dessen Ende das Innere Kind mit sehr intensiven körperlichen Empfindungen in der Brust der Klientin Platz nimmt. Sie empfindet eine regelrechte Verschmelzung der Herzen!

Nun geht es zum Hüter. Von ihm erfährt sie, dass sie während der körperlichen Übergriffe eine große Zahl an Seelenanteilen abgegeben hatte. Der Hüter integriert auf faszinierende Weise die Seelenanteile. Auch dies spürt die Klientin körperlich. Sie hatte sich in diesen Leben einige karmischen Auswirkungen aufgeladen und gravierende Seelenverträge abgeschlossen. Diese Seelenverträge werden durch den Hüter gelöst, das Karma kann erst gelöst werden, wenn sie beweist, dass sie Nähe zulassen will und weitere Erkenntnisse sammelt.

Es ist deutlich, dass sie immer noch etwas um ihr Herz herum hat. Ich frage sie, ob sie einverstanden ist, die Christusenergie hier einzusetzen. Jasmin empfindet eine harte Schale, die ihr Herz umschließt. Mit Hilfe der Christusenergie kann nun diese Schale entnommen und abgegeben werden. Abschließend darf sie noch mit ihrem Helfer in die violette Flamme gehen.

Eine geschaffte Klientin hat viel erkannt und erlebt, dass innerhalb solcher Erfahrungen vieles erlöst und gelöst werden kann. Jasmin verlässt mich froh und glücklich.

Blockaden in der Energiearbeit durch Reikianwendungen

Anna D. ist bereits etwas älter und beschreibt im Vorgespräch viele, viele Erfahrungen aus den letzten Jahrzehnten. Sie hat viele Begegnungen mit Energien, Verstorbenen und auch geistigen Helfern gemacht. Nachdem Anna eine Einweihung zum ersten Reikigrad erhalten hatte, waren alle Fähigkeiten wie weggeblasen.

Die Gründe blieben ihr in der Folge verborgen. Ob es etwas mit der Reikimeisterin zu tun hatte oder mit ihrer Kollegin, die mit ihr arbeitete, ist unklar. Ich habe zum einen das Gefühl, dass eine Besetzung dahinterstecken könnte, aber auch eine Verbindung zu einer der genannten Personen.

Anna erlebt auf ihrer Reise die Begegnungen mit verschiedenen geistigen Helfern und einer Energie, die sehr, sehr kraftvoll fließt. Einige Blockaden werden sofort gelöst, einige Erfahrungen der Körperwahrnehmung werden gemacht. Nun lasse ich sie bewusst eine Person aus ihrem engeren Umfeld mit der Energie versorgen. Anna spürt direkt, wo diese Person Beschwerden beziehungsweise Erkrankungen hat und versorgt diese gezielt.

Ich rufe jetzt die Person hinzu, die vor etwa zehn Jahren die Energie blockiert hat. Ich bitte Michael hinzu, der in einer Energiearbeit die energetischen Verbindungen löst und Heilungen bewirkt. Anschließend geht es noch in die violette Flamme.

Eine dankbare Klientin mit heilender Fähigkeit zieht nun ihres Weges.

Selbstsicherheit, Wut, Ärger, Vergebung, eine wartende Seele

Olivia S. hat heute ihre zweite Sitzung bei mir,. Es wird ebenso detailreich wie aufregend.
Der Einstieg gelingt schnell, sie trifft den aufgestiegenen Meister, den sie in der letzten Sitzung in der Sterbephase erlebt hat, und ihren Engel bereits „unterwegs". Schnell sind sechs von 26 Türen zum Thema Selbstsicherheit identifiziert. Die relevante ist nicht die lichtvolle Türe, sondern eine, die Spannung und möglicherweise Schmerz bringen wird.
    Olivia steigt in ein früheres Leben als Schmied Tom ein. Tom ist erst sechzehn Jahre alt und muss bereits hart arbeiten. Seine Anweisungen erhält er von seinem Vater, in dessen Schmiede er arbeitet. Während einer solchen Anweisung erlebt er, wie sehr er sich innerlich gegen die Autorität des Vaters auflehnt. Tom hätte viele Ideen, Verbesserungsvorschläge, kurz, er würde es gerne anders machen, doch sein Vater nimmt solche Ideen nicht an. Es muss hart gearbeitet werden und zwar nach des Vaters Regeln. Tom weiß, wenn er widerspricht, wird er körperlich gemaßregelt, zum Beispiel mit heftigen Schlägen auf den Kopf. So ist er gekränkt, ärgerlich und letztlich erfüllt von großem und intensivem Zorn.
    In diese Gefühle gehe ich nun mit der Klientin hinein. Sehr tiefe und intensive körperliche Reaktionen in Bauch, Brust, Herz, Schultern, Nacken und Kopf sind spürbar. Gleichzeitig ist klar, dass im heutigen Leben mit Eltern, Kollegen und Partnern ähnliche, ja identische Reaktionen durchlebt werden.
    Die Klientin erlebt, wie Tom über diese Erfahrungen mit seiner geliebten Zwillingsschwester Anne (ihrem heutigen Partner) diskutiert. Anne versucht ihm klar zu machen, dass seine Reaktionen völlig überzogen sind, dass er tun soll, was sein Vater sagt. Er ist sehr enttäuscht, dass Anne ihn nicht unterstützt und wird unterdessen immer wütender. In dieser Wut verliert er völlig die Beherrschung und schlägt Anne, die mit diesem Gewaltakt regelrecht niedergestreckt wird. Sie liegt auf dem Boden und ist bewusstlos. Tom ist entsetzt über seine Tat und steht einige Minuten erstarrt an einer Stelle. Ganz langsam kommt Anne wieder zu sich und läuft enttäuscht davon. Er macht sich schwere Vorwürfe, aber kann weder eine Entschuldigung aussprechen noch durch eine andere Geste zeigen, dass es ihm Leid tut. Auch Angst, Erstarrt sein, Schmerz

und Enttäuschung werden intensiv erlebt und haben im heutigen Leben Parallelen.

Tom lebt so einige Jahre in der Schmiede, einsam, kalt, abgestumpft und leer und unternimmt im Alter von dreiundzwanzig Jahren einen Selbstmordversuch, der jedoch fehlschlägt. Fortan muss er behindert und verkrüppelt gepflegt werden und stirbt mit etwa vierzig Jahren in den Armen seiner Schwester Anne, die sich um ihn gekümmert hat. In dieser Situation spricht er eine Vielzahl von Glaubenssätzen aus, Glaubenssätze, die seinen großen Mangel, seine Einsamkeit und seinen Schmerz ausdrücken und offensichtlich ihre Auswirkungen im Heute haben. Tom spricht deutlich aus, dass er das Gefühl hat, kein Recht auf Leben, Glück und Fülle zu haben.

Es geht nun auf die Zwischenebene und zum Hüter. Mit Anne, Kuthumi und seinem Engel folgt ein langer Austausch, bei dem erkennbar wird, dass die Klientin im Leben des Tom, aber auch in vielen anderen, regelrecht den Mangel gesucht hat. Tom hatte so viele Lebensaufgaben, die mit Freude, Familie, Selbstständigkeit, Vertrauen und Umsetzung der eigenen Träume zu tun hatten. Nichts hatte er davon verstanden und umgesetzt, er hatte nur gehadert, sich von seinen Zielen abbringen lassen und sich von seiner Wut eingrenzen lassen. Dies führte dazu, dass er karmaähnliche und vertragsähnliche Abmachungen mit sich selbst abgeschlossen hatte. Auch in anderen Leben musste er sich deshalb alles hart erkämpfen. Freude und das Recht auf ein erfülltes Leben sollten nur mit hartem Kampf möglich sein. In den verschiedenen leidvollen Situationen mit Anne gibt Tom viele Seelenanteile wie Liebe, Selbstsicherheit, Selbstbewusstsein und Selbstliebe ab.

Der Hüter hat aufgrund der Einsicht der Klientin „Erbarmen", erlässt alle bindenden Verträge und Glaubenssätze und gibt der Klientin alle Seelenanteile zurück. Wie alle Klienten empfindet auch sie das Zurückerhalten der Seelenanteile als sehr, sehr heilsam und erfüllend. Olivia spürt, dass es einiges zwischen ihr und Anne zu vergeben gibt, was nun beiderseitig geschieht. Ich rege an, dass auch andere Personen, die ihr und den Helfern zum Thema Vergebung einfallen, hinzugerufen werden. Etwa zehn Seelen tauchen nun auf und gehen mit der Klientin in ein intensives Vergebungsritual, ein ebenfalls heilsames Ereignis.

Auch sie macht Bekanntschaft mit ihrem Inneren Kind und ihrem Krafttier, einer großen Wildkatze. Ganz offensichtlich wollen beide Olivia fortan unterstützen, in die Kraft und in ihr Selbstwertgefühl zu kommen.

Da Olivia auch das Thema Familienplanung benannt hatte, erfrage ich bei ihren geistigen Helfern, ob es möglich sei, den Kontakt zu einer Seele herzustellen, mit der die Vereinbarung besteht, ein gemeinsames Leben zu führen. Diese Begegnung findet nun statt und wird sehr emotional. Olivia ist total überrascht, wie weise und reif die Seele ist, die sie irgendwann als Mutter zur Welt bringen wird. In die violette Flamme nimmt sie eine ewig lange Liste der aufzulösenden Energien und Informationen mit.

Olivia ist völlig überrascht, wie sehr sie im Leben des Tom an ihren Aufgaben und Zielen vorbeiagiert hatte, und über die vielen Parallelen im heutigen Leben, insbesondere in Bezug auf die emotionalen und körperlichen Beschwerden.

Eine sehr ergiebige Sitzung, die bei der Klientin vieles verändern wird.

V Eigene Rückführungsthemen

An dieser Stelle möchte ich nochmals darauf hinweisen, dass der Klient in die Themen einsteigt, die an diesem Tag und an diesem Ort passen. Passen heißt auch, dass er so weit ist, die Dinge zu verkraften die ihm gezeigt werden. Im Gegensatz zu manch anderem Kollegen gehe ich davon aus, dass jeder Klient entsprechend seiner Bewusstseinsentwicklung unterschiedlich viele Themen abgearbeitet und erledigt hat. Dies ist mir bei einigen Klienten, die sozusagen am Ende Ihrer Entwicklung stehen, sehr deutlich geworden. Eigentlich hätte ich sie beneiden müssen, doch spürte ich so viel Bewunderung und Freude über ihren weiten Horizont, dass Missgunst niemals aufkommen konnte.

Das kann ich von mir selbst leider nicht behaupten. Ich habe in den letzten drei Jahren etwa achtzig Rückführungen mit meinen Kollegen erleben dürfen sowie einige weitere innerhalb einer „Selbstrückführung". Da ich immer auf der Suche nach Auflösung war, hatte ich nur wenige freudige Erfahrungen, was natürlich selbst gewählt ist!
   Angefangen bei den Erfahrungen in der Kindheit über schmerzhafte Verbindungen mit heutigen Familienmitgliedern, Trauer und Schmerz bis hin zu heftigen Schwingungsveränderungen erlebte ich eine unglaubliche Bandbreite von Aufgaben und Lernerfahrungen. Aktuell darf ich mich des Themas Herzöffnung annehmen. Dieses ist ebenso spannend wie anstrengend, aber durchaus mit schönen Erfahrungen und Gefühlen sowie wundervollen Menschen versehen.
   Immer – wirklich immer – waren die Erfahrungen innerhalb der Erkenntnis und der Auflösung sehr heilsam. Kein einziges dieser Erlebnisse möchte ich missen, keines! Aber natürlich habe ich mehrmals gedacht: „Lass es doch endlich gut sein, ich hab's doch verstanden".

So wirst du, lieber Leser, im folgenden Abschnitt einige interessante Rückführungsberichte, aber auch einige „abgefahrene" Dinge lesen. Geh' nach meinem Motto vor: Was ich momentan nicht akzeptieren oder verstehen kann, stelle ich in die Ecke und hole es ab, wenn es soweit ist, oder ich lasse es einfach dort stehen.

Zukunft und Situationsveränderung

Eine weitere Erfahrung im Rahmen meines „Lernens" heißt „Zukunft und Situationsveränderung". Das Thema Situationsveränderung hatte ich im Rahmen der Ausbildung kurz angerissen und erkannt, dass es eine Rolle in unserer Entwicklung spielen kann. Dennoch habe ich vor Antritt des Seminars auch diesmal eher weniger Lust auf dieses Thema.

Es ist eine Freude, alle wiederzusehen und selbstverständlich haben wir einen langen Austausch miteinander. Wir diskutieren geraume Zeit über die Erfahrungen der Seminarleitung mit den „Rückführungen in die Zukunft". Ja, es ist eigentlich ein Widerspruch – so wie „Zurück in die Zukunft". Nachdem alle Bedenken zerstreut sind, geht's in die ersten Sitzungen.

Die Zukunft

Ich gelange im Raum der Zukunft in eine von drei Türen. Ich tauche in ein Licht ein, das Unruhe in mir auslöst. Das Licht ist mehrdimensional und kommt von innen, aus meinem Kopf und aus meinen Augen. Es löst eine Angst in mir aus, die in der Mitte der Brust zu spüren ist.

Dann geht es zurück zum Zeitpunkt, bevor das Licht zu strahlen begann. Mein Körper ist anders, als ich es von meinem heutigen Körper gewohnt bin. Wir sind im Jahr 7000. Ich bin in der Lage, mein Inneres Licht zu spüren. Mein drittes Auge ist ein Lichtfleck. In dieser Zukunft gibt es keine Alterung, wie wir sie heute kennen.

Viele Menschen können mit Licht und Liebe für das Gesamtbewusstsein der Erde wirken. Es gibt nur noch wenige Menschen, die so sind, wie die Menschen des 20 Jahrhunderts. Diese Menschen kann ich über mein Licht stärken. Es ist eine freiwillige Aufgabe.

Ich befinde mich im Gebiet des heutigen Amerika. Es ist das Zeitalter des Niedergangs Amerikas. Die Verbindung zum Heute liegt im Licht: Die Menschen, die im Jahr 7000 „übrig" sind, sind mir nicht sonderlich sympathisch, doch ich bin für sie da. Der Teil in mir, der sie nicht mag, macht die Aufgabe für mich schwer, denn sie können meine Liebe nicht wertschätzen.

Auch im Heute soll ich den Menschen Licht bringen, damit sie Liebe finden. Ich erkenne, dass es sowohl im Jahr 7000 wie auch im Heute Menschen – auch in meinem Umfeld – gibt, die mit diesem Licht ein Problem haben. Es gibt Menschen, die mir etwas antun wollen, denn sie hassen mich. Um mich herum erkenne ich deshalb plötzlich Dunkelheit. Um diese zu verdrängen, verstärke ich das Licht. Ich spüre deutlich eine Energie, die mich begleitet, eine göttliche Energie.

Nun wird klar, dass es eine dritte Situation aus einem weit zurückliegenden Leben gibt, die mit den beiden anderen zu tun hat. Es geht ohne Übergang direkt in diese Erfahrung. Was folgt, gehört mit zum Schwierigsten, das ich bisher erlebt habe. Ich kann mich nicht bewegen, habe die Hände dabei an meinen Körper gepresst. Ich fühle mich wie eingepresst, wie eingemauert, doch ohne Mauern. Ich bin eingefangen von einer unguten

Macht. Zwischenzeitlich ist meine Ausbilderin hinzugekommen. Da die vorher beschriebene Situation sehr, sehr anstrengend und furchterregend ist und dazu etliche Minuten dauert, versucht sie nun, unterstützend einzugreifen. Doch ausnahmsweise erhält auch sie keine klaren Bilder. Ich spüre eine unendliche Dunkelheit, für die „Schwarz" als Beschreibung nicht dunkel genug ist.

Nachdem wir einige Minuten auf der Suche nach der Ursache für diese Umstände, insbesondere die unendliche Dunkelheit sind, kommt die aufklärende Frage. Rita fragt mich, ob es sein kann, dass es sich um die Annunaki handelt. Und diese Frage wird so deutlich mit „Ja" beantwortet, dass es mir regelrecht in den Ohren klingelt. Ich kannte diesen Begriff vorher gar nicht, deshalb bin ich jetzt ziemlich überrascht über die deutliche und abrupte Zustimmung. Ich weiß, dass es einige tausend Jahre her ist, also gehen wir in die Zeit bevor die Annunaki kamen. Hier ist deutlich spürbar, dass ich noch voller Licht war und mich ausgesprochen wohl gefühlt habe. Auf die Frage, ob ich zu dieser Zeit noch im Besitz von zwölf DNS-Strängen bin, kommt ebenfalls ein sehr deutliches „Ja".

Nun gehen wir wieder in die Situation hinein, die ich vorher erfahren habe. Und nun erlebe ich leibhaftig und in Dunkelheit, wie mir zehn der zwölf DNS-Stränge geraubt werden. Ich erlebe diese Veränderungen im Zeitlupentempo. Jeder Strang weniger verändert mich, bis zu dem Zeitpunkt, in dem völlige Dunkelheit herrscht. Es beginnt die dunkle Zeit. Ich erkenne, dass aus dieser Situation, die Angst der Menschen vor dem Licht resultiert.

Danach geht es wieder in das Jahr 7000. Ich habe wieder alle zwölf Stränge, andere Menschen haben zum Teil sechs Stränge und weniger. Ich bin, wie viele andere, sehr hoch entwickelt und sehe anders aus als viele der übrigen Menschen. Dies liegt daran, dass die Menschen sehr unterschiedlich weit entwickelt sind.

Es ist interessant für mich, wie unterschiedlich es sich anfühlt, zwölf oder weniger DNS-Stränge zu haben. Ich besitze als Verbindungselement meine Augen. Mit meinen Augen kann ich kommunizieren und heilen, im Prinzip sogar mit meinem ganzen Körper.

Nun gehen wir zur Akasha-Chronik. Ich erkenne alles vollkommen verschwommen, auch das Buch ist verschwommen. Der Text ist wie geschwärzt, ja, in Dunkelheit gehüllt. Der Hüter arbeitet an mir, er poliert mich regelrecht, er arbeitet an meinem Brustkorb und transformiert meine zuvor empfundene Angst. Er trägt die Veränderungen für mein Heute und für das Jahr 7000 in die Akasha-Chronik ein. In der Flamme wird die Angst vor der Dunkelheit aufgelöst und auch die Angst vor der DNS-Reduzierung.

Ich spüre, wie mein Halschakra weiter wird und mich eine wohlige Energie durchströmt. Anschließend begleitet mich mein Hüter in den Tempel der Heilung. Hier werde ich intensiv durch die violette Flamme „behandelt".

Der „Abstieg", die Schwingungsreduzierung, die Annunaki

Mit meiner Kollegin T. lande ich wieder einmal in einer mir bereits bekannten Situation. Diesmal erkenne ich jedoch einiges deutlich klarer. Ja, diese Annunaki waren mir (uns) nicht sonderlich freundlich gesonnen. In einer Zeit, in der wir ein sehr hohes Bewusstsein haben, verändert die Erde intensiv ihr Gesicht, ihr Bewusstsein, ihre Schwingung. Das heißt, die hohe Schwingung wird innerhalb kurzer Zeit auf eine sehr niedrige Schwingung reduziert. Diese Schwingung ist von den Lebewesen der Erde, die eine hohe Schwingung haben, kaum zu ertragen.

Wie alles in unserer Geschichte ist auch dieses Zusammentreffen mit den Annunaki nicht zufällig. Sie sorgen letztlich für die Reduzierung der Schwingung, indem sie aus unserer Zwölfstrang-DNS eine Zweistrang-DNS machen.

In der heutigen Rückführung erlebe ich wiederum einen intensiven Druck in der Brust, Angst, Atemnot und Einschnürung. Es ist, als ob schlangenartige Arme meinen Oberkörper umschlingen. Diesmal erlebe ich sie wie das Wesen in „Alien": böse, negativ, aussaugend, skrupellos und finster. Doch wird mir diesmal im Gegensatz zum letzten Mal klar, dass es eine vereinbarte Situation ist. Sie tun nichts, was nicht vereinbart war. Auch wenn es schmerzhaft für mich und all die anderen ist, die Ähnliches erleben.

Auch erkenne ich diesmal riesige Labors, in denen die Maßnahmen durchgeführt werden. Plätze, die an heutige futuristisch aussehende Labors oder Operationssäle erinnern. Die Zeit nach dem Entzug der DNS-Stränge erlebe ich wieder als dunkle Zeit. Viele der vorher vorhandenen Fähigkeiten habe ich verloren. Alle übersinnlichen Fähigkeiten, Wissen und Erkenntnisse sind verborgen oder verschwunden.

Heute sind wir in einer Zeitepoche, in der diese Fähigkeiten den Menschen wieder zuteil werden, langsam, aber sicher.

Familie und die Auseinandersetzung mit dem Tod

Ich muss endlich nachschauen, welche noch nicht geklärten Auseinandersetzungen mit unserem Wohnort, mit meinem Haus und einigen meiner Mitmenschen bestehen.

Nach einer unproblematischen Einführung geht's ins Haus des Karmas. Ich verspüre deutlich eine gewisse Anspannung. Auf Hinweis eines Gruppenmitglieds spreche ich unseren Gruppenengel an bitte ihn, mich mit meinen Engeln durch die Sitzung zu begleiten.

Und sehr schnell merke ich, dass er (nein sie – Muriel) links neben mir hockt und mich sehr fürsorglich behütet. Es ist schön, so gut begleitet zu sein! Muriel, unser Gruppenengel, wird mich von nun an immer begleiten, auch mehr als ein Jahr danach kann ich dies mit Gewissheit sagen. Ein wunderschöner und sehr liebevoller Engel!

Es wird eine insgesamt vierstündige und sehr anstrengende Sitzung. Ich fasse deshalb diese Sitzung zusammen und führe nur die wichtigsten Erfahrungen auf.

Ich lande tatsächlich in meinem heutigen Wohnhaus im Jahr 1690. Meine heutige Frau ist auch dort meine Frau. Ich liebe sie sehr, erlebe sie jedoch nur krank. Es scheint sich um eine eher seelische Erkrankung zu handeln. Ich sehe sie traurig und hinfällig, immer im Bett liegend. Schnell erkenne ich die Ursache für diese Entwicklung. Meine Mutter (heute eine sehr nahe Verwandte) hat ihre Schwiegertochter vom ersten Tag an mit Missachtung und Unterdrückung gestraft. Sie hat keine Gelegenheit ausgelassen, sie schlecht zu machen und übel über sie zu reden. Selbst im Krankheitszustand lässt sie sie nicht in Frieden. Jeder bekommt bei ihr sein „Fett weg". Ich werde ständig als Schwächling bezeichnet, habe angeblich meine Frau nicht im Griff und kümmere mich um nichts. Ich kümmere mich nicht um Haus, Hof und Landwirtschaft. Auch mein Vater (heute eine Nachbarin) wird unterdrückt, so lange bis er unter diesem Druck an gebrochenem Herzen zu Grunde geht. Für seinen Tod werde ich verantwortlich gemacht, da mein Vater alle Arbeit (das was ich nicht tat) übernehmen musste. Unverständlicherweise nehme ich diese Schuld auf mich, was meine Situation zunehmend verschlimmert. Ich empfinde über die Jahre:
- Schrecklichen Druck durch die Mutter;
- Finsternis und Ausweglosigkeit;
- Große Trauer über die Situation meiner Frau;
- Ständigen Zwiespalt, weil ich meine Frau versorgen will, aber durch meine Mutter dafür verlacht werde;
- Gewissensbisse und Schuldgefühl nach dem Tod des Vaters.

V Eigene Rückführungsthemen

Dann beginnt eine Auseinandersetzung mit dem Tod. Denn eigentlich ich kann und will nicht akzeptieren, dass uns mein Vater genommen wird und ich auch noch der Schuldige sein soll. Gleichzeitig sehe ich meine leidende Frau und verstehe nicht, dass sie nicht erlöst wird. Es ist alles so ungerecht. Und zusätzlich sitzt mir diese Furie von Mutter im Nacken. Ich sehe, dass es wieder einmal zu einer der immer wieder auftretenden Situationen kommt. Sie pöbelt mich an, beschimpft mich als Schwächling, als Schuldiger an meinem Vater. Außerdem werden ich und meine Frau durch den Schmutz gezogen. Es reicht!

Im nächsten Moment sehe ich, dass ich sie im Schwitzkasten habe. Ich drücke ihren Hals zu, bis sie nicht mehr atmet – unterdessen schmerzt mein linker Arm auf der Behandlungsliege so stark, dass es kaum auszuhalten ist. Die Anspannung in meinem Körper dauert etwa anderthalb Stunden an, sodass mir nach der Sitzung jeder Muskel schmerzt.

Nach diesem Ende fühle ich mich endlich befreit, auch wenn ich fortan eine „große Leere" spüre, aus der ich nicht mehr herausfinde. Einige Jahre nach dem Tod meiner Frau liege auch ich auf dem Sterbebett. Plötzlich bemerke ich ein tiefes Loch in meiner Brust. Es ist besorgniserregend. Wie ein schwarzes Loch, ein Vakuum, das mich scheinbar nach innen aufsaugt. Und hier geht dann die Auseinandersetzung mit dem Tod weiter.

Ich erinnere mich an die Begegnung im Raum der Vergebung und weiß nun, welche Gründe für diese Vergebung vorlagen.

Ich hatte mich, wie oben beschrieben, nie damit abgefunden, dass der Tod anders vorging, als ich es für richtig hielt. Ich hatte doch den Durchblick und er nahm ohne scheinbar vernünftige Gründe die Starken und ließ Leidende zurück. Das konnte doch nicht sein. Also begehrte ich gegen ihn auf! Als er nun zu mir kommt, weigere ich mich. Ich bin zwar froh, dass alles vorbei ist, dass ich endlich gehen darf, aber mit ihm, dem Engel des Todes (Wandels), nein, mit ihm werde ich nicht gehen. Auf gar keinen Fall, bei dem, was er mir angetan hat, nein.

Jetzt beobachte ich, dass er weg ist, er hat mich zurückgelassen. Ich sehe die tote Hülle meines Körpers und weiß, dass ich verpasst habe, zu gehen. Ich bleibe als erdgebundene Seele zurück und hefte mich an ein Kind. Dort bleibe ich, bis irgendwann die Möglichkeit besteht, ins Licht zu gehen. Und diese Erfahrung ist nicht besonders erfreulich!

Wie bereits erwähnt, war das eine harte Sache. Dass ich im heutigen Leben mit den Beteiligten viele nicht unproblematische Schwingungen erlebe, ist nachvollziehbar. Die Gespräche mit meinen Engeln und Helfern auf der Zwischenebene sowie mit meinem Hüter führen mir die Zusammenhänge des Damals mit dem Hier und Heute klar und deutlich vor Augen. Der Hüter hegt und pflegt mich. Er nimmt mich mit und legt mir seine Hände auf Brust und Bauch. Das Vakuum verschwindet, die Enge und Leere der Brust und des Herzens verschwinden ebenfalls. Es geht mir zusehends besser.

Der Hüter geht nun mit mir Punkt für Punkt durch. Ein Beteiligter nach dem anderen wird hinzugerufen, so dass ich mich mit jedem versöhne. Da ich nun endlich diese Themen verstanden habe, werden mir die restlichen fünf der fünfzehn ausgesprochenen Karmaleben erlassen. Es ist gut. Der Hüter schickt mich noch in den Tempel der Heilung, in dem ich wiederum mit einer riesigen Energiequelle versorgt werde. Dabei sind meine Engel, auch Muriel. Die Energie ist wie ein großer Sonnenball, der über mich gestülpt wird und mich mit heilender Kraft versieht.

Nun will meine Kollegin mich langsam aus der Sitzung zurückholen, was jedoch von Muriel unterbrochen wird. Hier im Tempel der Heilung können wir nun Fragen stellen, die für uns als Gruppe – auch für unser bevorstehendes zweites Gruppenwochenende wichtig sind.

Besuch auf Atlantis

Im Rahmen eines Gruppentreffens erleben wir Atlantis als beeindruckenden Ort mit großer Skyline, die aufgrund ihrer Größe an heutige Städte erinnert. Um die Stadt herum gibt es große Grünflächen.

Wir (alle acht der Gruppe) befinden uns in der ersten Situation auf einer solchen Grünfläche. Die Bewohner haben „hoch energetische Körper". Sie sind sehr groß, haben ein erhabenes Äußeres und sind schlank. Die Köpfe machen einen runden Eindruck, während die Beine sehr lang und schlank sind und irgendwie ohne Gelenk zu sein scheinen.

Die Stadt hat eine unglaubliche Anmut und erscheint uns sehr futuristisch. Die Sonne scheint, alles ist hell und warm. Die Energie der Körper ist beeindruckend. Die Bewohner haben sie zum Teil durch ihre große Erdverbundenheit – sie beziehen Energien aus dem Inneren der Erde. Dies gilt nicht unbedingt für alle Bewohner. Einige haben diese Fähigkeiten, andere nicht. Wir gehören zu jenen, die die Fähigkeiten haben, und sind in der Lage, anderen Bewohnern Energien über die Hände weiterzugeben. Die Gruppe hat sich bewusst für diese Gruppenexistenz entschieden, um verschiedenste Aufgaben zu erfüllen. Eine dieser Aufgaben ist die Reinigung der Herzen.

Gleichzeitig gibt es auf Atlantis viele negative Energien, die sich als Schwere auf die Herzen legt. Dunkle Mächte versuchen zunehmend Einfluss zu nehmen und Macht über alle zu bekommen. Die Gruppe weiß nicht, wie sie darauf reagieren soll. Aber sie hatte sich genau wegen dieser Entwicklungen entschieden, nach Atlantis zu gehen. Einige waren dabei eher pessimistisch, andere optimistisch.

V Eigene Rückführungsthemen

Die Gruppe besteht aus starken und schwachen Persönlichkeiten. Doch wir sind mit viel Weisheit, Wissen und Kraft angekommen und fühlen uns stark genug, jede Aufgabe gemeinsam zu meistern. Dann aber bemerken wir, wie die Gruppe langsam auseinander bricht, sie zerfällt. Und das obwohl jedem klar ist, dass „Alles Eins ist und Eins Alles ist". Die Gruppe hatte bis dahin eine unheimliche Gruppendynamik. Sie erfüllt die Menschen mit Licht und Erdung und positiver Energie. Dazu ist sie gekommen, das ist ihre Bestimmung. Doch nicht alle haben das realisiert.

Mir wird in meiner Sitzung offenbart, dass ich aus einer großen Überheblichkeit heraus die Gruppe gefährdet habe. Ich habe die Entwicklung der Schwächeren nicht mehr zugelassen und mich von der Gruppe entfernt. Es ist eine schmerzliche Erfahrung, dass gerade ich die Gruppe zerstört habe. Ich hatte den Auftrag aus dem Blick verloren, den anderen zu dienen. Ich habe die gemeinsame Sache „verraten". Nicht nur, dass ich meine Seele enttäuscht habe, auch unsere gemeinsame (Gruppen-) Seele habe ich verraten (es kostet mich später bei meinem Hüter ein „umfangreiches Karma"). Mir wird sehr deutlich, dass die Entwicklung auf Atlantis einen sehr üblen Verlauf und ein aus menschlicher Sicht schreckliches Ende hat. Ich bin ebenso wie viele andere (auch andere aus der Gruppe) Wissenschaftler von hohem Rang. In dieser Wissenschaft gibt es nahezu nichts Unmögliches. Das Schaffen von Lebewesen mit zwei Köpfen ist nur ein Beispiel für das Ausufern dieser angeblich im Dienste der Menschen stehenden Forschung. Medizinische Experimente am Fließband auf Kosten der Bewohner sind völlig außer Kontrolle geraten. Eine Gesellschaft von allerhöchsten Maßstäben und einer Ordnung, die allen zu Diensten war, ist gescheitert. Die Liebe, das oberste aller Ziele, ist förmlich ausradiert. Dennoch ist die höhere Gesellschaft der Meinung, das alles richtig und zum Wohle der Menschen sei. Zu allererst ist es die Macht, die die Wissenschaft schafft. Ich empfinde es in diesem Moment als unendliche Dummheit, zu denken alles in der Hand zu haben. Wir sehen uns als Schöpfer, ohne dabei die göttliche Schöpfung im Blick zu halten. Diese beuten wir aus.

Der erlebte Prozess von der heilen Welt bis zum Bruch der Strukturen von Atlantis zieht sich über etwa 150 Jahre hin. Unsere Gruppe versucht, diesen stärker werdenden „negativen" Mächten entgegenzuwirken. Doch gelingt uns das nur kurzfristig. Wie bereits beschrieben, scheitern wir.

Negative Energien und Seelenverträge, Planet Texlra

Meine nächste Sitzung zur gemeinsamen Geschichte mit meiner Ausbilderin und einem zu lösenden Seelenvertrag wird sehr aufregend. Ich bin mit diesen Themen bei meiner Kollegin T. gelandet und das ist gut so. So wie es immer gut war, wie es sich ergeben hat.

Also steigen wir ein und landen zügig im Geschehen. Es erscheinen viele Türen auf drei Ebenen: Karma, Seelenverträge und Flüche. Meine Kollegin T. hat ein eigenwilliges Vorgehen entwickelt. Ich bin begeistert! Auch bin ich überrascht, dass ich gemäß Metatrons Aussage tatsächlich keine Karmatüre mehr habe. Zumindest momentan sind alle acht Türen offen und leer.

Aber zu Seelenverträgen gibt es noch drei „gefüllte Türen" – acht sind bereits erledigt. Des weiteren gibt es hinter fünf Türen eine Vielzahl an Flüchen:
1. Flüche im Zusammenhang mit meinem Dorf: Ursachen dafür waren oft Hass und Unzufriedenheit. Hier habe ich bereits vieles abgearbeitet.
2. Viele Flüche haben mit meinen Augen zu tun.
3. Ebenso viele mit dem Thema Helfen. Ich wurde oft enttäuscht, ausgenutzt und zu Unrecht beschuldigt. Augen und Helfen haben direkt miteinander zu tun! Ich weiß, dass ich nach den Erfahrungen zutiefst enttäuscht bin. „Ich habe keine Lust mehr", wird begleitet von Schwermut, Anspannung, Trauer, Herzschmerz, Dunkelheit. Dies alles hat auch oft mit unserer Gruppe zu tun gehabt. „Ich habe es gut gemeint und ihr seid undankbar!"
4. Viele Flüche haben mit meiner Familie zu tun. Aber hier ist vieles bearbeitet – ich spüre Entspannung!
5. Krieg hat mir vieles genommen.

Nach dieser Sequenz mit einer äußerst ungutenAnspannung wird es plötzlich leichter, heller und ich habe das Gefühl zu schweben. Ich lande direkt in der Zwischenebene. Das genieße ich kurz, denn meine Kollegin T. zerrt mich zu den Türen der Seelenverträge. Ich entdecke zehn Türen, wovon sechs offen und leer sind. Zwei zeigen sich nicht.

Die sechste Türe hat's in sich: Ich stehe dort und werde von Licht eingehüllt, intensives energetisches Licht fließt aus einem Lichtkegel durch meinen Kopf. Zu spüren ist ein beschwingtes, freudiges Gefühl. Meine Kollegin T. zieht mich einfach dort weg, um mich in die achte Türe zu schicken.

Ich lande mit einem schweren, düsteren Gefühl in einer mir bekannten Situation auf Atlantis. Und ich weiß, was vor sich geht. Meine „Widersacherin" – heute meine Ausbilderin – hat mich zur Strafe als Opfer auserkoren. Ich bin gefesselt und werde als Versuchskaninchen missbraucht. Die Versuche sind nicht nur Versuche. Es ist Strafe, es ist Rache, Versessenheit. Alles in allem ist es sehr beängstigend. Meine Augen werden zerstört, mein

V Eigene Rückführungsthemen

Herz wird operiert und es geschehen noch andere schreckliche Dinge. Es ist eine furchterregende Qual. Das hat nichts mit Wissenschaft zu tun, das ist ein persönlicher Rachefeldzug. Ich schließe in dieser Situation etliche Seelenverträge ab, nur damit sie mich in Ruhe lässt:
- Ich werde dir immer dienen – wenn du mich verschonst.
- Ich werde dir nie wieder widersprechen.
- Ich werde mich immer unterordnen (Ursache für heutige Rückenprobleme).
- Ich werde dir immer dankbar sein (Herz und Emotionen).

Außerdem habe ich etliche Flüche über sie ausgesprochen.
- Du sollst verflucht sein!
- Du sollst brennen!
- Du sollst nie wieder froh werden!
- Dein Hass soll auf dich zurück kommen!
- Was du diesen Menschen antust, soll auch auf dich zurückkommen!
- Alle, die dich unterstützen, sollen mit dir untergehen!
- Dunkelheit soll dich umhüllen!

Eine tolle Idee ist es, was meine Kollegin T. jetzt unternimmt. Sie führt mich in den Raum der Vergebung. Dieser Weg ist gut und wichtig, denn durch die Vergebung fällt viel Ballast von mir ab. Heute wird hier jedoch lediglich das an Vergebung abgearbeitet, was mit dem heutigen Thema zu tun hat.

Anschließend geht es in die sechste Türe. Und die ist mehr als interessant. Bereits vor der Türe habe ich beeindruckende Emotionen. Mein Herzchakra ist weit und voller wohltuender Energien. Meine Augen sind energiegeladen. Sie strahlen, sie haben eine überragende Wahrnehmung. Ein unglaubliches Gefühl.

Ich gehe in diesen Raum und erwarte nicht das, was nun kommt. Ich habe immer noch die energiegeladenen Augen und das volle Herzchakra. Aber auch der Rest des Körpers hat ein besonderes Körpergefühl, eine Wahrnehmung, die ich so noch nicht erlebt habe. Während ich versuche, das einzuordnen, erhalte ich das fehlende Puzzlesteinchen: „Kann es sein, dass hier ein Flugobjekt bereitsteht?", fragt meine Kollegin T. Klar, das ist die Erklärung. Also steigen wir ohne nachzufragen ein und haben eine lange gemeinsame Reise. Wir landen auf Textra, einem Planeten mit einer beeindruckenden Schwingung. Ich habe seit Sommer immer wieder einen komischen Bezug zu den Plejaden. Und nun bin ich mir sicher – da bin ich. Einer dieser Sterne hat einen Planeten namens Textra. Rot ist die Atmosphäre und die hohen Schwingungen können wir „mitschwingen".

Wir sind uns beide sicher, hier waren wir schon oft oder lange Zeit.

Vor dem Aussteigen erkennen wir, dass wir erwartet werden. Viele Bewohner stehen hier und warten. Viele, wirklich viele, Massen. Die Begrüßung ist so herzlich, dass wir das Gefühl haben: „Die haben wirklich gewartet". Wir spüren, dass sie neugierig darauf sind, zu erfahren, was wir erlebt haben. Es ist so, als gehörten wir hier hin und wären lediglich auf einem kleinen Ausflug gewesen.

Wir gelangen zum Regenten, der uns sehr wohlgesonnen ist. Er ist ein väterlicher Führer, ein geachteter und nicht über seinem Volk stehender Regent. Wir tauschen uns mit ihm aus und erhalten viele Informationen. Es scheint, als seien die Bewohner quasi unsterblich – sie haben das Altern überwunden. Es gibt keine Macht, keine Ungerechtigkeit. Einfach nur Harmonie, eine hohe Schwingung, unbegrenztes Wissen. Es ist unglaublich.

Den Bewohnern schenken wir einen großen Kristall, über den sie sich sehr freuen. Und dieser Kristall beginnt zu wachsen. Schnell hat er deutlich an Größe gewonnen und hat eine wunderbare Ausstrahlung.

Körperlich ist ein unglaubliches Wohlbefinden zu spüren, die vorher wahrnehmbaren Herzbeschwerden sind weg, das Herzchakra ist weit. Eine wundervolle Wärme umhüllt uns. Mein Seelenvertrag schlägt sich auf meine Augen nieder und wurde von mir selbst verursacht und geschlossen. Ich wollte einfach nur „kurz weg, um zu lernen" – dann zurückkehren.

Meine Kollegin T. und ich sind uns einig „Hier kommen wir her und hier gehen wir wieder hin". Am liebsten würden wir direkt hier bleiben. Wir werden freundlich verabschiedet und fliegen nach Hause.

In der Zwischenebene schaue ich mir alles noch mal sehr genau an und habe das Gefühl, dass es Zeit ist, es hinter mir zu lassen. Der Hüter ist wieder sehr, sehr wohlwollend. Der Dialog dauert etwas länger, er beantwortet viele meiner Fragen. Der Hüter verabschiedet mich liebevoll und schickt mich in den Tempel der Heilung. Diesmal hat man hier eine spezielle violette Höhenlampe für mich bereit. Die reinigende und erfüllende Energie tut gut.

<ins>Der Wandel</ins>

Meine Kollegin T. ist die Reisebegleitung, die ich heute brauche! Vorher verspüre ich etliche Beschwerden. Diese werden heftiger, je näher der Tag kommt. Zu Kopfschmerzen, deutlichen Rückenschmerzen, Schmerzen in der linken Hand und Achillesbeschwerden, kommt auch das Bewusstsein, dass da etwas mit der Kirche zu lösen ist.

So steigen wir ein. Alles was als Helfer bekannt ist, wird eingeladen und ist spürbar. Melchisedek holt mich sozusagen ab und geht voraus. Meine Kollegin T. führt mich in das Haus der Lichtwesen, ein dreistöckiges Haus mit zahlreichen Türen. Neben der Türe des Engels der Gnade und des Engels des Wandels ist Melchisedeks Zimmer, in das ich hineingehe. Dort sitzt er, Melchisedek, dunkel gekleidet und mit dunklem Umhang, hageres Gesicht, graue Haare, hagere Hände. Er hat ein sehr, sehr weises Erscheinen. Ich empfinde beim Erspüren dieser Weisheit einen kühlen, aber angenehmen Schauer auf meinem ganzen Körper. Ich weiß jetzt, dass ich ihn kenne, es ist wie Wiedersehensfreude. Gemeinsame Existenzen auf Atlantis, Ägypten, zur Zeit Christi und im Mittelalter sind mir sofort bewusst.

Er macht mir klar, dass es jetzt losgeht. Meine Kollegin T. trägt uns auf, im Mittelalter zu beginnen. Und nun geht's „ruckzuck". Das kenne ich gar nicht. Ohne langes Suchen geht's durch die Zeiten, wie im Fluge.

Begonnen wird, wie aufgetragen, im Mittelalter. Ich, Franz, spüre, dass ich in einem dunklen Gemäuer als Mönch lebe. Es ist ein bedrückendes Gefühl – den Kopfschmerz kenne ich doch!? Es ist so niederdrückend, so negativ im Empfinden. Ich weiß, dass ich hier schlecht behandelt und missbraucht werde. Meine Eltern (Vater und Stiefmutter) und meine kleine Schwester hatten mich vor diesen erdrückenden Mauern „abgegeben". Das war halt so, einer musste ins Kloster. Dabei kommen mir deutliche Hinweise auf die Klosteranlagen in Echternach, wenn auch klar ist, dass diese älter sind als die heutige Anlage.

Meine kleine Schwester trauert. Ich glaube, ich kenne sie aus dem Heute – es ist eine Kollegin. Der Trennungsschmerz ist immens, auch bei den Eltern und vor allem bei der Schwester. Ich spüre diesen Trennungsschmerz wie einen schweren Energieklumpen hinter meinem linken Auge, vom Nacken über die Zähne und den Kiefer. Diese Schwere hängt wie ein Mantel über meinem ganzen Körper. Sie zieht weiter über die Brust und von dort in den Rücken. Dann sehe ich dieses Gemäuer nochmals, diesmal wie eine große Fratze. „Jetzt hab' ich dich wieder", höre ich eine nicht gerade freundliche Stimme. Das begleitende Gefühl habe ich heute, wenn ich große machtvolle Kirchen betrete.

Dann geht's weiter und zum ersten Mal erlebe ich Ägypten. Ich spüre ein graziles Körpergefühl. Ich bin groß, habe einen langen schlanken Hals, einen hohen Kopf, und es ist ein sehr leichtes Gehen. Meine Hände sind warm und energiegeladen. Mein Rückgrat ist stark, es ist wie verstärkt, wie mit einem doppelten Strang von Knochen ausgerüstet. Diese Stärke zieht bis hoch in den Kopf. Auch die Energieübertragung fließt von dort unten bis oben.

Ich trage ein weißes Gewand, mit einem reich verzierten Schultertuch (gold, blau). Meine Hautfarbe ist nicht weiß! Hier erlebe ich nun die Anwesenheit von Melchisedek. Wir unterhalten uns. Es sind Unterhaltungen, die von Wissen und Weisheit getragen sind. Ich erlebe eine Schwingung, die mich fast schweben lässt.

Ich habe keine Familie. Wir sind in einer Art Bibliothek (Alexandria) und sprechen, forschen, schreiben auf Schriftrollen, zeichnen Sternbilder. Es ist wie ein Spiel, es fließt so aus uns heraus. Himmelskarten werden angefertigt, als hätten wir nie etwas anderes gemacht. Viele Instrumente stehen uns zur Verfügung, Dreiecke, Schieblehren mit goldenen Griffen. Auch Gebäude und Bauwerke wie die Pyramiden sind Bestandteile unserer Arbeit. Der Nutzen der Grabkammern ist eine Nebensache. Das Wichtige ist die Integration in die Astrologie. Und wir wissen viel mehr, als man mit dem bloßen Auge erkennen könnte! Die Existenz und Anwesenheit Gottes ist allen bewusst, wir haben große Achtung vor der Schöpfung!

Es wird viel gelacht, wir haben viel Freude bei dieser Arbeit. Man hat einen regen Austausch mit vielen anderen Wissenschaftlern. Eine intensive Verbindung besteht zu anderen Welten, auch ein Austausch (Wissen...) findet hier statt. Melchisedek und ich stehen hier auf etwa gleicher Ebene.

Nach langer Zeit der Forschung erlebe ich eine Zeit des Umbruchs, der Unruhe. Es kommt mir vor, als würde das Land besetzt. Wir Wissenschaftler werden regelrecht ruhig gestellt. Das Forschen ist eingestellt, wir werden in den Gebäuden festgehalten. Später erleben wir den Untergang der Bibliothek und der niedergeschriebenen Weisheit. Es ist ein sehr bedrückendes Gefühl. Die Energie schwindet, die Schwingungen verändern sich.

Mir ist klar, dass diese Epoche vorbei ist. Ich spüre, dass sich meine Gestalt verändert, mein Kopf wird „kürzer", der Inhalt wird komprimiert, es entsteht eine Dichte, die schmerzt. Nun habe ich das Gefühl, dass dieses komprimierte Wissen bewusst gelenkt abfließt. Es kommt mir vor, als geschehe dies über meine Stirn, mein linkes Auge. Ich kann nicht genau sagen wohin, doch würde ich spontan sagen, die Energie fließt nach oben.

Zum Zeitpunkt meines Todes kann ich sagen, ich bin unnatürlich alt geworden. Ich blicke auf ein erfülltes Leben mit Spaß und Freude zurück. Wissen und Weisheit zu haben und damit zu arbeiten war wunderbar!

Nun geht's weiter nach Atlantis. Ich spüre wieder deutlich die sehr hohe Schwingung, ein erhabenes Gefühl, das aber in Windeseile schwindet. Die Schwingung verändert sich, es geht in Riesenschritten Richtung Untergang.

Meine Augen sind angespannt, ebenso Nacken und Rücken. Es ist wie in ein tiefes Loch zu fallen. Angst steigt hoch, sie beginnt in den Füßen und zieht bis in den Kopf (hinter die Augen). Diese Schwingung ist sehr,

V Eigene Rückführungsthemen

sehr schwer zu ertragen. Und wieder höre ich die Stimme von Melchisedek, meinem geistigen Führer: „Da musst du durch". Es ist schwer, doch er hat ja recht. Ich weiß, ich habe es mir wieder einmal ausgesucht. In diesem Moment weiß ich, dass dies auch für mein jetziges Leben gilt, der Wandel ist in vollem Gange und wieder habe ich es mir ausgesucht.

Dann geht's in die Zeit Christi. Ich glaube, ich spinne. Ich bin mit einer Gruppe von Gelehrten unterwegs und wir ziehen zur Geburt eines neuen geistigen Führers. Wir kommen aus Indien, einige haben sich uns angeschlossen. Melchisedek (nicht Melchior) ist wiederum dabei. Ich heiße Pinotah und bin ebenfalls ein Gelehrter, verstehe mich auch auf Sterndeutung. Wir wissen bereits jetzt, wie das Leben dieses geistigen Führers verlaufen und enden wird. Es ist vorherbestimmt, wie alles!

Diese aufkeimende Hoffnung und das Erschrecken, das offensichtliche Ende zu kennen und zu verarbeiten, ist schwierig. Melchisedek kommt mir in diesem Moment allwissend vor, ja, er weiß alles! Es ist eine Ehre mit ihm zusammen zu sein.

Danach geht es in die Phase des Leidens Christi. Ich spüre, dass etwas Schwieriges auf mich zu kommen wird. Ich erlebe einen inneren Schmerz, eine Leere, ein Vakuum, das förmlich das Leben aus mir herauszieht, einen Schmerz, der nicht weh tut, sondern vernichtend ist. Es ist nicht zu beschreiben. Es ist eine Dunkelheit, die wie ein tiefer Schlund unter mein Brustbein zieht und so tief geht wie bis zum Mittelpunkt der Erde. Diese Heftigkeit ist unglaublich. Es macht mich körperlich fertig, ich weiß nicht, wie ich es verkraften soll. Mir ist heiß, ich zerfließe regelrecht. Mein Kopf droht zu zerplatzen, mein Bauch rebelliert, mein Darm ist aufgewühlt, es ist entsetzlich.

Und ich realisiere nun, was passiert. Ich erlebe die Passion Christi, ich ziehe regelrecht mit. Es ist als leide ich mit, es ist, als sterbe ich mit. Ich kann es nicht fassen. Der Tod Christi ist meine Vernichtung. Doch diesmal mache ich nicht mit, ich weigere mich, diesen Wandel wieder zu ertragen, ihn widerstandslos hinzunehmen. Auch wenn ich die Stimme kenne, die mir sagt: „Da musst du durch", nein, diesmal nicht. Wie kann man eine solche Chance verstreichen lassen, wie kann man einen solchen Menschen ans Kreuz nageln? Ich weigere mich, das mitzumachen. Warum muss das immer sein? Ich will das nicht mehr. Immer wieder diese Phasen des Übergangs!

Doch in mir ist dieses Wissen, ich kann ihn nicht retten. Es ist seine Entscheidung. Ich habe es zu akzeptieren, es war und ist der Lauf der Dinge. Jesus hat diese Entscheidung bewusst getroffen, uns vorbereitet, er ging den ganzen Weg bewusst!

Und, wie endet dies? Ich lande selbst dort, ich werde selbst gekreuzigt. Ich erlebe über eine schier nicht enden wollende Zeit heftigste Kopfschmerzen, eine Energie, die sich regelrecht aus meinem linken Auge herausquetschen will.

Es geht nun in die Lichtebene, auf der Melchisedek vor mir steht. Wenn ich will, dann gibt er mir alle restlichen Anteile, alles Wissen, alle Erklärungen – ohne Bedingungen.

Der Austausch zeigt: Ich wollte das alles genau so, es war freiwillig. Ich hatte mir bewusst diese Situationen, die Zeiten des Wandels gewählt, mit ihm zusammen. Auch Melchisedek ist immer in den Zeiten des Wandels dabei, er begleitet den Wandel.

Auch bei der aktuellen Phase begleitet er all' die, die aktiv sind, wie auch unsere Gruppe! Diese Wandlungsformen gibt es so nur hier auf der Erde, woanders werden andere Erfahrungen gesammelt.

Körperliche Symptome gehören dazu und werden in der kommenden Zeit wieder ähnlich schwierig werden. Melchisedek begleitet uns, hilft zu verstehen und zu lernen.

Da meine körperlichen Beschwerden noch immer nicht deutlich abgeklungen sind, geht es nun zum Hüter. „Gleich wird es besser", heißt es, doch davon merke ich nicht wirklich viel. „Warum das alles?", ist die Frage. „Nun ja, weil jeder lernt, weil jeder Erkenntnis für seine Seele sammelt und gleichzeitig diese Erkenntnis an den ewig wachsenden Gott, den „Alles in Allem" weitergibt". Eine Antwort, die mir natürlich nicht neu ist. Doch in den jeweiligen Situationen ist es schwer sie zu akzeptieren.

Doch wir wählen ja bekanntlich aus und bei dieser Auswahl muss man sich nicht das Härteste vom Harten nehmen, „man kann es auch immer übertreiben", höre ich. Danke! Dieser Spruch hätte glatt von mir selbst kommen können.

Nun führt mich meine Kollegin T. in den Tempel der Heilung. Violette Flamme und Lichtdusche haben sicher ihre Wirkung, doch ändert es nichts daran: Es geht mir schlecht! Zum ersten Mal nach einer Sitzung.

Doch mein Kopf weiß, es ist ok. Es wird sich langsam regulieren. Am kommenden Tag sieht die Welt wieder anders aus und die Dinge werden klarer. Der Kopfschmerz geht langsam weg, die Rückenschmerzen sind verschwunden, die Schmerzen in der linken Hand ebenso. Dann sind auch die anderen körperlichen Erscheinungen gänzlich verschwunden. Ich fühle mich sogar zeitweise wie auf Wolke sieben.

Auf dem Weg von der Arbeit nach Hause mache ich mein Autoradio aus, weil ich dann eher nachdenken und „abfragen" kann. Die Antworten sind klar und deutlich, doch vielleicht täusche ich mich ja doch?

Also frage ich meine Helfer: „Soll ich Rita anrufen?" „Du kannst anrufen, doch sie wird dir antworten: Das musst du selbst herausfinden". Ich esse schnell und rufe an. Und, sie ist da und hat Zeit (was eigentlich zu

V Eigene Rückführungsthemen

dieser Tageszeit außergewöhnlich ist). Ich frage sie, ob sie mir Antwort auf einige Fragen geben darf. Ich muss lachen, als sie sagt: „Nein, das sollst du selbst herausfinden". Also erzähle ich ihr ein paar Eckpunkte der Sitzung und versuche vorsichtig, ein paar Informationen herauszukitzeln. Ohne viele Hintergründe erläutert sie mir die Dinge so, wie ich sie erlebt habe, selbst Dinge, die ich ihr nicht andeutete, bestätigte sie mir. Eigentlich nicht erstaunlich!

Eigene Supervision

Etwa zwei Monate danach gehe ich weiter auf die Reise, da ich ja weiß, dass es noch etwas gibt, was ich entdecken soll oder muss. Ich habe über Tag mehrere körperliche Beschwerden: Bauchweh, Hörprobleme und allgemeines Unwohlsein, dazu kommen scheinbare „Angriffe" von außen.

In der Rückführung sehe ich wieder dieselbe Kreuzigungsszene, etliche Kreuze in hellstem Licht und wieder bin ich fassungslos. Eigentlich macht dieses Licht einen hoffnungsvollen Eindruck, doch bewirkt es in mir das Gegenteil, nämlich Bestürzung und ein Gefühl der Niederlage.

Ich erkenne danach eine Art Gericht, vor dem ich verurteilt werde. Ich bin als Unruhestifter, als Querulant hier und höre mich nur lauthals protestieren. Ich schreie Protest über Protest heraus, bis ich schließlich am Kreuz lande. Doch ist dieses Kreuz anders als die anderen Kreuze, es ähnelt eher einem Pranger. Ich soll im Zugriff bleiben, denn man möchte mir meinen Protest austreiben. So werde ich nun beschimpft, verunglimpft und verhöhnt. Die anderen Kreuze, auch das des Christus, habe ich im Blick. Immer wieder schreien sie mich an: „Schau hin! Sieh ihn dir an!" Ich soll all dem abschwören, soll mich lösen, soll ihn mit meinen Worten verraten. Doch ich kann ihn nicht anschauen. Keinen Blick wage ich. Ich schließe die Augen und weigere mich zu reagieren. So werden die Qualen größer. Ich werde geschlagen, vor allem in den Bauch. Damit ich zu Christus schaue, wird mein Kopf mit Gewalt überstreckt, doch ich füge mich nicht! Ich spüre, wie sie meine Augen erst blenden und dann mit Gewalt zerstören, sodass Dunkelheit einzieht. Nach kurzer Zeit darf ich nun sterben und gehe in die Zwischenebene. Die Peiniger kenne ich aus meinem heutigen Leben, sie haben alle mit meinem Berufsleben zu tun. Merkwürdig!

Hier folgt nun ein kurzer Austausch mit Christus und meinen geistigen Helfern. Diesmal wird schnell klar, dass mein Verrat vorher stattfand. So wie wir es aus den Evangelien kennen, hatte auch ich versucht, ihn zum Aufstand zu zwingen. Also hatte nicht nur Judas als Verräter das versucht, sondern noch einige andere. Doch hatte Christus sich für diesen

Weg entschieden und ließ sich davon nicht abbringen. Diese Erkenntnis schmerzt mich schon ein wenig.

Nun gehen wir zum karmischen Rat. Alles wird nochmals gemeinsam betrachtet. Die Erkenntnis bleibt die gleiche, ich fühle mich irgendwie schuldig. Schuldig, alles versaut zu haben, nicht verstanden zu haben, ihn verraten zu haben. Selbst die Aufklärung der aufgestiegenen Meister überzeugt mich nicht, sodass ich mir 75 Ausgleichsleben hole, ein hartes Karma. Alle Anwesenden versuchen mich davon abzubringen, doch lasse ich mich nicht darauf ein. Ich glaube, ich will leiden?! Bei der jetzigen Betrachtung werden mir die Zusammenhänge klar, auch ist mir klar, dass ich viele harte Leben in Auseinandersetzung mit religiösen Gruppen hatte.

Es geht zum Hüter. Ich habe es verstanden, fünfzig karmische Leben sind gelebt, der Rest wird erlassen. Glaubenssätze werden ebenfalls erlassen, beides führt zur augenblicklichen Verbesserung meiner Beschwerden. Alle Helfer, einschließlich dem karmischen Rat, haben mich hierhin begleitet, eine wohl besondere Situation.

Diese Wahl der Ausgleichsleben hätte ich mir sparen können, es war Unsinn – aber nicht alles, was wir entscheiden, ist immer sinnvoll. Ich bin gespannt, wie sich die nächsten Tage entwickeln.

Einige Wochen später geht's zum nächsten Mal zum gleichen Thema. Ich gehe mit Christus und Melchisedek wieder an dieselbe Stelle. Ich kann mir die Situationen diesmal entspannt anschauen. Es scheint so, als wenn es gut sei und entspannt dazu.

Entwicklung, Besetzungen, Engel des Wandels

Seit Wochen habe ich nun Beschwerden, die mir deutlich zeigen, dass etwas im Busch ist. Angefangen mit dem Gerstenkorn über zwei Hexenschüsse bis zu unangenehmen Kniebeschwerden, die mir das Joggen unmöglich machen.

Es ist mir klar, dass dies alles Dinge sind, die einen Zusammenhang haben. Ich habe schon einiges unternommen, doch blieben die Beschwerden nicht gänzlich weg. Also muss ich wohl noch mal ran. Ich weiß dabei, dass es etwas mit Wut, Ärger und Weiterentwicklung zu tun hat. Doch es fehlen noch Hinweise. Dann kommt der Hinweis auf Dinge, die mit einer Art Nebentätigkeit zu tun haben und auch der Begriff Abhängigkeit spielt irgendeine Rolle.

Beim Begriff Abhängigkeit weiß ich sofort, dass es etwas mit einem Arrangement zu tun hat, bei dem ich mich nur widerwillig per Vertrag gebunden hatte. Nun frage ich mich, ob diese Themen tatsächlich mit meinen Beschwerden zu tun haben, maile meiner Ausbilderin und Mentorin und bitte um Rat. Bis auf einen Punkt bestätigt sie alle meine Spekulationen und weist mich auf notwendige Schritte hin. Außerdem erhalte ich den Hinweis, dass ich drei Besetzungen hätte, die ebenfalls diese Beschwerden begünstigten.

So mache ich mich an die Arbeit und schaffe es, bei einer Meditation mehrere Besetzungen ins Licht zu entlassen. Es ist ein sehr schönes Gefühl. Ein naher Verwandter hatte sich seit seinem Tod bei mir aufgehalten. Er hatte offensichtlich wenige Beschwerden verursacht. Ähnlich war es bei einem verstorbenen Schulkollegen, der ebenfalls mit seinen Energien bei mir war.

Eine deutliche körperliche Erleichterung ist in den nächsten Tagen zu spüren, doch sind die Kniebeschwerden unverändert. So frage ich meine Kollegin T., ob wir es nicht wieder wagen sollten. Wenige Tage danach liege ich auf ihrer Couch. Vorher habe ich schon geklärt, dass wir heute den Engel des Wandels aufsuchen sollen. Diese Konstellation, die Sitzung mit Kollegin T. und der Engel des Wandels versprechen interessante Erfahrungen. Ich spüre bereits in der Entspannung die Energie dieses Engels und lasse mich von ihm und meinen geistigen Helfern begleiten.

Ich finde mich in einem sehr großen schlauchförmigen, prunkvollen Saal wieder und erkenne hier einen riesigen Tisch mit unzähligen nicht besetzten Stühlen. Ich sitze am Kopfende des Tisches, während am anderen Ende des Tisches der Engel des Wandels wartet. Ich darf nun näher treten und mich zu seiner Rechten niederlassen. Seine Energie, seine Schwingung kenne ich ja schon. Doch ist es immer wieder ergreifend, wie warm, wie tief diese Energie mich durchfließt. Bereits auf meiner Wiese hat er mich in seine Energie eingehüllt und „mitgenommen". Es war wie „nach Hause gehen dürfen"!

Nun frage ich ihn, wessen Stühle das sind, obwohl, ich weiß es ja. Ich sitze auf all' diesen Stühlen. Im selben Moment ist hier „Halli Galli". Die einen grölen, andere prosten sich zu, wieder andere führen anregende Gespräche, kurz, es ist echt was los hier. Alle oder zumindest viele meiner Leben werden hier abgebildet. Und wieder habe ich den Eindruck nur ein Mitspieler in einem riesigen wundervollen Abenteuerspiel zu sein. Wenn ich nicht wüsste, dass diese Abenteuer auch mit Schmerzen verbunden waren und sind, könnte ich es sofort so stehen lassen. Also äußere ich Bedenken gegen diese Wahrnehmung. Doch lässt der Engel des Wandels sich auf eine diesbezügliche Diskussion nicht ein. Es ist zu spüren, dass er auf unsere freie Entscheidung, die Dinge zu beeinflussen, hinweist. „Alles was ihr erlebt und erfahrt, ist euer freier Wille. Ihr entscheidet".

Dieses Abenteuerspiel vermittelt mir ein Gefühl von absoluter Leichtigkeit und lässt mir einen Satz in den Sinn kommen, den ich in einer früheren Sitzung erfahren habe: „Es ist die Leichtigkeit des Seins", ja, das ist es. Nun fragen wir die Anwesenden (die ja alle ich sind – eine lustige Situation: Ich sitze hier und sehe mich mehrere hundert Male in unterschiedlicher Aufmachung) wie es sich mit Fremdenergien und Besetzungen verhält. Haben sie ein Problem damit, belastet es sie, hatten sie alle welche und so weiter. Beim näheren Hinschauen erkenne ich, dass niemand der Anwesenden „alleine" ist. Alle haben Fremdenergien, alle haben sozusagen welche neben sich stehen (kommt daher der Ausdruck?).

Sie lachen sich alle halb tot über meine naive Frage. Natürlich haben alle Fremdenergien. Jeder hat diese zum Lernen, als Spiegel, zur eigenen Fortentwicklung oder auch nur als Bürde. Ich spüre dabei eine deutliche Schwere an meinem Herzen, auch mein Knie macht sich bemerkbar. Eine totale Leichtigkeit im Bauch ist spürbar, sie lässt mich fast fliegen.

Der Engel des Wandels erklärt die Aufgaben und Gründe für die Anwesenheit nochmals detaillierter und während er erklärt, lässt er mich spüren, wie es sich anfühlt.

Eine dunkle Energie (die sich definitiv nicht bedrohlich anfühlt) durchfließt mich von der Seite. Meine ganze rechte Seite wird in Dunkelheit gehüllt, sie wird energetisch eingedrückt wie durch eine riesige Beule. Mein Energiefeld hat eine große Delle. Während die Energie sich einen Platz in meinem Bauch gewählt hat, drückt sie mein Energiefeld auf der gesamten rechten Seite ein. Der Engel des Wandels erklärt, dass wir durch das Herausfinden, das Aufspüren dieser Energien, die nicht zu uns gehören, unser Selbst entdecken. Wir erfahren, wer wir wirklich sind. Wir müssen diese Besetzungen selbst entdecken, wir müssen lernen sie zu hören, sie zu verstehen, sie wahrzunehmen.

Meine Kollegin T. fragt nun nach der Achterteilung, deren Bekanntschaften mich momentan sehr beschäftigen. Der Engel des Wandels bestätigt die momentanen gehäuften Begegnungen dieser Art. Der stattfindende Wandel wird beeinflusst durch diese entwickelten Seelen, die bei ihrem Zusammentreffen so viel Liebe freisetzen, dass der Wandel beeinflusst wird.

Ich darf nun für ein paar Minuten die Liebe unserer acht Seelenteile und unsere Verbundenheit spüren. Es ist ein Anwachsen der Seele, des Herzens zu spüren, als blase man einen Ballon auf. Es fühlt sich an, als wenn man meine Seele in diesem Moment rund macht.

Aber auch viele andere Seelenverwandte sind jeweils mit uns unterwegs, es wird viel geschehen, das ist mehr als deutlich. Wir sollen es auch als besondere Gnade betrachten, momentan mit so vielen uns nahen Seelen unterwegs zu sein.

Nun geht es um das Thema Loslassen. Warum haben viele alte Menschen so große Probleme loszulassen? Warum klammern sie sich so sehr an ihre Partner und an ihre Familien? Auch dazu erhalten wir Hinweise vom Engel des Wandels, sowohl als Information wie auch als Empfindung. Ich spüre eine riesige, schwere Energie, die sich über meinem Bauch, dann über der Brust zeigt, dann liegt sie wie eine unendliche schwere Masse über mir. Sie hat eine so schwere und tiefe Schwingung, dass sie mich bedrückt. Traurigkeit macht sich breit und dennoch fühle ich mich behütet. Ganz langsam wird diese Dunkelheit, die schwere Schwingung durch Licht und Leichtigkeit abgelöst. Unser Ansprechpartner macht sehr deutlich, dass die Seelen nahezu alle ihre Vergebungsthemen, sozusagen hintenanstellen. Wir sind Meister im Verdrängen der notwendigen Vergebung. Das Lichtvolle entsteht in diesem Moment, weil Loslassen und Vergebung möglich wurden. Und sofort ist die Leichtigkeit spürbar. In einem Atemzug mit der Vergebung werden hier noch die Dankbarkeit, die Anerkennung, das Friedenschließen, und das Selbstvergeben genannt.

Dann widmen wir uns der Frage, warum sich manche Seelen so schwer trennen können. Auch dies hängt oft mit dem Thema Vergebung zusammen. Es ist wichtig, ihnen den Hinweis zu geben, dass Vergebung eine so wichtige Rolle spielt. Ebenso notwendig ist es, die Menschen zu mehr Bewusstsein zu führen. Doch letztlich kann man nichts erzwingen, jeder muss selbst seinen Weg dorthin finden. Wir Menschen haben unsere Partner, aber auch unsere Kinder, um uns selbst zu entdecken. In unseren Partnern entdecken wir unsere eigenen Themen, so auch die Vergebung, und sind aufgerufen, an diese Themen heranzugehen. Danach folgen unsere Kinder, wo die Themen noch deutlicher werden, oft auch viel intensiver erlebt werden. Karma und Seelenverträge schlummern in diesen Verbindungen. Ein Auffinden und Lösen ist angesagt!

Der Engel des Wandels geht nochmals auf die Auswirkungen des Nicht-Vergebenkönnens ein. Dunkelheit, Schwere, Einschnüren, Enge werden empfunden. Der Körper spürt diese Einschnürung. Oft spürt er sie besonders in der Brust, wie wahr! Beim Schreiben überlege ich, wie viele Menschen ich erlebt habe, die unter Angina Pectoris litten, Herzinfarkte hinter sich hatten und nicht versuchten, herauszufinden, wonach sie eigentlich suchen. Ich selbst spüre während des Themas Vergebung eine intensive Schwere in der rechten Körperhälfte, Schmerzen treten im rechten Arm auf; der Arm verkrampft, später auch Schulter und Nacken. Der Engel des Wandels ruft uns auf, auf unser Herz zu hören, unsere Sinne zu schärfen und wahrzunehmen, was unser Unterbewusstsein und unsere Helfer uns vermitteln wollen. Nun kommt allmählich Licht in die Spannung und Schwere. Alles löst sich langsam und wird wieder von Leichtigkeit abgelöst.

Dann zeigt sich eine Fremdenergie im Bauch. Also ist doch noch eine da. Schnell wird deutlich, dass diese Fremdenergie nicht nur im Bauch ihren Sitz hat, sondern überall dort, wo vorher die Schwere zu spüren war, also auf der ganzen rechten Seite. Es ist Shalim. Shalim war in einem Leben im Orient mein Zwillingsbruder. Aus Neid und Habgier hatte ich ihn umgebracht. Sehr deutlich sehe ich ihn in kargem, felsigem Land tot im Sand liegen. Mit einem Säbel hatte ich ihn heimtückisch ermordet. Später hatte ich behauptet, nicht zu wissen, was mit ihm geschehen ist. Nun, da ist sie wieder, die Sache mit Ehrlichkeit, Wahrheit und Vergebung.

In dieser Situation gelingt es dann, in die Vergebung zu gehen und mich mit Shalim zu versöhnen. Nach der üblichen Zeremonie geht Shalim ins Licht. Ich spüre sofort Erleichterung, vor allem auf meiner rechten Seite und im Bauch.

Wieder einmal hatte ich eine unglaubliche Erfahrung und erkenne mich langsam selbst, ganz langsam.

VI Abschnitte zur eigenen Entwicklung und weitere Seminare

In meinem Erstlingswerk habe ich die unterschiedlichen Erfahrungen während meiner Ausbildung zum Rückführungstherapeuten beschrieben. Da ich zwischenzeitlich erkannt hatte, dass es außer diesen zweifelsfrei wertvollen, interessanten und aufregenden Erfahrungen viele weitere Dinge auf Gottes Spielwiese zu lernen gibt, beschloss ich, die Ausbildung zum Ganzheitlichen Therapeuten anzuschließen. Einige interessante Erlebnisse dazu habe ich im ersten Buch bereits beschrieben. Nachfolgend sind weitere Erfahrungen aus verschiedenen Kursen, der täglichen Arbeit und persönliche Erlebnisse beschrieben.

Im Abschnitt Energiearbeit werden einige der Methoden aus der ganzheitlichen Therapie die ich anbiete, zusammengefasst dargestellt.
  Nüchtern betrachtet war ein Seminar merkwürdiger als das andere und viele Erfahrungen bei der Arbeit am Klienten ungewöhnlich. Aber alles in allem ist für mich diese Art der Hilfe für Mensch und Seele sehr segensreich.
  Auch hier kann ich sagen: Vor drei Jahren hätte ich jedem einen Vogel gezeigt, der mir über solche Dinge berichtet hätte, die ich in den vergangenen Jahren erfahren habe. Und – ich habe kein Problem damit, wenn jemand sagt: „Der hat doch einen Vogel".

Seminar „Heil-Channeln"

Unter Channeln stelle ich mir zunächst etwas anderes vor als das, was ich in den folgenden Tagen lerne. Ich ging vorher davon aus, dass wir das Lernen vertiefen, was ich bereits während mehrerer Sitzungen mit meiner Gruppe erfahren habe: den Kontakt mit aufgestiegenen Meistern und Engeln. Aber darum geht es hier weniger. Wir lernen, uns mit der Geistigen Welt zu verbinden und um Heilenergien zu bitten. Diese Heilenergien fließen auf recht imponierende Weise und sorgen dafür, dass wir alle notwendigen Informationen zu den Themen des Klienten erhalten. Gleichzeitig werden Heilenergien eingesetzt, um Energien und Blockaden zu lösen. Die Themen, die bei den Teilnehmern gelöst werden, sind sehr vielfältig. Von banalen körperlichen Beschwerden über Ängste und Probleme, Schmerzsyndrome, aber auch ganz andere Themen wie Verlust, Eigentumsprobleme und vieles mehr. Auch frühere Leben und Besetzungen spielen eine Rolle! Ich bin mehr als überrascht über diese Art zu arbeiten. Doch weiß ich nicht, ob es eine Methode ist, mit der ich arbeiten möchte. Sie ist weniger klar und hat weniger Struktur als die Rückführungstherapie. Dennoch ist die Arbeit spannend und effektiv.

Seminar Kraft- und Chakrentiere

Dieses Seminar wird ebenso spektakulär sein. Ich kann mir zunächst überhaupt nichts darunter vorstellen. Aber dann ist es extrem spannend, in diesem Seminar den Kontakt mit meinen Krafttieren herzustellen, mit ihnen zu arbeiten, ihre Kraft zu spüre und einzusetzen. Das wir die Energie dieser Tiere in unseren Energiefeldern, den Chakren, mit uns herumtragen, klingt seltsam, ist jedoch faszinierend. Innerhalb des Seminars lernen wir die Krafttiere kennen. Wir spüren und erleben ihre Aufgaben und Fähigkeiten und lernen mit ihnen zu arbeiten. Ich arbeite mit dieser Methode nicht sehr viel, mache jedoch dann und wann innerhalb einer Rückführungssitzung erstaunliche Erfahrungen.

Heilsteine, Kristalle und Symbole (Lemuria und Atlantis)

Auch diese Seminare sind sehr interessant. Wir arbeiten mit vielen Heilsteinen, Zeichen und Symbolen und vor allem mit Kristallen. Ich bin sehr erstaunt, dass diese Arbeit erstaunliche und intensive Wirkungen erreicht. Doch mehr dazu im Abschnitt Energiearbeit

Einige Erfahrungen aus der Zeit „nach dem ersten Buch"

Nachfolgend sind ungeordnet einige weitere Erfahrungen der letzten Zeit aufgeführt. Da ich offen für Überraschungen bin, ereignen sich fast täglich schöne, erstaunliche und manchmal verrückte Dinge. Hier nur einige Beispiele und einige persönliche Gedanken dazu.

Der Frieslandurlaub

Wir verbringen einen Herbsturlaub in Friesland, bei dem ich viel Zeit zum Lesen, zum Meditieren und für Entspannung habe. Deutlich spürbar ist für mich, dass diese wunderschöne Ecke der Welt sehr tiefe Schwingungen hat. Ich brauche zwei, drei Tage um mich daran zu gewöhnen.
    Ich entdecke einen Esoterikladen in Husum, in dem wir uns einige Zeit aufhalten. Ich lege mir ein Buch zum Inneren Kind zu, das mich sehr anspricht und dessen Übungen und Meditationen mir weiterhelfen. Auch wenn ich ja bereits Kontakt und Vereinigungen mit dem Innerem Kind und der Inneren Familie hatte, weiß ich doch, dass ich hier einiges zu tun habe. Hinweise dazu hatte ich immer wieder.

Es ist mir klar, dass das Innere Kind etwas mit meinem emotionalen Inneren zu tun hat. Dass mein Innerer Mann und die Innere Frau etwas mit Äußerer Mutter und Äußerem Vater zu tun haben, wird mir erst nach den aktuellen Unstimmigkeiten mit diesen ganz langsam deutlich. Diese Unstimmigkeiten sind heute nicht mehr so belastend wie zuvor. Ich sehe die Zusammenhänge und mache mir bewusst, worin Ursache und Wirkung liegen. Einige dieser Ursachen konnte ich bereits lösen, an anderen arbeite ich noch.

Mir kommen die Veränderungen in unserer Familie seit der Bekanntschaft mit der Inneren Familie in den Sinn und auch der Umstand, in dem ich diese kennen lernte. Es fällt mir sozusagen wie Schuppen von den Augen.

Beim Lesen des Buches *Innere Familie* entblättert sich diese „Umnachtung" immer weiter und wandelt sich in Bestätigung. Denn letztlich ist es ja, wie vorher bereits mehrfach beschrieben, dass wir alles Wissen, alle Weisheit in uns tragen. Immer wieder begegnen mir Hinweise auf die Themen, die ich bereits innerhalb der Rückführungen (Karma, Seelenverträge, etc.) lösen durfte, insbesondere in Bezug auf die Familie. Natürlich erschließen sich nicht alle Ursachen und Wirkungen bis ins Detail, dennoch wird es immer klarer. Meine Entwicklung hat viel mit meinem direkten Umfeld zu tun, mit meinen Kindern, mit meiner Frau, meinen Eltern, aber auch mit etlichen Personen aus meinem Bekanntenkreis. Sie helfen mir auf meinem Weg, so wie ich auch ihnen helfe. Wie hatte ich mittlerweile in mehreren Büchern gelesen: „Ja, es ist wie ein großes Spiel", und wir sind mitten drin.

Vor einem Jahr war ich mir nicht so sicher. Es kam mir eher wie ein zwanghaftes Spiel vor. Mittlerweile erkenne ich ein schönes Spiel, in dem ich eine der vielen Hauptrollen spiele, in dem ich auch oft den Regiestab in der Hand halte und selbst mitgestalten kann. Und schön ist es zu wissen, dass man immer wieder entscheiden kann und ein glückliches Ende winkt. Da ich sowohl den Anfang wie auch das „Alles in Allem" erfahren durfte, weiß ich, dass es die reine Liebe ist, die auf uns wartet.

Während ich in Urlaub bin, trifft sich die Hälfte der Gruppe. Und obwohl es mir recht gut geht, merke ich an diesem Nachmittag (600 km entfernt), dass die Vier intensiv arbeiten. Auch dass die Themen, an denen sie arbeiten, intensiv und „schwer" sind, ist mehr als deutlich. Das ist zwar nicht so prickelnd, aber es ist dennoch beeindruckend, dass ich die Verbindung mit ihnen spüre. Im späteren Telefongespräch bestätigen sich meine intensiven Gefühle zu einer bestimmten Uhrzeit.

Ich habe in meinem ersten Buch über die Befreiung eines Mannes mit einer schweren Behinderung und verschiedenen Erkrankungen geschrieben. Dieser war nach Auflösung eines Karmas innerhalb eines sehr kurzen Zeitraumes verstorben. Wir hatten uns viele Gedanken gemacht, meine Kollegin/Klientin hatte danach einige schwere Wochen.

In meinem Urlaub gehe ich eines Abends zu Bett, als ich eine Hand, eine warme Energie auf meiner rechten Wange spüre. Zuerst denke ich an meinen Engel, den ich ja häufiger „zu Besuch habe". Bei einem unserer Seminare hatten wir gelernt zu erfragen, welche Energie sich mit uns „einlassen will", also kläre ich dies sofort. Doch bei dieser Antwort bin ich mehr als überrascht. Es ist Carsten, der verstorbene Freund der Kollegin. Es folgt ein kurzer Austausch, in dem er sich bei unserer Gruppe bedankt. Wir hätten ihn befreit und erlöst von Karma und Leid. Sein Dank ist sehr deutlich zu spüren. Mich erfüllt es mit großer Freude und meine Kollegin befreit es von letzten Zweifeln. Auch dass er sich mit spürbarem Hautkontakt bemerkbar gemacht hat, ist etwas ganz Besonderes für mich.

Bei meinen Meditationen erlebe ich immer wieder Neues. Engelbegegnungen sind ja nun nichts Ungewohntes mehr, aber immer wieder schön. Der Austausch mit ihnen und anderen geistigen Helfern ist weiterhin hilfreich für mich.

Die Kräuterfrau

Ich habe über etwa einen Tag unangenehme Kopfschmerzen und sehr intensive Schmerzen im Hals. Stundenlang kämpfe ich mit der Einnahme einer Schmerztablette und versuche mir stattdessen mit Energie und der violetten Flamme zu helfen. Da es mir etwas besser geht, nehme ich die Kopfschmerzen ohne Einnahme einer Schmerztablette mit in den Schlaf. Ich wache ein paar Mal auf und „leide" weiter.

Morgens erwache ich und denke: „Dreh dich noch mal um, vielleicht wird's ja noch besser." Dann erlebe ich wie in einem Kinofilm folgende Situation: Vor mir steht eine gut aussehende Kräuterfrau und reicht mir eine Tasse Kräutertee. Ich weiß sofort, dass ich diese Kräuterfrau bin und nehme den Tee an, trinke ihn und wache auf.

Ich spüre förmlich den Geschmack im Mund und das Nachlassen der Kopfschmerzen. Kurz darauf sind die Schmerzen weg. Wenige Tage danach meditiere ich und verbinde mich bewusst mit dieser Kräuterfrau. Ich weiß, dass sie ein Bestandteil meiner Seelenerfahrung ist. Die Kommunikation ist schnell hergestellt und wir tauschen uns aus. Sie hat ein riesiges Wissen über Heilkräuter. Also, auch das konnte ich schon! Mein Name war damals Shariman und ich lebte in Indien.

Plejaden

Ich denke ein wenig über die vergangenen Tage nach und sehe durchs Fenster einen wundervollen Sternenhimmel. So entscheide ich mich, noch ein paar Minuten in die kalte Nacht zu gehen. Kaum habe ich meine Terrasse betreten, fallen mir, ohne dass ich danach suche, die Plejaden ins Auge. Im selben Augenblick zieht eine sehr helle und lange Sternschnuppe quer über den Himmel über die Plejaden hinweg. Zufall?

Ich habe wieder dasselbe Gefühl, das ich mit meiner Kollegin T. zusammen hatte, als wir auf Textra landeten: mein Zuhause.

Kristallkurs

Ich habe in der Zwischenzeit ab und zu das deutlich wahrnehmbare Gefühl von negativen Energien „gereizt" zu werden. Da ich mittlerweile weiß, wie ich mit solchen Energien umgehen muss, schütze ich mich mit entsprechenden Hilfsmitteln (Turmaline, Meisterenergie, violette Flamme …). Dennoch weiß ich, dass ich einen Seelenvertrag mit meiner Ausbilderin zu lösen habe. Meine Kollegin T. und eine weitere Kollegin diskutieren und erörtern mit mir die „Symptome" und mögliche Ursachen. Die Beschwerden verschwinden zu dem Zeitpunkt, als ich mich entscheide, den Seelenvertrag aufzulösen.

Am folgenden Wochenende fahre ich zum Kristallkurs. Bereits seit Wochen wollte ich diesen eigentlich absagen, wurde jedoch von meinen Helfern regelrecht dorthin gedrängt.

Beim Eintreffen zerkratze ich erst einmal ein parkendes Auto. Dieser kleine Unfall zeigt mir, dass ich nicht so auf Äußerlichkeiten achten und auf den ersten Eindruck sehen soll. Ich weiß, ich höre noch immer zu wenig auf meine innere Stimme und meinen Berater. Eine liebe Kollegin im Kurs, die ich schon häufiger in den Kursen als Partnerin hatte, sagt dazu: „Schau genau hin".

Ich habe doch tatsächlich immer mal wieder die anderen im Blick, wenn mit mir etwas nicht stimmt. Nein, nicht meine Lehrerin hat etwas aufzulösen, damit es mir gut geht. Ich habe etwas aufzulösen. Nicht meine Arbeit hat sich zu verändern, ich habe mich zu verändern.

Das wird mir immer klarer. Hoffentlich vergesse ich es nicht wieder. Deshalb war auch das Kristallwochenende wichtig. Ich habe wieder einen weiteren Baustein erhalten und sehe klarer.

Es geht weiter

Der Standardspruch aus meinem Erstlingswerk: „Es geht weiter", gilt noch immer, mehr denn je!

Es ist und bleibt dabei: Ich bin nicht mehr der, der ich vorher war. Personen, die mich vorher im negativen Sinne beeindruckt haben, können mir nun nichts mehr anhaben. Situationen, die mich früher ängstigten, haben keine Auswirkungen mehr. Körperliche Beschwerden habe ich viel schneller im Griff – fast immer ohne auf Medikamente oder andere Dinge zurückzugreifen.
Die Verbindungen zur so genannten geistigen Welt werden immer deutlicher und klarer. Die Helfer, die ich im ersten Buch beschrieben habe, sind weiterhin meine treuen Begleiter. Selbstverständlich nur soweit ich es zulasse. Dazu muss ich zugeben, dass es mir manchmal so geht wie vielen Klienten. Ich versäume es manchmal, auf ihre Hilfe, ihren Rat zurückzugreifen. Die geistige Welt drängt sich nicht auf, sie bleibt in diesen Phasen ruhig.
Doch das kommt immer seltener vor. Ich nutze mittlerweile viele Möglichkeiten mir helfen zu lassen.
Die mehrfach beschriebene violette Flamme ist ein wundervolles Instrument, Blockaden, Energien und befreite Dinge zu lösen und zu transformieren. Bestimmte geistige Wesen haben spezielle unterstützende und heilende Wirkungen. Verschiedene Meditationen bringen interessante Wirkungen. Viele verschiedene energetische Vorgehensweisen bringen uns immer weiter in unserer Entwicklung und helfen uns, bei anderen ebenfalls Heilungsprozesse anzustoßen und zu unterstützen. Natürlich regen alle diese Dinge unsere eigenen Selbstheilungskräfte an.

Und... Jeder, der bereit ist, sich auf den Weg zu machen, wird selbst Wege für sich finden. Ich behaupte, dass mittlerweile folgende Beschreibung meiner vorhandenen und erworbenen Eigenschaften zutrifft:
- Ich bin noch bodenständiger als früher.
- Ich lasse mich nicht mehr so leicht beeinflussen.
- Ich habe wesentlich seltener mit Ängsten
  wie etwa der Existenzangst zu kämpfen.
- Ich kann Dinge einfach zulassen, seien sie auch noch so verrückt.
- Ich kann Menschen fast immer so akzeptieren, wie sie sind.
- Ich kann annehmen, dass jeder seinen eigenen Weg gehen muss.
  Mir steht es dabei nicht zu, anderen „mein Ding aufzuzwängen".
  Dies gilt ebenso für meine Einschätzung des Lebens wie auch für

Einige Erfahrungen aus der Zeit „nach dem ersten Buch"

      meine Arbeit in der Rückführungstherapie und der ganzheitlichen Therapie.
- Mein Glaube ist stärker denn je. Er wächst weiter und ich kann mich an diesem Wachstum täglich erfreuen.
- Ich bin dankbar für all die Erfahrungen, für mein Leben, für jeden Moment meines Seins.
- In die Liebe zu kommen und mein Herz zu öffnen gelingt immer mehr. Vor allem auch weil ich lerne Hilfe anzunehmen.
- Ich habe erkannt, dass Loslassen, Zulassen und Annehmen elementare Dinge sind, die man mühsam erlernen muss. Ganz allmählich gelingt es mir.
- Und – ich kann vergeben und habe vieles vergeben – sogar mir selbst.

Zum Aspekt meines Glaubens gehört folgende Erfahrung: Ich bin kein regelmäßiger Kirchgänger mehr und weiß auch, dass es für mich eben viele andere wichtige Wege gibt, meinen Glauben entwickeln zu können. Ich versuche bewusst jeden Tag, jeden Moment als Gottesdienst zu erfahren.

Beim Besuch des Allerheiligengottesdienstes gehe ich mit der Erwartung ins Gotteshaus wenig Ansprechendes zu erfahren. „Die Worte, die ich ihm eingebe, werden dir gefallen", höre ich, als die Predigt naht. Ich hatte mir vorher eigentlich vorgenommen, während der Predigt zu meditieren. Der Priester sagt nun zu Beginn seiner Predigt, dass diese heute durch Christus selbst gesprochen werde. Er meint wohl damit, dass er die Seligpreisungen aus dem Evangelium in die Mitte seiner Predigt stellen will. Seine Formulierung, dass Christus heute predigen würde, ist jedoch wegen der vorher gehörten Eingebung interessant.

Seine anschließenden Ausführungen zu diesen Seligpreisungen sind gut und sehr ansprechend! Da nicht jedem Leser diese Seligpreisungen geläufig sind, sind sie nachfolgend in der Einheitsübersetzung aufgeführt:

1. Selig sind die, die arm sind vor Gott; denn ihnen gehört das Himmelreich. (wörtlich: Selig die Armen im Geist).
2. Selig sind die Trauernden; denn sie werden getröstet werden.
3. Selig sind die, die keine Gewalt anwenden; denn sie werden das Land erben.
4. Selig sind die, die hungern und dürsten nach der Gerechtigkeit; denn sie werden satt werden.
5. Selig sind die Barmherzigen; denn sie werden Erbarmen finden.
6. Selig sind die, die ein reines Herz haben; denn sie werden Gott schauen.
7. Selig sind die, die Frieden stiften; denn sie werden Söhne Gottes genannt werden.

8. Selig sind die, die um der Gerechtigkeit willen verfolgt werden; denn ihnen gehört das Himmelreich.
9. Selig seid ihr, wenn ihr um meinetwillen beschimpft und verfolgt und auf alle mögliche Weise verleumdet werdet. Freut euch und jubelt: Euer Lohn im Himmel wird groß sein. Denn so wurden schon vor euch die Propheten verfolgt.

Alle Seligpreisungen tauchen immer wieder als Themen in den Rückführungen auf. Immer wieder setzen wir uns mit diesen und natürlich auch mit anderen Lernaufgaben auseinander.
- Wir versuchen natürlich barmherzig zu sein, doch gehört, wie wir gelernt haben, die Unbarmherzigkeit zum Lernen der Barmherzigkeit dazu. Es war auch für mich nicht einfach, zu akzeptieren, dass diese dunklen Seiten ebenso zu mir gehören wie die hellen. Doch je mehr ich diese Dunklen zu akzeptieren lerne, desto mehr kann ich sie auflösen. Und es zeigen sich immer mehr Dinge, die es aufzulösen gilt.
- Behinderungen sind aus beiderlei Sicht wichtige Erfahrungen. Wie gehe ich mit Behinderten um, wie gehe ich mit dem Makel um, selbst behindert zu sein? Ist es nur die erkennbare Behinderung, die gemeint ist, oder ist es jedes Anderssein? Ich weiß, dass ich meine speziellen Probleme mit diesem Thema habe.
- Trauer ist für alle, die sie in der Rückführung erleben, ein tiefgreifendes Erlebnis. Und so unglaublich es klingt: Diese Tiefe kann eine sehr wertvolle Erfahrung sein!
- Gewalt gehört zu uns, sowohl auf der einen wie auch der anderen Seite. Wer von sich behauptet, dass er nicht beides zumindest in seinen Gedanken erlebt hat, leidet unter Selbstbetrug und Fehleinschätzung. In unserer Vergangenheit findet sich Gewalt in vielerlei Facetten.
- Gerechtigkeit ist ein Thema, das es ebenfalls in vielerlei Variationen gibt und das oftmals besonders schmerzhaft ist. Der Grund dafür ist meist, dass man Gerechtigkeit erst lernt, wenn man selbst Ungerechtigkeit erfährt.
- Das Herz, ja, das Herz spielt eine besondere Rolle. Es ist oft gefüllt mit Schmerz, Liebesentzug, Trauer, Traurigkeit und Verletzungen. Es gehört zu den besonderen Aufgaben, an diese Themen heranzukommen.
- Der Friede und der Unfriede sind in den vergangenen Jahrhunderten sehr häufig Themenschwerpunkte gewesen, sowohl im Kleinen wie auch im Großen.
- Auch das Thema Religion mit allen Verfolgungen und Folgen spielt häufig die Hauptrolle in den Zeitreisen.

In welcher Deutlichkeit und in welchen Facetten diese Themen gezeigt werden, hängt davon ab, ob wir sie in unserer Vergangenheit bereits abgearbeitet haben. Voraussetzung ist außerdem, ob wir sozusagen ein Thema als Schwerpunkt haben, die so genannte Seelenbestimmung. Diese Themen begegnen uns dann ständig, bis wir sie endlich mit all' ihren Aspekten erkannt und verstanden haben.

So habe ich selbst irgendwann verstanden, dass meine Seelenbestimmung etwas mit Wandel zu tun hat. Schaue ich mir nun meine Sitzungen und die darin erlebten Erfahrungen an, erkenne ich immer wieder Inhalte, die vom Wandel gezeichnet sind. Phasen der Veränderung sind beispielsweise für die eigene Entwicklung, vor allem aber für den Wandel der Menschheit bedeutsam.

Es geht immer weiter...

Michaelsmeditation

Eine Freundin erzählt mir von einer schönen Meditation zum Erzengel Michael, die sie im Internet gefunden hat. Bei gechannelten Texten bin ich immer skeptisch. Hier wird eine Meditation zum Download angepriesen – ebenfalls nicht meine Vorliebe. Dennoch greife ich zu und teste nun diese Meditation. Sie hat erstaunliche Wirkungen und eine ungeahnte Tiefe. Auflösungen und Energietrennungen können recht einfach umgesetzt werden.

In einer Rückführungssitzung am folgenden Tag teilt mir ein geistiger Helfer der Klientin mit, dass ich die Meditation genau zu diesem Zeitpunkt erhalten habe, damit ich sie weitergeben kann. Es sei eine wundervolle Hilfe der Auflösung und Trennung. Ich bin so getroffen von der Erfahrung, dass ich beinahe vom Stuhl falle. Die Klientin wusste nichts von der Meditation und wie ich sie erhalten hatte.

Mehrfach erlebe ich in Meditationen tiefgehende Erfahrungen. So auch Ende November auf der Suche nach dem Ursprung körperlicher Beschwerden: Es kommt der Hinweis, dass mir fünf Widersacher (alles heutige Bekannte) in einem früheren Leben beide Achillessehnen durchtrennten. Sicher machten sie auch weitere Dinge mit mir. Das bewirkte in den letzten Wochen erhebliche Beschwerden an meinen Beinen. Ich spreche nun mit offenem Herzen Vergebung aus und bitte die anwesenden geistigen Helfer um heilende Energien. Die seit vielen Jahren bestehenden Achillessehnenbeschwerden sind mittlerweile verschwunden.

Seelenteilung

Ich habe in den letzten Wochen und Monaten drei Personen kennen gelernt, die mir sehr, sehr nah sind. In der Rückführungsausbildung lernten wir, dass die Seele sich sehr früh geteilt hat, in Vierer-, Achter-, Zwölfer-Teilungen und so weiter. Einzelne dieser Seelen sind möglicherweise am Ende der Reise angekommen, andere noch auf Erfahrungssuche.

Nun bin ich mir sicher, drei dieser „Teile" gefunden zu haben. Ich bin nicht bewusst auf die Suche gegangen, doch ich erlebte Situationen, die mich glattweg umgehauen haben. Diese Erfahrungen und Gefühle sind einfach überwältigend, weil ich eine tiefe Erfüllung, eine tiefe Liebe im Herzen, ja in der Seele spüre. Ich wusste vor meiner Ausbildung zum Rückführer kaum noch, wie sich Erfüllt sein, wie sich eine solche Tiefe anfühlt.

Ich kann heute Dank aussprechen, Dank dafür, dass ich eine so tiefe Liebe erfahren darf. Ich würde hier noch weitergehen. Ich glaube, dass diese Liebe etwas mit der göttlichen Liebe zu tun hat, weil die Liebe, die ich zu diesen Menschen empfinde, eigentlich nichts rein Irdisches ist – sie fühlt sich ursprünglich an. Worte dafür finde ich nicht. Ich glaube, es gibt sie auch nicht.

Wenn ich einen dieser Drei treffen darf, bin ich regelrecht woanders. Wenn wir uns verabschieden, folgt eine Trennung, die manchmal schmerzlich ist, aber auch ganz anders als die Trennung von einem Geliebten. Beim Telefonat, Chatten, Mailen ist eine tiefe Verbundenheit da.

Diese Seelen-Teilung hat nichts gemein mit Seelenpartnern oder Seelenfamilien. Die Empfindungen sind einfach anders, sie haben eine andere Tiefe. Ich glaube, dass Seelen einer Teilung die gleiche oder eine ähnliche Bestimmung haben, aber unterschiedliche Wege (Aspekte) der Erkenntnis gehen.

Eine Klientin hatte als Seelenbestimmung die Eigenliebe zu lernen – immer wieder ging es in dunkle Zeitepochen. Immer wieder suchte sie Leid, Suizid, Selbstgeißelung und Strafe. Nur ganz selten wählte sie freudige Leben mit entsprechenden Erfahrungen. Eine andere Seele dieser Teilung ging den anderen Weg, suchte sich eher die positiven Leben, Freude, Spaß, Saus und Braus. Irgendwann führen beide Wege erfolgreich zum Ziel, zur Einheit.

Kehren alle Teile zurück, werden alle einzelnen Aspekte des „Gelernten" – hier Hell und Dunkel, Mangel und Fülle Eins. Gemeinsam kehren sie „nach Hause" in die Göttlichkeit zurück, wovon sie ja nie wirklich getrennt waren.

Außerdem weiß ich mittlerweile, dass sich gleichzeitig inkarnierte Seelenteile spüren. Dies geschieht sicher meist unbewusst, dennoch nehmen sie zum Teil wahr, was dem Anderen widerfährt. So könnte es sein, dass die Trauer, die einer der Seelenteile erlebt, die anderen ebenso berührt.

In den letzten Wochen und Monaten mache ich immer häufiger diese Erfahrungen. Immer mehr wird deutlich, dass wir Vier viele identische Eigenarten, Charakterzüge und Eigenschaften haben. Oft muss ich lächeln, wenn ich beobachte, was die anderen mir zeigen, denn ich entdecke mich dabei selbst.

Ich möchte einen der drei anrufen, lege jedoch den Hörer wieder weg – im gleichen Augenblick klingelt das Telefon. Ich schreibe beim Chat einen Begriff und sehe, dass mein Gegenüber im selben Moment diesen Begriff ebenfalls gesendet hat…

Fremdenergien an und in einem Haus

Eine liebe Bekannte erzählt mir innerhalb eines langen interessanten Gespräches über Gott und die Welt von den Problemen, die sie und ihre Familie mit ihrem Haus haben. Sie hatten sich dieses alte Haus gekauft, um genügend Platz für ihre kleine Familie zu haben und weil ihnen dieses Haus sympathisch war.

Nach dem Einzug zeigt sich jedoch, dass es bestimmte Stellen im Haus gibt, an denen sie und vor allem ihr Kind sich nicht wohlfühlen. An diesen Stellen überkommt die Bekannte ein trauriges Gefühl. Sie fühlt sich außerdem nicht willkommen.

Ihr Blick fordert mich regelrecht auf, nachzuschauen, was hier vor sich geht. Da ich bisher noch nie energetisch an einem Haus gearbeitet habe, vor allem nicht aus der Ferne, wird es eine neue Erfahrung sein. Vielleicht passiert ja auch gar nichts?!

So verbinde ich mich mit meinen Geistigen Helfern, der Göttlichen Ebene, wie ich es auch bei meiner anderen Arbeit mache. Anschließend verbinde ich mich mit dem Bewusstsein des Hauses meiner Bekannten sowie den darin lebenden Energien (wie gesagt, es ist mein erster diesbezüglicher Versuch).

Nach wenigen Momenten sind diese Energien sehr, sehr deutlich zu spüren. Ich habe eine Haustreppe vor Augen und erkenne den Sturz eines etwa fünfjährigen Mädchens. Das Kind kommt bei diesem Sturz ums Leben. Es heißt Elisabeth und der Sturz dürfte ca. 130 Jahre zurückliegen. Ich trete nun in Kontakt mit Elisabeth. Es ist ein sehr emotionaler Austausch, bei dem ich sie plötzlich im Arm halte. Ich beginne dabei zu weinen. Es ist eine starke, aber doch sehr, sehr traurige Seele. Sie möchte nicht länger gefangen sein in dieser ausweglos erscheinenden Situation. Elisabeth blieb nach dem tödlichen Sturz aus den bereits häufiger erlebten Gründen – starke Trauer und nicht ins Licht gehen können – im Haus zurück.

Ich spreche länger mit ihr und schnell wird klar, dass sie bereit ist zu gehen. Sie mag die neue Familie in diesem Haus – ja sie empfindet Liebe für sie. Ich erstelle nun eine Lichtsäule und einen Regenbogen und bitte ihre Engel, ihr auf dem Weg entgegenzukommen. All dass gelingt relativ problemlos. Die dabei spürbaren Emotionen und körperlichen Reaktionen sind sehr intensiv. Elisabeth verabschiedet sich von mir, dem Haus und der jungen Familie und ist überglücklich, nun zu ihren Lieben ins Jenseits zu gehen.

Nach dieser Sitzung teste ich die Energien des Hauses nochmals. Während sie vorher neutral waren, sind jetzt sehr positive Energien zu spüren. Alle Informationen werden bestätigt und ich habe ein sehr, sehr gutes Gefühl nach dieser Arbeit und freue mich für Elisabeth und die junge Familie.

Ich unterlasse es, meiner Bekannten von meiner Arbeit zu erzählen, da ich ihre Empfindungen nicht beeinflussen möchte. Am folgenden Tag ruft sie an und fragt: „Was hast du gemacht?" Ich lasse sie berichten und sie erzählt folgendes: Auf der Treppe hatte sie eine intensive Traurigkeit gespürt, doch jetzt kann sie ohne die vorher immer präsenten Gefühle frei die Treppe hinaufgehen. Ihr Kleinkind hatte vorher immer ängstlich auf die Treppe geschaut, nun ist auch sie völlig entspannt.

Einige Tage später meldet sie sich nochmals. Sie hatte sich auf meinen Rat hin von der Seele verabschiedet, sich bei ihr bedankt, ihr Ehre und Liebe bekundet und eine Kerze für sie aufgestellt. Die Kerze hatte sie einige Zeit zuvor von einer Bekannten mit einem Hinweis erhalten, der überraschend genau auf diese Situation passte.

Rückführung durch die violette Flamme

Am Tag danach lese ich eine Email von einer guten Bekannten, die mich, obwohl sie nichts Negatives beinhaltet, sehr verunsichert und bei mir ein Gefühl der Angst verursacht. Damit verbunden sind zwei weitere Personen, die mir sofort in den Sinn kommen. Dieses Gefühl begleitet mich dann über den Tag und stört mich doch sehr. Ich bin das so nicht mehr gewohnt.

Ein kleines Büchlein ist zu mir gekommen – „Die violette Flamme". Ich habe es schnell ausgelesen und finde einige nette Hinweise zu der Energie, die ich ja bereits aus der Rückführungstherapie kenne. Ich finde Anleitungen zu verschiedenen Übungen und ich weiß, dass ich einiges probieren und lernen werde.

Zwei Tage danach steige ich mit der ersten Übung ein. Ich meditiere und lasse die Energie wirken. Ich frage konkret nach der Ursache für die unguten Gefühle nach der erwähnten Email, nach den merkwürdigen Gefühlen im Zusammenhang mit diesen drei Personen und habe dabei ein Rückführungserlebnis.

Ich erlebe, wie ich in einem früheren Leben eine dieser drei Personen (mein Bruder) in einem Streit, bei dem es unter anderem um eine Frau geht, zu Tode bringe. Bei einer Rangelei fällt mein Bruder unglücklich auf eine Heugabel und stirbt dabei. Die Frau nimmt sich anschließend einen anderen Mann. Sie will mit mir nichts mehr zu tun haben. Ich hingegen versuche bis zu meinem Tod, die Schuld am Tod meines Bruders zu verleugnen. Ich weiß, dass dieses Verleugnen zwar menschlich ist, mich aber auch im Heute begleitet. Es hat auch etwas mit dem Thema Aufrichtigkeit zu tun. Wie oft suchte ich als Kind oder Jugendlicher aber auch als Erwachsener nach Ausreden, um meine eigenen Schwächen zu übertünchen. Ich zweifle noch etwas an diesem Rückführungserlebnis. Doch dieser Zweifel verflüchtigt sich sehr schnell, als ich plötzlich in der Zwischenebene und vor dem Hüter lande. Er betrachtet mit mir das vergangene Leben und die Entscheidung der dreißig Ausgleichsleben. Das Thema Aufrichtigkeit wird thematisiert. Obwohl ich von den dreißig Leben noch etliche offen habe, werden sie mir erlassen, denn ich habe verstanden und erkannt.

Nun bin ich ja doch sehr gespannt auf die nächsten Zusammentreffen mit diesen drei Personen. Über ein Jahr nach dem Erlebten kann ich sagen, dass die folgenden Begegnungen ohne das merkwürdige Bauchgefühl und ohne negativen Beigeschmack verlaufen.

Irgendwann bin auch ich einem der sozialen Netzwerke beigetreten. Ich bin in mehreren Gruppen und bin erstaunt, wie viele „Suchende" aber auch „Wissende" es gibt. Das ist absolut überraschend für mich.

Ich treffe hier etliche Menschen, bei denen ich viel Weisheit und „Mehr" spüre. Andere sind mir sehr suspekt. Einige, die sich als Weise darstellen, beeindrucken mich sehr, dennoch habe ich das Gefühl „Pass auf!" und das tue ich auch. Mein Herz und mein Bauch machen sich immer mehr bemerkbar, wenn es um Menschen und das, was sie tun, geht. Ich weiß diese Reaktionen nicht immer genau zu interpretieren. Dann und wann nehme ich mein Pendel zu Rat und liege dabei meist richtig. Das Pendel nutze ich seit einem Pendelseminar häufiger, mittlerweile auch manchmal zur Energiearbeit.

Eine zweite Rückführung in der violetten Flamme folgt. Mehrere Themen beschäftigen mich, möglicherweise hängen sie zusammen?

Zum einen ist es ein älterer Bekannter, vor dem ich schon immer viel Respekt und Achtung hatte. Doch momentan spüre ich so etwas wie Neid. Das Wort Neid trifft es nicht richtig, aber es geht in diese Richtung. Außerdem habe ich eine merkwürdige Unruhe in mir. Auch Mangel und Fülle sind aktuelle Themen.

So gehe ich auf meine Wiese und habe hier nicht nur meine Krafttiere bei mir, sondern auch mein Inneres Kind. Dieses ist wieder geschrumpft, was wohl an meiner mangelhaften Fürsorge liegt. Umarmungen und Liebkosungen tun uns beiden gut. Wir sprechen ab, dass wir auch den Inneren Vater und die Innere Mutter hinzuholen und mit ihnen in die Flamme gehen. Dort fühlen wir uns gemeinsam sehr wohl. Nach etwa 30 Minuten ist eine deutliche Veränderung zu spüren. Sowohl die Energien werden intensiver wie auch das Licht.

Ich frage nach der Ursache für die zuvor beschriebenen Dinge und erkenne den beschriebenen Mann und mich als Berufsgladiatoren in Rom. Wir arbeiten als Freunde zusammen und werden beide gut bezahlt. Doch ich bin oft unzufrieden, vor allem über meine etwas schlechtere Entlohnung. An dieser Einstellung zerbricht unsere Freundschaft irgendwann. Auch Fülle und Mangel sind hier Themen. Danach wird die Energie der Flamme sehr intensiv, auch das „Lichtspiel" ist intensiv. Nach der Meditation mit dem Rückführungserlebnis bin ich gestärkt. Ich fühle mich gut, die Unruhe ist verschwunden. Karmische Verstrickungen oder Seelenverträge hat es keine gegeben. Auch hier kann ich nach über einem Jahr sagen, dass die negativen Empfindungen diesem Bekannten gegenüber verschwunden sind.

Bekanntschaft mit einer weiteren Seelenverwandten

Ich habe eine weitere Seelenverwandte gefunden. Erste Zusammentreffen und Kontakte haben sich von Anfang an sehr vertraut angefühlt. Nach einigen Wochen meldet sie sich, weil sie immer, wenn sie was von mir liest, „Besonderes" spürt. Auch sie hat das Gefühl, wir kennen uns. Es entwickelt sich durch ihre Initiative ein reger Austausch. Bei einer AMA DEUS – Meditation erlebe ich folgendes:

Wir sind als Einwanderer unterwegs durch den Norden Amerikas, landen an der Ostküste und ziehen quer durch die Wildnis. Unterwegs wird ein Kind geboren, das aber durch die Strapazen stirbt. Ein dazukommender Schamane hilft diesem Kind, so dass die Seele gehen kann. Wir ziehen weiter und gelangen nach San Antonio.

Es geht uns dort gut, auch wenn der Verlust des Kindes schwer wiegt. Wir wohnen im König-Wilhelm-Viertel, anscheinend auch recht wohlhabend. Wir haben hier weitere Kinder.

Meine Bekannte schreibt mir ohne mein Erlebnis zu kennen folgendes: „Ich sehe mich in einem Planwagen mit Pferden auf einer staubigen Straße fahrend, mit anderen Planwagen vor mir. Wir halten an und ich hebe ein Baby vom Straßenrand auf, etwa sieben bis acht Monate alt. Ich spüre eine tiefe Liebe zu dem Kind und nehme es mit, dieses „verlorene" Kind. Dann reißt die Erinnerung ab. Ob diese Geschichten zusammenpassen, ist unklar. Möglicherweise sind es identische Situationen. Aber es wäre schon ein seltsamer Zufall, wenn es nichts miteinander zu tun hätte.

Seit dem Jahresanfang 2010 bin ich als freier Mitarbeiter im Schloss Weilerbach eingespannt. Dort soll eine Einrichtung entstehen, wo vielfältige Angebote der Ganzheitlichen Medizin in besonderer Atmosphäre der Öffentlichkeit zugängig gemacht werden sollen.

Es ist schon erstaunlich, wie viele interessante Angebote es auf diesem Sektor gibt. Bei einigen dieser Kollegen ist mir sofort klar, dass ich mit ihnen bereits früher zusammengearbeitet habe. Auch mit dieser Gegend und diesem Schloss gibt es Erinnerungen – und zwar überwiegend gute.

Reiki Meister und Lehrer

Zugegeben: Ich habe in den letzten Monaten Reiki etwas vernachlässigt, da andere Dinge mich sehr beschäftigt haben. Gerade deshalb wird das Erleben dieser Erfahrungen wieder einmal etwas ganz Besonderes sein.

Wie schon einmal habe ich auf dem Weg zu meiner Ausbilderin einen intensiveren Austausch mit Christus, aber auch eine entspannende Fahrt und Zeit zum Nachdenken. Meine Erwartungen sind eher gering, weil ich ja wenig geübt habe und andere Therapieformen bevorzuge.

Das Begrüßen meiner „Lehrerin" ist sehr herzlich (wenn ich an die Auflösung eines Themas in einer Sitzung zurückdenke...), wir haben einen tollen Austausch und ich bin wirklich froh, hier zu sein!

Die Einweihung in Reiki drei und vier und den Lehrergrad ist eine ganz tiefe und energievolle Erfahrung. Ich bin völlig fasziniert und total erfüllt von diesem Geschehen. An diesen drei Tagen spüre ich wie so oft die Anwesenheit meiner und weiterer geistiger Helfer. Da ich bestimmte Dinge sehe, bin ich mir auch sicher, dass Christus selbst hier ist. Auch meine Engel (selbstverständlich), Meister Kuthumi und andere sind da.

Meine Lehrerin fragt mich später, ob ich mitbekommen hätte, wer alles anwesend war. Sie zählt mir einige auf, wie zum Beispiel einen Engel mit Namen Jonathan (der Engel meiner Enkelin, wie ich später herausfinde) und Melchisedek. Dieser wird mir zukünftig bei meiner Arbeit behilflich sein und mir bei meinem nächsten Buch helfen. „Das wird anders werden als das erste."

Die intensiven Gespräche mit meiner Lehrerin und Ausbilderin zeigen mir, wie sehr ich mich verändert habe, wie sehr sich mein Bewusstsein verändert hat. Ich bin glücklich und zufrieden.

Meine Ausbildung zum ganzheitlichen Therapeuten ist nun beendet und ich bin ein gänzlich Anderer!

Spirituelles

Ich habe es an anderer Stelle schon beschrieben: Ich habe immer einen tiefen Glauben gehabt, bei dem aber einige Dinge wie Engel keine oder eine untergeordnete Rolle spielten. Viele Dinge habe ich angezweifelt, vieles für unrealistisch gehalten. Die Existenz Jesu habe ich nicht bezweifelt, doch hörte am Karfreitag meine Sicherheit auf, das heißt, dass die Auferstehung und alles weitere für mich schon schwierig zu bewerten waren.

So habe ich seit Beginn meines neu beschrittenen Weges auch die Arbeit mit Wesenheiten wie Engel eher ausgeschlossen. Doch irgendwann hat mich die „Geschichte überrollt (siehe *Die verborgene Wahrheit*). Der/die Engel waren plötzlich da und wollten einbezogen werden. Ich erinnere mich an eine Klientin, die mir vor ihrer Sitzung sagte: „Noch vor einem Jahr hätte ich ihr Buch in die Ecke geworfen. Außerirdische, Besetzungen und solche Dinge sind ja merkwürdig, dennoch haben sie mich auf eine Weise berührt, die mich regelrecht hierher geschoben hat. Aber mit Engeln kann ich nix anfangen". Und wer begegnet ihr in einem sehr ergreifenden Moment? Der Engel des Wandels in einer überaus merkwürdigen Gestalt! Auch den Schutzengel kann sie in dieser Situation zulassen.

Mit Christus hatte ich bei meiner Arbeit nicht viel am Hut, obwohl ich oft genug angestoßen wurde. Ich erinnere mich an seine Unterstützung bei einem Seminar und die Unterstützung beim Reiki-Meistergrad. Dann kamen die beiden Sitzungen mit den Klientinnen (und etliche andere, in denen Christus eine Rolle spielte), bei denen es keine Zeitreise, sondern intensive Dialoge mit der Person Jesus Christus gab. Wie es kam, dass ich die beiden anregte, ihn am Gewand zu zupfen, weiß ich ebenso wenig wie die Ursache für die Klarheit meiner Fragen.

Am Wochenende nach den Erfahrungen der beiden Klientinnen höre ich das Evangelium vom zweifelnden Thomas. „Wenn ich meine Hand nicht in seine Wunden hineinlegen kann, glaube ich nicht".

Obwohl meine Klientinnen nicht so sehr zweifelten, war dieses Erspüren des Jesus und seines Gewandes die Bestätigung, die Sicherheit: Ja, er ist es und ich kann ihm wirklich vertrauen. Er macht das, was er verspricht. Ich kann mich ihm ganz anvertrauen, da er sich sogar in meine Gegenwart begibt und mir alle, sogar die „flachen" Fragen beantwortet.

Ein weiteres Wort Jesu aus dem Gottesdienst beeindruckt mich in diesem Zusammenhang. Er fragt Petrus dreimal, ob dieser ihn liebt. Petrus bejaht dies und sagt beim dritten Mal: „Herr, du weißt alles, auch, dass ich dich liebe".

Die Atmosphäre während der Dialoge mit den Klientinnen war genau die gleiche. Jesus stößt beide Klienten an (und auch mich), ihre Erkenntnisse selbst zu erarbeiten. Es ist klar, dass sie glauben, auch dass sie wissen. Was entwickelt werden muss, wird entwickelt, nämlich die Erkenntnis: „Ich bin da, immer, immer für dich und immer, wenn du mich brauchst, werde ich dich unterstützen, hab Vertrauen".

Für mich selbst war vorher klar: „Ja natürlich ist er da, doch in die Arbeit einbinden, ihn erfahrbar machen, das machen eher andere".
Und nun das.
Ich werde wohl umdenken müssen...

Meine im ersten Buch bereits erwähnte Nachbarin ist nach langem Leiden verstorben. Ich habe ihr in dieser Phase viel Unterstützung geben dürfen. Ich konnte ihr viele Schmerzen nehmen, Entspannung geben und ihr das Wohlbefinden verbessern.

In den letzten Tagen ergab sich Gott sei Dank die Gelegenheit mit ihr über Leben und Tod, Leid, Sterben und das Danach zu sprechen. Ich hatte schon mehrmals den Anlauf dazu genommen und ihr das Angebot gemacht, mit ihr über die Dinge zu sprechen, die offen stehen, doch sie war noch nicht bereit. Nun ist sie es.

Während sie zu Beginn sagt: „Danach kommt nichts mehr, ich glaube das nicht", teilte sie mir nun mit, dass diese Haltung nur durch ihre Ängste besteht: Angst vor offenen Dingen mit ihrer Mutter und ähnliche nicht gelöste Konflikte. Ich erzähle ihr von den vielen Erfahrungen in der Zwischenebene und mit Klienten, die den Weg dorthin gegangen sind. Obwohl sie es nicht kommentiert, sagt sie bei unserem Abschied: „Ich werde immer dann bei dir sein, wenn du im Wald bist, wenn du dort arbeitest, wenn du in Gefahr bist". Im Wald waren wir oft zusammen gewesen und hatten dort gemeinsam unser Brennholz gemacht.

Dieser Ausspruch ist so klar und deutlich, authentisch. Zwei Tage später kann sie sterben, laut Aussage ihrer sie begleitenden Verwandten in Ruhe und Frieden. Diese Ruhe und dieser Frieden sind erstaunlich, wenn man die vielen Kämpfe der letzten Monate betrachtet.

In einer Meditation teilte mir die Seele der Nachbarin mit, dass es ihr gut geht und dass wir ihr so geholfen hätten. Bei meiner Arbeit im Wald im folgenden Sommer spüre ich ihre Anwesenheit.

Bei einer Familienfeier habe ich plötzlich Kopfschmerzen, Druck im Kopf und ich fühle mich nicht sonderlich berauschend. Das Ganze zieht sich über mehrere Stunden und ist unterschiedlich intensiv. Nach Mitternacht habe ich ein sehr merkwürdiges Gefühl, wie wenn mir jemand etwas aus dem Kopf hinausziehen würde. Am selben Tag noch zeigt sich, dass ein guter Bekannter, der bei dieser Feier dabei ist, zur gleichen Zeit zwei kleinere Schlaganfälle (TIA) hatte.

Viele Begegnungen der letzten Wochen und Monate sind sehr spannend.

Eine Klientin ruft mich an, um mir nach einem Vortrag zu sagen, wie authentisch ich rüberkommen würde. Dies hätte sie in ihrem Leben bisher nur einmal erlebt. Sie habe bewusst keine Frage gestellt, sondern diese im Stillen an sich selbst und nach oben gestellt. Und sie sei beeindruckt ob der klaren Antworten, die hier gekommen seien. Sie hat mir viel zu erzählen, vieles was mich freut!

Zwei mir vorher nicht bekannte Frauen suchen mich auf, weil sie mein Buch gelesen haben und nun Interesse haben, die gleiche Ausbildung zu machen. Ein etwa dreistündiger, intensiver Austausch findet statt. Ich bin wieder einmal überrascht, wie weit manche in ihrem „Bewusstwerden" entwickelt sind. Dass sie von meinem Buch angestoßen werden, macht mich froh. Das ist es, was wichtig ist. Menschen wecken, das will Gott von uns, von mir. Danke dafür! Inzwischen haben einige Leser die gleiche Ausbildung zum Rückführer gemacht beziehungsweise begonnen. Für jeden einzelnen freue ich mich, dass er sein Leben selbst in die Hand genommen hat.

Immer wieder kommen Emails und Anrufe mit Dankesschreiben und Worten für das Buch. Es bewegt Menschen und hilft ihnen tatsächlich zu ihren Wurzeln zu kommen. Einige Menschen haben schon einen anderen Weg eingeschlagen. Eigene heilende Talente werden entwickelt. Das ist wunderbar!

Schottlandurlaub

Im Sommer folgt nun der lange ersehnte Schottlandurlaub. Was werde ich finden, was findet mich? Es ist ein insgesamt sehr eindrucksvoller Urlaub in einer urwüchsigen Landschaft und in einem wunderschönen Land.

Ich spüre anfangs lediglich, dass es einfach schön ist. Die Fremde, die man in anderen Urlauben spürt, empfinde ich hier nicht. Bei einer ersten Wanderung durch die Highlands stehe ich an einer Stelle, in der ich sofort weiß: Ja, das ist es. Ich weiß, dass ist der Platz, an dem ich in der Rückführung über mein Land schaue und voller Stolz bin.

Bei einem Spaziergang gelangen wir dann „rein zufällig" an einige Hausruinen. Ich betrachte sie wie etliche andere in den Tagen zuvor auch schon. Doch hier spüre ich, dass irgendwas anders ist.

Ich gehe nochmals alleine hier hin und betrete eine der Ruinen und sehe förmlich die erlebte Rückführungssituation, in der ich meine Frau Mary verloren hatte. Ich stehe an der Stelle, die ich aus dieser Sitzung kenne, und spüre die Vergangenheit. Bei einem weiteren Besuch nehme ich mein Pendel mit, das mir eine sehr eindeutige und heftige Bestätigung meiner Antworten gibt. Auch meine Tochter geht zu dieser Ruine und bestätigt ohne meine Vorinformationen meine Empfindungen.

Viele weitere Orte wie eine Burg und ein Friedhof lassen sehr bekannte Empfindungen aufsteigen. Da andere besuchte Ruinen, Burgen und Friedhöfe nicht diese Empfindungen hervorrufen, liegt wohl etwas wie Vertrautheit vor.

Am Ende dieses Urlaubs kann ich Schottland ohne Wehmut verlassen, ich kann gehen und weiß: „Es ist nun gut!"

Eine enge Seelenverwandte, Kinesiologie und Aufstellung

Eine meiner mir tief verbundenen Seelen arbeitet als Heilpraktikerin, Kinesiologin und macht Aufstellungen. Obwohl ich mit diesen Tätigkeiten nicht sonderlich vertraut bin, schicke ich dann und wann Klienten, vor allem Kinder dort hin. Ich weiß, dass meine Klienten dort in sehr guten Händen sind. Doch sollte ich endlich einmal selbst testen, was sie so treibt! Ein wunderschönes Treffen mit einem Menschen, der letztlich ein Teil von mir ist, folgt.

Wir haben frische, freudige aber doch tiefgehende Gespräche, bevor wir uns der Arbeit widmen.

Sie testet, was meinem Körper in Bezug auf meine körperlichen Beschwerden gut tun würde. Einige Ursachen für die Missempfindungen findet sie heraus und geht dann nahtlos in eine Art Familienaufstellen über. Das Thema Wahrheit wird aufgestellt, weil es sich aus den vorherigen Informationen herauskristallisierte. Ich gelange in dieser Aufstellung recht problemlos in eine Rückführungssituation, eine Situation, die ich ähnlich bereits in einer Sitzung sah.

Ich habe als junge Frau eine Auseinandersetzung mit einem Priester. Es geht scheinbar um meine heilerischen und hellseherischen Fähigkeiten. Doch bereits in der Rückführung hatte ich gefühlt, dass es eine merkwürdige Nähe zu Hochwürden gab. Jetzt weiß ich, ich bekomme ein Kind von ihm.

In einer bereits in der Rückführung erlebten, öffentlichen Auseinandersetzung ziehe ich den Kürzeren. Ich darf meine Fähigkeiten nicht mehr ausleben. Ebenso scheint es unmöglich zu sein, in dieser Situation eine Familie mit diesem Mann zu gründen. Die Situation ist so ausweglos, dass ich beschließe, mir das Leben zu nehmen.

Nun wird deutlich, dass das damals ungeborene Kind mein heutiges Enkelkind ist: eine Seele, die ich bereits als Verwandter erleben durfte. Deutlich wird auch, dass die Seele des Kindes mit dem damaligen Vater noch keinen Frieden hat (beziehungsweise umgekehrt) und auch im heutigen Leben mit demselben Menschen wieder zusammentrifft (genau genommen zweimal). Letztlich geht es wieder um Vergebung und die Anerkennung der wirklichen Wahrheit, der eigenen.

Es war für mich eine Lehrstunde über andere Heilmethoden, Wahrnehmung, Wahrheit und Vergebung. Ich bin fasziniert von der Fähigkeit meiner Therapeutin, ihrer Arbeit, den Erkenntnissen, den Wirkungen. Eine wirklich tolle Erfahrung!

VII Energetisches Arbeiten

Als Ganzheitlicher Therapeut ist es mir wichtig, auch zu anderen Möglichkeiten der Bewusstseinsarbeit Stellung zu beziehen. Ich gebe dabei zu, dass ich mich selbst immer noch mit einigen Begrifflichkeiten schwer tue und dass einige Begriffe einfach verwirrend sind.

Ich empfehle jedem, der suchend ist, der Lösungen oder Hilfe anstrebt, sich umzuschauen, was es an „Angeboten und Anbietern" gibt. Nach Sichtung der vielfältigen Möglichkeiten ist es wichtig, sich seinem Bauchgefühl anzuvertrauen.

Auch halte ich es für zwingend erforderlich, dass Klient und Therapeut zueinander passen. Für mich ist es in Ordnung, wenn ein Klient an der Haustüre einen Rückzieher macht, „weil ich ihm nicht passe" (was allerdings noch nicht vorgekommen ist).

Wichtig ist, dass man sich informiert und erst dann entscheidet, welchen Weg man geht. Das „Rein in die Kartoffeln, raus aus den Kartoffeln" führt schnell zu Enttäuschungen.

An anderer Stelle habe ich bereits beschrieben, dass ich es für wichtig halte, dass Klienten dort abgeholt werden, wo sie stehen. Wenige Menschen sind in ihrem Bewusstsein so weit, dass sie in die Liebe gehen und Blockaden, Karma und weiteres auf die Schnelle lösen können.

Nicht alle Menschen sind in der Lage, den Weg der Rückführung zu gehen, nicht jeder kommt mit schamanischen Wegen klar...

Für alle Menschen ist es deshalb wichtig den richtigen Einstieg zu finden. Sag: „Ja, ich will", und ab geht's. Aus eigener Erfahrung kann ich Dir das versprechen.

Nachfolgend werden einige Möglichkeiten der energetischen Arbeit dargestellt. Auch die Rückführungstherapie ist hier zusammenfassend beschrieben, da nicht jeder das erste Buch gelesen hat.

Da ich diese unterschiedlichen Methoden innerhalb meiner Ausbildung zum ganzheitlichen Therapeuten erlernt habe, kann ich diese alle empfehlen. Auch hier gilt: „Schau, was Dich anspricht, hab Mut und probiere aus"!

Grundsätzlich gilt auch hier, dass der Anwender nie ein Heilversprechen abgibt!

Reiki

REIKI ist das japanische Wort für „universelle Lebensenergie": REI = universell; KI = Lebensenergie.

Das Universum ist erfüllt von unerschöpflicher Lebensenergie, die uns am Leben erhält. Beim Reiki fließt diese universelle Lebensenergie in konzentrierter Form in den Empfänger. Er selbst ist maßgebend für die Menge der vermittelten Energie. Der Reiki-Gebende dient dabei als Kanal, der die Lebenskraft weitergibt.

Reiki ist unkonfessionell und steht in keinem Widerspruch zu religiösen Überzeugungen.

Reiki kann auch als Unterstützung bei medizinischen Behandlungen durch Aktivierung der Selbstheilungskräfte gegeben werden. Die Heilung nach einer Operation oder bei sonstigen Behandlungen kann erheblich beschleunigt werden.

Reiki ist für alle Menschen hilfreich. Körper, Seele und Geist werden harmonisiert und auf diese Weise ins Gleichgewicht gebracht. Reiki entfernt Blockaden und entgiftet den Körper. Die Reiki-Energie wird durch einfaches Handauflegen übertragen. So kann die Lebensenergie zum Beispiel gerade auch auf schmerzende Körperstellen weitergegeben werden, um dort Linderung und Heilung zu bewirken.

Durch unsere Hände fließt die Lebensenergie in den Körper und weiter zur seelisch-geistigen Ebene. Sie trägt zur Harmonisierung aller Kräfte bei. Die Selbstheilungskräfte werden bei diesem Prozess aktiviert und der Mensch beschleunigt dadurch den normalen Heilungsverlauf um ein Vielfaches.

Reiki kann auch im Spirituellen eine Veränderung in der Wahrnehmung bewirken.

Ich persönlich unterstreiche mittlerweile die Aussage auf meiner Arbeitsmappe beim ersten Reikigrad: „Reiki wird dein Bewusstsein und dein Leben verändern".

Alle Klienten, die in meiner Minipraxis Reiki erhalten haben, fühlten sich entspannt und waren angetan von dieser wohligen Energie. Ich selbst genieße Reiki sehr gerne, egal ob in der Selbstbehandlung oder durch meine Frau oder Tochter.

Geistige Wirbelsäulenbegradigung/Aufrichtungsenergie

Wer diese Heil-Methode ins Leben gerufen hat, ist umstritten. Es gibt viele vergleichbare Methoden bei alten Naturvölkern.

Mit Hilfe der Begradigungsenergie/Christusenergie werden wir unterstützt auf einen „geraden" Weg zurückzukommen. Das heißt, diese Energien wirken nicht nur auf der körperlichen, sondern auch auf der geistigen und seelischen Ebene. Sie regen die Selbstheilungskräfte an, Blockaden und Muster, die sich an der Wirbelsäule beziehungsweise am Bewegungsapparat festgesetzt haben, zu lösen und loszulassen.

Rückenbeschwerden, Schiefstände und Schulterbeschwerden können sich somit bessern und nachhaltig beeinflusst werden.

Als Beispiel ist hier eine Klientin genannt, die bei einigen Ärzten und Physio-therapeuten war und bei mir mit stärkeren Rückenschmerzen ankam. Da ich selbst lange auf einer orthopädischen Station in der Pflege tätig war, bin ich in der Lage bei der Klientin eine Beinlängendifferenz von etwa drei Zentimetern festzustellen.

Bei der Anwendung spüre ich einen intensiven Energiefluss und erkenne mehrere Stellen, an denen dieser Fluss gestört ist. Nach der Begradigung stelle ich die gleiche Länge der Beine fest und sehe eine beschwerdefreie Klientin von dannen ziehen.

In mehreren Rückführungen habe ich den Wink mit dem Zaunpfahl bekommen, ich soll die Christusenergie an andere weitergeben.

AMA DEUS

Ama Deus ist eine sehr alte Jahre schamanische Heilweise. Den Ursprung hat sie bei den Guarani Indianern in Brasilien. Über den Priester Alberto Aguas, der die Methode bei den Guaranis erlernte, fand AMA DEUS seinen Weg nach Europa.

Diese Energie ist Heilung für die Seele und die Ganzheit, sowohl für sich selbst als auch für andere Menschen und Wesenheiten.

AMA DEUS ist ein Energie-Heilungssystem, das in Verbundenheit mit dem Göttlichen und verschiedenen geistigen Helfern über die Kraft des Atems, der Hände, des eigenen Herzens und über das dritte Auge Heilung und Erkenntnis bringt, eine wundervolle sanfte Energie, die uns hilfreich und heilsam zur Seite steht und mit Liebe, Demut und Hingabe ausgeübt wird. AMA DEUS bedeutet nichts anderes als *„Ich liebe Gott"*, aber auch die Übersetzung *„Gott liebt dich"* passt.

AMA DEUS arbeitet mit 26 verschiedenen Symbolen die ganz spezifischen Zwecken dienen. So sind die Anwendungsbereiche sehr breit gefächert. Reisen zur Akasha-Chronik, Traumarbeit, geistige Führung und Begleitung, Heilung des eigenen Herzens, Unterstützung von Neugeborenen, Begleitung Sterbender und die Reinigung auf allen Ebenen, zum Beispiel bei Fremdenergien, sind nur einige der Möglichkeiten dieser Energie.

Ich persönlich setze AMA DEUS mittlerweile sehr oft ein, da es eine wirklich sehr schöne, interessante und erregende Energie ist, mit der man hier arbeitet. Insbesondere bei Besetzungen und Fremdenergien setze ich AMA DEUS gerne ein.

Energietrennung

Mit vielen Menschen haben wir energetische Verbindungen aufgebaut. Man sagt, dass wir dies mit allen Menschen tun, die uns begegnen, zumindest aber mit jenen, mit denen intensive „Kontakte" bestanden. Insbesondere die Verbindungen zu Familienmitgliedern, Partnern und ehemaligen Partnern und Freunden haben oft eine hohe Intensität. Die Verbindungen überdauern den aktiven Kontakt auf lange Zeit. Damit erklärt sich auch, dass wir uns oftmals gedanklich nicht von diesen Personen trennen können. Diese energiegeladenen Verbindungen sind teilweise so kräftezehrend, dass sie uns nachhaltig und negativ beeinflussen. „Der raubt mir meine ganze Energie", ist eine bekannte Phrase und beinhaltet weitaus mehr Wahrheit, als die meisten Menschen ahnen. Wenn Sie also spüren, dass Ihnen ein Familienmitglied Energie raubt, ein Verflossener Sie nicht freilässt und Energie abzapft, eines Ihrer Kinder sich zu sehr bindet..., ist es Zeit für eine Energietrennung. Ich führe diese Arbeit sehr häufig, meist innerhalb einer Rückführung durch.

Fremdenergien/Besetzungen lösen

Obwohl Ihr Leben in geordneten Bahnen abläuft, sind Sie häufig müde und erschöpft? Sie können sich nicht mehr richtig erholen und die Erholungspausen werden immer länger? Sie haben das Gefühl, dass Sie etwas bei sich tragen, das Ihnen fremd ist?
Dann kann es sein, dass „alte oder fremde Energien" Ihren Weg erschweren.

Mit einer Lösung dieser Energien sind diese Beschwerden meist Schnee von gestern. Zu dieser Arbeit sind in den Kapiteln viele Beispiele aufgeführt. Ich persönlich halte diese Arbeit für eine der wichtigsten innerhalb der Energie- und Bewusstseinsarbeit und führe sie sehr häufig aus.

Einige Beispiele

Eine Bekannte klagt schon seit Wochen über eine nicht enden wollende Erkältung, vor allem über Halsschmerzen, Husten und Lungenbeschwerden.

Innerhalb einer Reikisitzung frage ich ab, wo welche Besetzungen sind. Zwei sehr starke Energien melden sich, an einem Bein und an Arm, Hals und Kopf. Beide sind deutlich spürbar, eine auch deutlich außerhalb des physischen Körpers.

Beide Besetzungen sind schon lange bei der Klientin und zwar nur, weil sie nicht gehen wollen und weil sie die Klientin unterstützen wollten. Dennoch verursachen sie genau die benannten Beschwerden.

Beide Fremdenergien gehen in der üblichen Zeremonie in die Lichtsäule und hinterlassen eine beeindruckte und gerührte Klientin.

Einige Tage später meldet sich bei derselben Klientin eine weitere Besetzung. Diese verursacht sehr starke Kopfschmerzen. Ich arbeite diesmal mit Ama Deus und erstelle vorher eine Lichtsäule. Bereits nach Minuten habe ich das klare Gefühl, dass die Besetzung bereit ist zu gehen. Beim Abtasten spüre ich die Energie an der unteren Brustwirbelsäule und zwar punktgenau. Es passt zu einigen der Symptome, außerdem hat die Klientin das Gefühl, „dass da unten was sitzt".

Ich hatte bereits am Vorabend Kopfschmerzen und Verspannungen im gleichen Bereich und denke mir kurz vor der Arbeit, dass diese Wahrnehmungen etwas miteinander zu tun haben. Die Störung am Rücken ist weg, die Beschwerden an Brustwirbelsäule und Kopf ebenfalls.

Etwa zwei Monate später gibt sie eine andauernde Befreiung der Beschwerden in diesen Körperregionen an.

Ein anderer Klient hatte mich wegen verschiedener körperlicher Beschwerden und Schmerzen aufgesucht. Ich hatte bei ihm bereits eine Aufrichtung und Reiki durchgeführt, wobei mir da schon klar war, dass es sich um zumindest eine Besetzung handelt.

Ich traue mich jedoch nicht so recht, es anzusprechen. So kommt er zur zweiten Sitzung und diesmal mache ich Andeutungen auf mögliche Fremdenergien. Er erzählt mir daraufhin Begebenheiten mit seiner verstorbenen Frau und seinen Schwiegereltern, obwohl ich nichts über Verstorbene oder Ähnliches erzählt hatte. Er verlässt mich ohne Beschwerden, seine Nacken- und Halsbeschwerden sind deutlich besser.

Er meldet einige Zeit später, dass er beschwerdefrei ist.

Eine weitere Klientin leidet unter etlichen körperlichen Beschwerden und ahnt, dass etwas „anderes" dahintersteckt. Nach einer intensiv empfundenen Reikisitzung ist klar, dass sie mindestens fünf Besetzungen hat.

Spannend ist die Entfernung von zwei verlorenen Kindern (Totgeburten). Die Klientin hatte diese Seelen nie losgelassen. Sie hatten ihr über die Jahre viele Beschwerden bereitet und sich nun seit längerem bemerkbar gemacht. Nach intensiver Arbeit verlassen sie die Klientin mit so starken Beschwerden wie bei einer Geburt. Auch nach der Arbeit gibt's noch Beschwerden im Rückenbereich sowie im Becken.

Die Klientin ist sichtlich beeindruckt. Mit so intensiven Gefühlen hatte sie nicht gerechnet.

Sie meldet sich Wochen später. Die Beschwerden hielten noch einige Tage an und ähnelten sehr den Schmerzen bei Nachwehen. Jetzt sind sie weg, die Kinder jedoch begleiten sie nun wie Helfer. Auch nach etwa fünf Monaten ist sie beschwerdefrei.

Eine weitere Klientin war bereits zur Lösung von Besetzungen bei mir. Sie hatte beim letzten Mal bereits Tinitus- Beschwerden angegeben, heute kommt sie zur Lösung. Ich entspanne sie heute nicht mit Reiki, sondern mit Ama Deus. Die Besetzung lässt sich verhältnismäßig gut lösen. Ein guter Bekannter, der relativ jung gestorben war, hat sich als Besetzung eingenistet.

Meine Klientin kann sich noch an den Moment der Bestattung erinnern, in dem er sich an ihrem Herz festsetzte. Beide hatten sicher schon sehr vertrauensvolle Begegnungen in vergangenen Leben, dieses Vertrauen ist auch heute deutlich spürbar. Die Beschwerden am Ohr (Tinitus) und am Brustkorb sind nach der Sitzung weg. Die Klientin verlässt mich froh und glücklich.

Etwa einen Monat danach meldet sie sich und bedankt sich für die Unterstützung, es geht ihr sehr gut!

Ein Freund hat schon lange das Gefühl, dass ihm jemand im Nacken sitzt. Beim Reiki mit seiner Frau hat sich diese Besetzung so deutlich bemerkbar gemacht, dass den beiden wohl angst und bange wurde.

So kommt er nach sicher mehr als einem halben Jahr Zögern mit viel, viel Respekt.

Während seine Frau ihm Reiki gibt, schließe ich mich mit seinen Besetzungen kurz und entdecke etwa sieben Besetzungen. Drei davon sind durchaus Willens. meinen Klienten zu verlassen. So versuche ich während des Reiki einige Einzelheiten herauszufinden.

Die Besetzung um die es heute in erster Linie geht, ist schon einige Zeit (mehrere Leben) bei ihm und leidet, sie will endlich befreit werden. Es stellt sich nun heraus, dass es zwischen Klient und Besetzung eine Beziehung gab, die offensichtlich dramatisch endete. Aus diesem Grunde konnten sich beide über eine lange Zeit nicht trennen. Für den Klienten überraschend ist nun, dass er selbst derjenige ist, der die Trennung nicht zugelassen hat. Nach kurzer Bedenkzeit ist dann jedoch klar, dass man sich trennen kann. Die gesamte Situation dauert sicher zwanzig Minuten und ist begleitet von starken Anspannungen des gesamten Kopf-, Schulter- und Nackenbereichs des Klienten.

Nach der Lösung der Besetzung ist er total erschöpft und möchte keine weitere Besetzung mehr angehen. Auch drei Monate danach ist er beschwerdefrei, vor allem aber froh!

Viele Wochen danach macht sich eine weitere Besetzungen bei einer Reikisitzung bemerkbar. „Zufällig" hat sie genau den Namen, den ich seiner Frau bei der ersten Sitzung verborgen auf einen Zettel geschrieben hatte.

Auch bei zwei sehr nahen Verwandten älteren Semesters darf ich diese Arbeit durchführen.

Bei der Ersten entferne ich zwei Besetzungen, zum einen die Energie ihrer verstorbenen Schwester am Rücken, zum anderen die Seele ihres Vaters an Kopf, Schulter und Hals.

Bei der Zweiten zeigt sich eine Fremdenergie am unteren linken Rippenbogen, einer Stelle die dem Klienten seit vielen Jahren immer wieder Beschwerden macht. Rippenfellentzündungen, Schmerzsyndrome und so weiter traten immer wieder auf. Die Besetzung besteht bereits seit einigen Jahrzehnten, entstammt der Familie und hat einige ihrer eigenen Beschwerden auf den Klienten übertragen. Nun sind beide bereit sich zu trennen beziehungsweise zu verabschieden. Das gelingt relativ problemlos, da es wohl lange überfällig war.

Beiden Klienten geht es auch ein halbes Jahr danach gut, die Beschwerden sind weg.

Eine weitere Klientin schildert mir viele Dinge, die auf Fremdenergien im Haus und bei Personen hinweisen. Mehrere längere Gespräche folgen, sodass ich mich auf den Weg zum Haus aufmache um dort ihren Vater als Fremdenergie auszumachen. Er ist froh, dass seine Anwesenheit nicht mehr notwendig ist, so dass er sich ohne Probleme in die Lichtsäule begibt.

Eine Woche später meldet die Klientin sehr emotionale Träume mit Hinweise auf Dank der Besetzungen, sie empfindet jetzt Ruhe in ihrem Haus. Diese Ruhe besteht auch ein halbes Jahr nach der Aktion.

An dieser Stelle könnten noch viele weitere Bespiele genannt werden, doch ich denke, dass deutlich wird, wie wertvoll diese Arbeit ist.

Heilchanneln

Heilchanneln (das „Leiten" von Heilenergien auf Blockaden und Beschwerden) kann als ergänzende Möglichkeit zur Rückführungstherapie und der Energiearbeit betrachtet werden. Das heißt, wer sich nicht direkt mit der Rückführungstherapie anfreunden kann und mit Energiearbeit (Reiki...) keine nachhaltige Hilfe hat, kann im Heilchanneln Hilfestellungen erhalten. Heilchanneln kann ebenso intensive Erfahrungen bringen wie eine Rückführung. Beim Heilchanneln liegt der Schwerpunkt jedoch auf dem Fluss von Heilenergien. Diese dienen der Gewinnung von Informationen ebenso wie der Lösung von Blockaden. Während der Heilchannelsitzung besteht intensiver Kontakt zur Geistigen Ebene. Die Einbindung von aufgestiegenen Meistern, Engeln und weiterer Helfer ist zentraler Bestandteil der Arbeit. Auch hier kommt die Heilung vor allem durch die Erkenntnis und die Aktivierung der Selbstheilungskräfte (auch die Aktivierung des Inneren Heilers) zustande. Im Gegensatz zur freien Energiearbeit erhält man auch Klarheit über Zusammenhänge und Ursachen von Blockaden.

Heilchannel-Sitzungen führe ich selten durch. Sie sind für mich insgesamt schwieriger als Rückführungen, obwohl es eigentlich Gründe gibt, es umgekehrt zu bewerten.

Beispielsitzungen

Eine Klientin hat den Wunsch Hilfe bei ihrer nachlassenden Sehkraft zu finden. Innerhalb dieser Sitzung erhält sie deutliche Hinweise darauf, dass diese Sehschwäche etwas mit Störungen ihres Herzchakras zu tun hat. Dies ist in mehrfacher Hinsicht merkwürdig. Zum einen hätte ich hier nie einen Zusammenhang gesehen. Zum anderen hatte ich selbst in einer Sitzung vor einigen Wochen einen eindeutigen Hinweis, dass Probleme des Sehens mit dem Herzen im Zusammenhang stehen können. Wenn ich Leid nicht ertragen kann, verschließe ich die Augen, wenn mein Herz verschlossen ist, verliere ich die Fähigkeit die Schönheit um mich herum zu sehen. Diese Sichtweise auf die Fähigkeit des Sehens hatte ich nie betrachtet und erwartet. So wende ich hier viel Heilenergie am Herzchakra und an den Augen an.

Bei einer anderen Klientin geht es um immer wiederkehrende Rückenschmerzen. Auch hier zeigen sich innerhalb der Sitzung vielfältige Symptome und Beschwerden beim Klienten und beim Anwender.
  Halsbeschwerden, Herzstiche, Enge in der Brust, Rücken- und Beinschmerzen sowie heftige Bauchbeschwerden wie Blähungen zeigen sich

bei Klientin und Anwender. Dass ich zwischenzeitlich einige Male Zweifel an mir beziehungsweise der Wirkung des Heilchannelns habe, ist sicher verständlich, jedoch im Rückblick unsinnig. Denn gleichzeitig kommt es meist zu intensiven körperlichen Zeichen bei Therapeut und Klient. Von einer Sekunde zur nächsten verspürte ich zwei Mal einen heftigen Muskelkrampf im Oberschenkel, durchgehend Bauchbeschwerden und einige emotionale „Zeichen". Außerdem erhalte ich die gleichen Informationen wie die Klientin. Dass die Enge in der Brust von einer früheren Liaison mit anschließender Trennung stammt, ist mir früh klar. Einige Zeit warte ich auf die Information der Klientin. Vorsichtig spreche ich sie darauf an, woraufhin die Tränen fließen. Meine Information bestätigt sich.

Es gab einen Geliebten, wovon sich die Klientin in einem früheren Leben getrennt hatte. Dieser war dann nach seinem Tod als Besetzung bei der Klientin geblieben. Sie hatte immer wieder für Spannung, Enge in Brust und Hals sowie für Schmerzen an Rücken und Bein gesorgt. Innerhalb dieser Sitzung führen wir nun diese Besetzung ins Licht, was zu einer deutlichen Lösung der vorher beschriebenen Probleme führt. Gleichzeitig muss die Klientin weinen, da sie die volle Tragweite ihrer damaligen Trennung vom Partner erkennt. Sozusagen Problem erkannt und Auflösung erlaubt! Anschließend ist die wirksame Lösung von der Besetzung deutlich spürbar.

Die nächste Klientin ist eine Bekannte, die bereits seit langem über Bauchschmerzen und weitere Probleme klagt. Ärztlich sind diese Beschwerden mehrfach abgeklärt worden – eine befriedigende Erklärung sowie eine heilbringende Therapie hat sie nicht erfahren.

Sie spürt, dass das Thema Besetzung, von dem sie gehört hat, eine Rolle spielen kann. So starten wir mit dem Channeln und ich erlebe eine Sitzung, bei der außergewöhnlich viel Energie fließt, Energie, die ungewöhnlich „klar und rein" ist.
Sehr schnell ist klar, dass meine Klientin in einem früheren Leben an die überaus deutlichen Beschwerden gelangt war. Kopf, Schultern, Arme, Bauch und Beine werden in sehr unterschiedlicher Intensität von Schmerzen, Anspannung und Fesselung geplagt. Es zeigt sich, dass sie in einem früheren Leben von einem Peiniger gefesselt und massakriert wird. Heftige Schläge auf den Kopf und ein Stich (spitzer Gegenstand) in den Bauch führen nach starken Schmerzen zum Tod. Sie erlebt diesen Übergang der Seele als sehr entspannend, als „Entlastung". Auch die Zwischenebene wird erlebt und gespürt. Das Rückführungserlebnis ist längst nicht so detailliert wie in einer Rückführungssitzung, aber doch sehr intensiv und von Energien erfüllt. Der Einsatz der Heilenergien führt bei der Klientin zur Entspannung und Lösung ihrer vorher erlebten Beschwerden.

Auf meine Frage, ob wir gemeinsam prüfen sollen, ob es Fremdenergien gibt, die bereit sind zu gehen, kommt sofortige Zustimmung. Also frage ich ihren Körper ab und erhalte an drei Körperstellen den Hinweis auf Besetzungen. Wir beginnen mit der Besetzung, die sich am Bauch der Klientin zeigt. Es wird sehr schnell deutlich, dass es eine Besetzung ist, die die Klientin kennt. Die Energien eines Verwandten haben sich hier festgesetzt. Er, dieser Verwandte, teilt klar und deutlich mit, warum er dort ist, was er verursacht und was er bewirken wollte. Er hatte keinerlei negative Absicht, obwohl er seiner Verwandten, meiner Klientin, deutliche Beschwerden gebracht hat.

Schnell ist geklärt, dass er in die bereits wartende Lichtsäule gehen möchte. Es folgt ein kurzer, aber intensiver Austausch zwischen Klientin und Besetzung (sie hatten noch etwas Persönliches zu klären). Danach verschwindet die Besetzung und hinterlässt eine äußerst friedvolle Atmosphäre.

Ich unterhalte mich noch einige Minuten mit der Klientin, die mehr als beeindruckt von der Fülle dieser Erfahrungen ist. Sie hätte niemals mit dieser Informationsflut, mit der Intensität des Energieflusses und mit der Deutlichkeit der Wahrnehmung gerechnet. Auch die spürbare Beschwerdefreiheit verblüfft sie. Aber noch sind ja nur wenige Minuten vorbei. Doch auch nach einem Jahr ist sie beschwerdefrei.

Ein Klient möchte nach einer Erfahrung in der Rückführung auch testen, was Heilchanneln ist. Sein eigentliches Thema „Woher kommen meine Beschwerden am Hals?" wird auf beeindruckende Weise spürbar. Er spürt vielfältige Beschwerden an Arm, Ellbogen, Brustbereich und auch am Hals. Es stellt sich heraus, dass er auf einer Art Streckbank liegt und dort massakriert wird. Seine Widersacher – mindestens zwei Personen – kennt er nicht aus dem heutigen Leben. Aber letztlich führen alle durchgeführten Maßnahmen, insbesondere die Strangulationen, zum Tode in diesem Dasein.

Ich denke, das reicht wohl für eine Sitzung, und schicke ihm nochmals eine Art Abschlussenergie. Sofort ist er in einer weiteren Situation. Er sieht sich in einem früheren Leben als Krieger. Das Umfeld erinnert an Afrika. Die Situation ist schnell beschrieben, denn er wird hinterrücks von einem fremden Krieger überfallen und von dessen Speer tödlich am Hinterkopf verletzt. Etliche Begleitbeschwerden an Arm, Schulter und Hals machen erhebliche Probleme. Doch das Zerschmettern des Schädels (wird genauestens beschrieben) reicht als Todesursache vollkommen aus.

Alle Beschwerden werden mit vielen Heilenergien versehen, sodass es meinem Klienten nach seiner Sitzung sehr gut geht. Doch er ist mindestens so überrascht wie nach seiner Rückführungssitzung.

Arbeit an und mit der Innere Familie

Das „Innere Kind, die Innere Familie" sind ein Ausdruck für den Teil unserer Psyche, in dem unsere tieferen Empfindungen, unsere Gefühle, aber auch ein Teil unserer Vergangenheit wohnt. Inneres Kind und Innere Familie beeinflussen maßgeblich unseren Alltag, unsere Gefühle und unser (Un-?) Wohlsein.

Die Schönheit der Natur erkennen, Spaß am Spiel haben, sich an Kleinigkeiten erfreuen und ohne Grund lachen können sind beisipielsweise typische Aspekte des Inneren Kindes/der Inneren Familie. Dies alles erlebt man jedoch nur, wenn die Innere Familie im Einklang mit sich und uns ist. Wer also alle vorher genannten Eigenschaften, insbesondere das „erfüllte emotionale Ich" nicht erlebt, sollte bei der Inneren Familie, insbesondere beim Inneren Kind auf die Suche nach den Ursachen gehen.

Mit einigem Erstaunen sehen die meisten Menschen in einer Sitzung zum ersten Mal ihr Inneres Kind, ihre Innere Frau, ihren Inneren Mann. Es ist ein tiefes und ergreifendes Erlebnis, die Innere Familie ohne alle Masken zu sehen. Durch das Erkennen und Erleben der Inneren Familie kommt es zu einem Zugewinn an Stärke und Klarheit.

Ich gebe zu, hier zu wenig zu tun. Bei Klienten ergeben sich solche Momente manchmal von selbst. Sicher wäre es häufiger notwendig, dorthin zu gehen.

Die Gruppe

Auch nach etwa drei Jahren trifft sich die ehemalige Rückführungs-Ausbildungsgruppe weiter. Nicht nur der Kontakt besteht weiter, nein, wir arbeiten regelmäßig zusammen in Kleingruppen, aber auch in der Achtergruppe.

So führen wir uns bei Bedarf entsprechend unserer eigenen Themen zurück, lösen damit ein Thema nach dem anderen auf. Wir machen viel Energiearbeit und gemeinsame Gruppenarbeiten an Erde und Natur und vieles mehr.

Die Treffen sind weiter von freundschaftlichem Zusammensein, kontroversen und gewinnbringenden Diskussionen, Spaß und Freude geprägt. Auch Kritik und kleine Auseinandersetzungen stellen sich zwischenzeitlich ein. Dabei wird uns klar, dass die kritischen Dinge, die wir in vergangenen Inkarnationen ausgetragen hatten und die zum Scheitern der Missionen geführt hatten, durchaus ernst zu nehmen sind. Deutlich wahrnehmbar ist bei den Treffen außerdem, dass es Spannungen unter Einzelnen in der Gruppe gab und gibt. Diese versuchen wir jedoch zu beherrschen und kontinuierlich abzubauen.

VIII Nachwort

Ich habe in der *Verborgenen Wahrheit* und auch in den Kapiteln dieses Buches mehrfach betont, dass ich vor meiner Ausbildung niemals mit „dieser Entwicklung" gerechnet hätte. Mit „dieser Entwicklung" meine ich die Dinge, die ich erfahren durfte, die mich verändert haben und die vielen Erlebnisse, die ich mit meinen Klienten haben durfte.

Diese meine persönliche Entwicklung hat dafür gesorgt, dass ich in den vergangenen Jahren viel Vertrauen erlangt habe. Vertrauen, dass mir hilft, offen über Reinkarnation, Seelenentwicklung, Spiritualität und das Bewusstsein zu sprechen. Vertrauen, dass mir aber auch hilft, über persönliche Ängste, Täler und Schwierigkeiten, die zweifelsohne auch einen Rückführer erreichen, hinwegzukommen.

Immer mehr gelingt es mir, mich von vorgefassten Meinungen, unbegründeten Regeln und Dogmen, Mustern und Ängsten zu lösen, um mich und mein Bewusstsein zu entwickeln. Dabei versuche ich den Leitgedanken, den ich meinen Klienten mit auf den Weg gebe, zu berücksichtigen: „Triff Entscheidungen zum Wohle aller Beteiligten!"

Es ist mir bewusst, dass persönliche Entscheidungen nicht immer für alle Beteiligten und Betrachter verständlich sind, doch müssen sie für die persönliche Weiterentwicklung getroffen werden. Ich gehe an diesem Punkt noch einen Schritt weiter: Es gelingt mir immer besser zu reflektieren, ob meine Entscheidung kopfgesteuert oder im Sinne der Seelenentwicklung aus dem Herzen erfolgt.

Wenn ich die Geschichte von Nikolaus von der Flue höre, der seine Frau mit vierzehn Kindern zurückließ, um als Einsiedler zu leben, ertappe ich mich beim Bewerten dieser merkwürdigen Entscheidung.

Dennoch bin ich mir nach der Erfahrung von mehreren hundert Sitzungen mittlerweile sicher, dass diese Bewertungen uns fesseln und uns von der Seelenentwicklung abhalten. Und genau hier setzt die Rückführungsarbeit an. Sie führt uns vor Augen, wo unsere Rollen, unsere Muster, unsere Ängste, unsere Fesseln uns von der Entwicklung abhalten.

Natürlich ist es wichtig, dass Menschen primär von einem akuten Problem befreit werden beziehungsweise Hilfe erhalten. Darüber hinaus folgt, wenn der Klient diesen Schritt gehen möchte, die Seelenentwicklung beziehungsweise Bewusstwerdung nach dem Motto: „Ich erkenne langsam wer ich wirklich bin". Denn ich bin nicht Körper oder Geist, nein, ich bin „mein Bewusstsein". Es klingt hart, doch letztlich spielt es keine Rolle, dass mein Körper irgendwann stirbt, denn wir sind nie tot, es geht immer weiter! Diese Tatsache stimmt uns doch letztlich sehr froh.

Wenn der Rückführer nicht von seiner Arbeit überzeugt wäre, was sollte das Ganze dann? Doch ist es nicht nur das Überzeugtsein, nein, ich kann mittlerweile mit einer absoluten Sicherheit behaupten, dass die Rückführung den Suchenden hin zum bewussten Leben führt.

Kritiker merken an, dass es sich um vereinzelte Erfahrungen handelt, die hier beschrieben werden. Die Vielzahl der Autoren, die über ihre Arbeit als Rückführer informieren, und deren überzeugende Berichte und beschriebenen Darlegungen, sagen hier etwas völlig anderes aus. Es handelt sich nicht um die Erfahrungen einiger Rückführer und Rückgeführten.

Brian L. Weiss trifft als erfahrener und namhafter Psychiater folgende Aussage: „Es ist erstaunlich, wie schnell Patienten mit dieser Methode geheilt werden können."

Das Gleiche kann ich aus meiner Praxis berichten. Viele Klienten haben durch die Rückführungstherapie ihre Ängste verloren, körperliche Beschwerden abgelegt oder sind einfach nur in der Lage, ihr Leben besser zu meistern.

Deshalb: Die Rückführungs- oder Reinkarnationstherapie ist eine Möglichkeit, sich selbst zu entdecken und die Dinge loszulassen, die nicht zum eigenen Selbst gehören!

Dank

Wie mehrfach geschrieben, bin ich sehr dankbar für all die gemachten Erfahrungen und dafür, dass ich vielen Menschen auf ihrem Weg ein Stück Hilfe und Begleitung sein durfte. Viele dieser Menschen sind mir in meinen eigenen Themen wichtige Spiegel gewesen, auch dafür danke ich.

Die vielen Begegnungen mit beeindruckenden Menschen, Seelen, die mir teilweise sehr vertraut waren, möchte ich ebenso nicht missen. Ich habe in den letzten drei bis vier Jahren etliche hundert Menschen kennen gelernt, die sich mit Themen befassen und auseinandersetzen, die in diesem Buch beschrieben sind. Es macht mir Mut, diese Wege weiter zu beschreiten, weiter zu lernen und zu lehren, weiter zu schreiben und vor allem auf diesem „Gebiet" weiter zu arbeiten.

Dankbar bin ich für das Vertrauen vieler Klienten und die vielfache Unterstützung einiger Kollegen. Dabei wird mir immer mehr bewusst, dass der Lernprozess, den wir Menschen beschreiten (die, die ihn beschreiten möchten) ein gemeinsamer Prozess ist. Niemand geht ihn alleine. Wir entwickeln uns als Individuum, aber auch gegenseitig und gemeinsam, als Gesamtbewusstsein.

Selbstverständlich kann ich mich verweigern, stehen bleiben. Doch werde ich in einer weiteren Inkarnation aufs Neue beginnen, die nicht erfüllten Aufgaben zu bewältigen.

Dankbar bin ich auch allen Menschen in meinem direkten Umfeld, insbesondere meiner Familie, dass sie mich begleitet und unterstützt haben. Ich weiß, dass meine Arbeit als Ganzheitlicher Therapeut und Rückführer, Autor und einer hauptamtlichen Tätigkeit im Gesundheitswesen für einige Entbehrungen gesorgt hat. Auch schmerzliche Erfahrungen hat es gegeben, die jedoch für die Fortentwicklung jedes einzelnen sinnvoll sind.

Dankbar bin ich immer noch im besonderen Maße meinen Ausbildern (siehe Kontakt auf der letzten Seite) und meinen Kurskollegen, zu denen weiterhin eine sehr enge Bindung besteht. Die Zusammenarbeit mit ihnen ist weiterhin sehr fruchtbar und weiterführend.

Wie in meinem ersten Buch bitte ich auch an dieser Stelle um Rückmeldungen. Über wohlgemeinte Kritik, Lob und andere Hinweise freue ich mich sehr.

IX Kleines Glossar

Das Glossar ist in einer Sprache verfasst, die jeder verstehen kann. Im Gespräch mit meinen Klienten und auch an dieser Stelle ist mir die allgemein verständliche Ausdrucksweise wichtig. Ich versuche, die Begriffe mit möglichst wenig Worten zu erklären. Dabei beziehe ich mich auch auf von anderen Autoren veröffentlichte Informationen. An einigen Stellen des Buches sind einige Begriffe umfangreicher erläutert. Falls diese Erklärungen nicht ausreichen, kannst Du, liebe Leserin, lieber Leser, mir gerne unter der angegebenen Kontaktadresse schreiben.

Akasha-Chronik

Ich verstehe darunter die Lebenschronik der Seele, sprich aller Inkarnationen. In der modernen Theosophie und in der Anthroposophie verdeutlicht sie die Vorstellung eines übersinnlichen „Buchs des Lebens" und eines „Weltengedächtnisses". In der hinduistischen Philosophie und im Ayurveda bezeichnet „Akasha" den Äther als eines der fünf Elemente. Auch im Buddhismus wird der Begriff „Akasha" verwendet und steht dort für den körperlich begrenzten oder unbegrenzten Raum.

AMA DEUS

AMA DEUS ist eine sehr alte schamanische Heilweise. Den Ursprung hat sie bei den Guarani Indianern in Brasilien. Über den Priester Alberto Aguas (+1992), der die Methode bei den Guarani erlernte, fand AMA DEUS seinen Weg nach Europa. Diese Energie ist Heilung für die Seele und die Ganzheit, sowohl für sich selbst als auch für andere Menschen und Wesenheiten. AMA DEUS bedeutet nichts anderes als *„Ich liebe Gott"*, aber auch die Übersetzung *„Gott liebt dich"* passt.

Annunaki

Die Annunaki gelten in der akkadischen Mythologie als die unteren, beziehungsweise unterirdischen Götter, die denen des Himmels, den Igigi, gegenüber gestellt werden. Der Glaube an die Annunaki soll eine besonders alte Stufe der Götterverehrung darstellen, aus einer Zeit, in der die Götter noch keine individuellen Namen besaßen.

Aufgestiegener Meister
(Christus, Saint Germain, El Moraya, Kuthumi)

Seelen / Menschen, „die uns vorausgegangen sind". Für alle diese „Meister" gilt, dass sie ein sehr hohes Bewusstsein erreicht haben.

Aufrichtungs- oder Begradigungsenergie/Christusenergie

Technik der Energiearbeit mit positiven Einfluss auf den Bewegungsapparat.

Aura

Als Aura bezeichnen wir ein für unsere Augen unsichtbares Feld aus Energie, das den Körper des Menschen umgibt. Es besteht aus unterschiedlichen feinstofflichen Körpern und kann mit speziellen Methoden fotografisch abgebildet werden.

Besetzung/Fremdenergie

Das Verbleiben einer Seele auf der Erde, bei einem Menschen oder in bestimmten Räumen. Man nennt das Verbleiben der Seele auch „Erdgebundensein".

Chakra

Die Chakren sind Organe unserer feinstofflichen Körper (siehe Aura). Das Wort „Chakra" kommt aus dem Sanskrit und bedeutet „Rad". Die Chakren sind sozusagen „Räder der Kraft" – sich spiralförmig drehende Energiewirbel.

Energietrennung

Auflösen von energetischen Verbindungen unter Menschen. Wir sind mit vielen anderen Menschen energetisch verknüpft. Man sagt, dass wir mit allen Menschen, die uns begegnen, solche Verbindungen herstellen. Zumindest aber mit jenen, mit denen intensive „Kontakte" bestehen. In späteren

Inkarnationen können diese energetischen Verbindungen so kraftraubend sein, dass sie uns nachhaltig und negativ beeinflussen.

Engel

Engel sind geistige Wesen und werden in einigen Religionen als Boten Gottes bezeichnet. Ihre hier genannten Aufgaben sind sehr zahlreich. Sie sind zum Beispiel für die Überbringung von Heilsbotschaften, das Heilen und das Herstellen von Kontakten zuständig. Jede Seele hat einen oder mehrere Schutzengel. Wenn gewünscht, lernt der Klient seine(n) Schutzengel und dessen (deren) Namen in einer Rückführungssitzung kennen.

Engel des Wandels

Der Engel, das Lichtwesen, der der Seele beim Übergang / dem Sterben hilft.

Metratron

Hochrangiger Erzengel. „Der Engel mit der direkten Verbindung/Nähe zu Gott".

Heilchanneln

Einsatz von Heilenergien zur Lösung von Blockaden, körperlichen und seelischen Beschwerden.

Hologramm

Schaffung eines Abbildes „des Ursprünglichen" – sozusagen eine Kopie.

Innere Familie / Inneres Kind

Die Innere Familie sind die Persönlichkeitsanteile, die uns nicht bewusst sind. Dazu gehören das Innere Kind, der Innere Vater und die Innere Mutter. Das Innere Kind ist ein Ausdruck für den Teil unseres Seins, in dem unsere tieferen Empfindungen, unsere Gefühle, aber auch ein Teil unserer Vergangenheit wohnt. Es repräsentiert den Teil in uns, der durch früheste Prägungen entscheidende Gefühle, Verletzungen, Verhaltensmuster und Wertvorstellungen aufnimmt. Innerer Mann und Innere Frau repräsentieren den weiblichen (Gefühl, Einfühlungsvermögen, etc.) und männlichen Anteil (Macht, Kraft, etc.) in uns.

Karma

Karma (oder Karman) ist ein Begriff aus dem Sanskrit und bedeutet „Werk" oder „Tat". Dort steht der Begriff für den Glauben, dass alles menschliche Wirken Folgen zeitigt – auch für die weiteren Leben. Insofern wird der Begriff Karma auch häufig synonym für das menschliche Schicksal verwendet.

Ich verstehe darunter ungeklärte Auseinandersetzungen unter Seelen. Da ich die Begriffe Schuld und Sünde als unzutreffend betrachte, beschreibe ich Karma lieber als noch offenes Thema oder anzustrebende Klärung zwischen den beteiligten Seelen.

Krafttier

Krafttiere oder auch Totemtiere kennt man aus dem Schamanismus. Es ist ein Geistwesen in Tierform und ein spiritueller Wegbegleiter.

Reiki

REIKI ist das japanische Wort für „universelle Lebensenergie". REI = universell und KI = Lebensenergie. Das Universum ist erfüllt von unerschöpflicher Lebensenergie, die uns am Leben erhält. Beim Reiki fließt diese universelle Lebensenergie in konzentrierter Form in den Empfänger. Er selbst ist maßgebend für die Menge der vermittelten Energie. Der Reiki-Gebende dient dabei als Kanal, der die Lebenskraft weitergibt.

Reiki ist unkonfessionell und steht in keinem Widerspruch zu religiösen Überzeugungen. Reiki kann auch als Unterstützung bei medizinischen Behandlungen durch Aktivierung der Selbstheilungskräfte gegeben werden. Die Heilung nach einer Operation oder bei sonstigen Behandlungen kann erheblich beschleunigt werden.

Reinkarnation

Reinkarnation ist Lateinisch und bedeutet „Seelenwanderung". Glaube an die fortlaufende Einkörperung der Seele.

Rückführung

Rückführung ist eine Technik, die es ermöglicht, Menschen in einem entspannten Zustand (Meditation, Trance oder Hypnose) in Situationen zu führen, die in seiner eigenen Geschichte liegen. Bilder, Emotionen und körperliche Reaktionen treten bei diesen Reisen in die Vergangenheit auf und verhelfen zur Erkenntnis, aber auch oft zur Lösung der Fragestellungen, die der Klient in eine solche Sitzung mitbringt.

Seelenbestimmung

In der spirituellen Rückführungstherapie bedeutet der Begriff der Seelenbestimmung, dass jede Seele primäre Ziele hat, die sie bis zur Seelenreife anstrebt.

Seelenvertrag

Da Seelen sich auf ihrer „Seelenreise" immer wieder begegnen, kommt es sowohl zu freudigen, wie auch leidvollen Begegnungen. Letztere führen häufig zu vertragsähnlichen Versprechen, Abmachungen und Aussprüchen, die die Seelen aneinander binden. Diese Bindungen haben meist sehr einschränkende und hemmende Auswirkungen und müssen in späteren Inkarnationen gelöst werden.

Seelenanteile

Seelenanteile sind Eigenschaften, Stärken und Potenziale, die für unser *Sein* entscheidend sind. Der Verlust von Seelenanteilen geschieht durch traumatische Erlebnisse wie Missbrauch, Trennung, Gewalt und Verlust. Diese Seelenanteile werden regelrecht von uns getrennt und weichen beispielsweise der Leere, Sinnlosigkeit, Einsamkeit und Hoffnungslosigkeit. Die Seelenanteile ziehen sich sozusagen von unserem physischen Körper zurück.

Violette Flamme

Energetische Auflösung. Ein reinigender, als sehr wohltuend empfundener Vorgang, bei dem negative Energien und Erlebnisse endgültig gelöscht werden.

Zwischenebene

Die Zwischenebene ist der Ruheort, den die Seele nach dem Sterben des Körpers aufsucht.

2012

In esoterischen Kreisen wird dem Zeitpunkt der Wintersonnenwende, also dem 21./22. Dezember, im Jahr 2012 besondere Aufmerksamkeit gewidmet. An diesem Tag endet der Zyklus der „Langen Zählung" des Maya-Kalenders. Zu diesem Zeitpunkt wird außerdem ein extrem seltenes, außergewöhnliches astronomisches Ereignis sichtbar sein: Eine besondere Planetenkonstellation sorgt dafür, dass die Sonne im Zentrum der Milchstraße stehen wird. Nach den Berechnungen der Maya endet zu diesem Datum das gegenwärtige Zeitalter.

Viele glauben tatsächlich, dass an diesem Tag die Welt untergehen wird. Andere, zu denen ich mich zähle, denken dagegen, dass 2012 eine Phase des Wandels und der Veränderungen beginnen wird.

Literaturempfehlungen

Aufgeführt sind hier einige Werke, die im Buch genannt werden, aber auch andere Empfehlungen zu Rückführung und zu angrenzenden Themen.

- Horst Leuwer: Die verborgene Wahrheit. Rückführung als spiritueller Neubeginn
- Louise L. Hay: Heile deinen Körper
- Neale Donald Walsch: Gespräche mit Gott. 3 Bände
- Elizabeth Clare Prophet: Die violette Flamme. Heilung für Körper, Geist und Seele
- Barbara Dietrich: Abschied von Papa: Auf dem Weg ins Licht. Ein Trostbuch
- Eileen Caddy: Herzenstüren öffnen
- James Redfield: Die Prophezeiungen von Celestine
- Paulo Coelho: Brida
- Brian L. Weiss: Die Liebe kennt keine Zeit
- Frank Bauer: Drei Leben für Deutschland - Stauffenbergs Karma
- Jan van Helsing: Wer hat Angst vorm schwarzen Mann?

Kontakte

Wie in meinem ersten Buch bitte ich auch an dieser Stelle um Rückmeldungen. Über wohlgemeinte Kritik und andere Hinweise freue ich mich sehr. Nicht auf alle Rückmeldungen kann ich antworten. Bitte habe dafür Verständnis.

Falls Interesse an einer Rückführung besteht, informiere Dich bitte auf meiner Homepage. Sollte Interesse an einer Lesung, einem Vortrag oder etwas ähnlichem bestehen, kontaktiere mich bitte ebenfalls über meine Homepage, beziehungsweise die Kontakt – Mailadresse.

Kontaktadresse
info@rückführungstherapie-leuwer.de

Information
www.rückführungstherapie-leuwer.de

Die Adresse meiner „Ausbilder"

Rita von Assel und Christoph Steiner
Limpericher Straße 156 B
53225 Bonn

0228/46 555 3
0228/46 550 3
rita@assel.de
www.assel.de

Dieses Buch ist erhältlich bei

Welt und Erde Verlag
Dr. Birgit Gehlen & Dr. Werner Schön
An der Lay 4, D-54578 Kerpen-Loogh (Eifel)
Tel./Tél./Phone 0049 (0)6593 - 989642
Fax 0049 (0)6593 - 989643
email: weltunderde.verlag@t-online.de
www.weltunderde.com

und im Buchhandel, Preis 14,90 EUR